家庭助力
学生生涯规划

主编　贺永立　曾万学　李艳妮
审稿　王麒凯

重庆大学出版社

图书在版编目（CIP）数据

家庭助力学生生涯规划 / 贺永立, 曾万学, 李艳妮
主编. -- 重庆：重庆大学出版社, 2023.2
（学生生涯规划素养阅读丛书）
ISBN 978-7-5689-3613-2

Ⅰ.①家… Ⅱ.①贺… ②曾… ③李… Ⅲ.①中小学
生—家庭教育 Ⅳ.①G782

中国版本图书馆CIP数据核字（2022）第255995号

家庭助力学生生涯规划
JIATING ZHULI XUESHENG SHENGYA GUIHUA

主 编 贺永立 曾万学 李艳妮
责任编辑：唐启秀　　版式设计：唐启秀
责任校对：王 倩　责任印制：张 策
＊
重庆大学出版社出版发行
出版人：饶帮华
社址：重庆市沙坪坝区大学城西路21号
邮编：401331
电话：（023）88617190　88617185（中小学）
传真：（023）88617186　88617166
网址：http：//www.cqup.com.cn
邮箱：fxk@cqup.com.cn（营销中心）
全国新华书店经销
重庆市国丰印务有限责任公司印刷
＊
开本：720mm×1020mm　1/16　印张：18.5　字数：344千
2023 年 2 月第 1 版　　2023 年 2 月第 1 次印刷
ISBN 978-7-5689-3613-2　定价：54.00元

丛书编委会

主　任

孙绍振　万明春

编　委（按姓氏拼音排序）

陈天富　付　英　郝永宁　金　永　李　谦
刘希娅　梅家烨　毛明山　卿知人　沈　嘉
唐宏宇　王怒涛　王　群　杨　华　杨浪浪
曾　奇　曾万学　张和松　周敦鸾　周迎春

本书编委会

主　编

贺永立　曾万学　李艳妮

执行主编

汪卯召　曹曼云　王田甜

审　稿

王麒凯

副主编

孙彦君　蒋荟萃　杜仕兵　张善斐　刘　畅
李剑波　谢春兰　杨雪梅　杨晋文　严　苑
贺　雨　刘　霞

编　者

宋　涛　钱立霞　李科春　李红梅　陈中坤
蒋伟希　张晓宇　黄靖媛　罗鑫玮　杨锦莹
谭　亮　朱　姗　张　钰　顾佳佳　龙梦琴
陈航兴　谢丽澧

重庆和而不同教育
新　家　长　报　　联合出品

总　序

　　十年之计莫如树木，终身之计莫如树人。培养什么人，怎样培养人，为谁培养人，历来是我们党和国家教育的根本任务。习近平总书记在全国教育大会上强调，要把立德树人融入思想道德教育、文化知识教育、社会实践教育各环节，落实好立德树人的根本任务。而学生生涯规划与管理正是为了践行立德树人根本任务、落实社会主义核心价值观，体现了党对学生德智体美劳全面发展而有鲜明个性的要求，从而更好地服务于社会主义建设者和接班人的培养。

一、生涯规划教育势在必行

　　十八届三中全会强调"推行初高中学业水平考试和综合素质评价"；同时，教育部决定自 2020 年起开展"强基计划"，"强基计划"要求选拔综合素质优秀的学生。由此可见，中考和高考改革，从只关注冷冰冰的分数到关注活生生的人，从只关注考试的结果到关注学生的生涯过程。

　　2018 年 9 月，重庆市教委印发《关于开展普通高中学生生涯规划教育的通知》，要求对中学生进行生涯发展观教育，引导他们在社会主义核心价值观指导下，建立个人与社会和谐发展的生涯发展观。要求对学生进行自我认识教育，指导学生正确认知自我、悦纳自我，准确定位自身角色，选择适合人生发展的方向。

　　所以，学生生涯规划是刚性需求，势在必行。

　　和而不同教育的学生生涯规划，分为小升初衔接培养、初升高衔接培养和高中升大学三个阶段。生涯规划是从小学开始的，社会环境会变，个人兴趣也可能会变，有必要这么早吗？回答是肯定的。当初的志向、曾经的努力、过往的足迹都会成为我们的血肉、我们的骨髓，陶冶我们的性情，提高我们的修养，使我们终身受益。美国、德国的名校，还有芬兰的学校，都是从小学开展学生生涯规划与管理的。

　　在新高考、新中考的形势下，根据党和政府的方针政策为学生提供个性化的生涯规划方案，通过科学测评、课程建设和系统的社会实践活动，建构具有社会主义特色的生涯规划体系，逐步完善小学—初中—高中—后高中阶段的应用链，奠定人才长期追踪培养的基础。

二、生涯规划要和"学生发展核心素养"相结合

2016 年 9 月，经教育部有关部门审议，发布了《中国学生发展核心素养》。"学生发展核心素养"主要是指学生应具备的、能够适应终身发展和社会发展需要的必备品格和关键能力。核心素养是关于学生知识、技能、情感、态度、价值观等各方面的综合表现。"中国学生发展核心素养"共分为文化基础、自主发展、社会参与三个方面，综合表现为人文底蕴、科学精神、学会学习、健康生活、责任担当、实践创新六大素养，涵盖学生综合素质和学科素养。

综合素质指人的适应能力、生存能力、社交能力、创新能力、实践能力以及在体育、文学、美术、音乐、舞蹈、语言等方面的特长。综合素质提升在生涯规划中至关重要。教育部颁发的《加强和改进普通中学生综合素质评价意见》要求：根据思想品德、学业水平、身心健康、艺术素养及社会实践五个方面来客观记录学生的各项活动，为学生的全面健康成长，为学生的中考、高考多元录取提供重要参考。

学科素养的培养同样离不开生涯规划。生涯规划是各个学科的指导学科，首先要与语文、数学、英语、物理、历史等各个学科相结合。生涯规划所提倡的教育理念、教学方法、教学形式可以为各个学科提供支撑。

在学科素养中，和而不同教育特别强调大语文教育观，强调语文表达与思维训练相结合。语言表达能力是现代公民的主要素养，包括书面语言表达和口语语言表达。书面语言表达重视发展学生的思维能力，鼓励学生自由地、有创意地写作。口语语言表达是人与人之间交流和沟通的基本手段，包括口语交际、演讲、辩论、朗诵、面试等，注重培养学生的自信心、随机应变能力和思维的敏捷性，使学生具有文明和谐地进行人际交流的能力。和而不同教育注重培养学生的逻辑思维能力、批判性思维能力和创新思维能力；涵养道德情操、开发智力潜能、促进身心健康、培养审美情趣；重视优秀文化传承，尊重和理解多元文化，关注当代生活。总之使语言表达与思维训练相结合，强调立德树人，也就是我们所希望达到的"以语言表达为基础，以创新思维为核心，以人格为目标"的健全的人文教育。

三、生涯规划应具有鲜明的个性

个性化生涯规划通过对学生进行个别化的综合了解、考核、测试、分析和诊断，根据社会未来发展的趋势和职业前景，学生的个性潜质特征、自我价值倾向，以及家长的目标要求，对教育对象量身定制规划目标、培养辅导方案和执行管理系统。

个性化生涯规划要求规划对象德智体美劳全面发展而有鲜明个性，让学生至少具有一项或两项特长；个性化生涯规划还要求规划对象身心更健康、阅历更丰富，具有更强的独立创新能力。

个性化生涯规划非常重视"身体素质"和"心理素质"和谐发展，让学生身体更强健、心理更健康。重视学生力量、速度、耐力、柔韧性和协调性等身体素质训练，全面均衡适量营养，保持充足的睡眠时间，增强学生的免疫力。同时，重视学生的智商、情商、逆商等心理素质训练。一个人事业的成功，必须具备高智商、高情商、高逆商三个因素。而逆商，即面对挫折、摆脱困境和超越困难的能力，往往起着决定性的作用。

个性化生涯规划注重让学生阅历更丰富。个人读过的书、走过的路和交往过的人对他的知识、能力、性格、心理、观念等方面都将产生深远的影响。个性化生涯规划将帮助学生通过"读万卷书、行万里路、阅人无数、名师指路、自己去悟"的系统阅历体验，以及通过知道—学到—悟到—做到—得到的知行合一全过程，逐步加深对事物、社会和对人生的理解和感悟，全面提高智商、情商和逆商。

个性化生涯规划着力培养学生的独立创新能力。独立是适应环境的基础，创新是改变环境的手段。个性化的生涯规划使学生的独立能力和创新能力更强。前者如研学旅行；后者如设计制作机器人、动漫制作、编程、陶艺制作等，学生将自己的创意、方案诉诸现实，在转化为作品的过程中，提高创意意识、知识迁移能力、技术操作水平，体验工匠精神。

总之，个性化生涯规划更注重个人兴趣、个人专长，以及真实的生活体验与感受，最终实现自我学习、自我教育、独立思考与自我创造，从而达到学习与思维的自由与超越。

四、生涯规划要和升学相结合

新高考、新中考以及"强基计划"均要求对考生的综合素质进行评价。

综合素质评价包括德、智、体、美、劳（思想品德、学业水平、身心健康、艺术素养、社会实践）五大评价内容和要求，是跨学科的实践课程，注重引导学生在实践中学习、分析和解决问题。

综合素质评价在新中考和新高考中占总分的 20%~30%，而面试是综合素质考查的主要方式，因此，综合素质评价面试至关重要。综合素质评价面试主要围绕"综合素质纪实报告"和"自我陈述"展开，包括验证思想品德、学业水平、身心健康、艺术修养、社会实践（考查探究、社会服务、设计制作、职业体验）等方面的内容，注重考查学生的理想、抱负与社会责任感，学习与认识能力，思维能力与潜在的创新能力，组织协调能力以及对时事政治和社会热点的关注及了解等。

学生综合素质可以通过教育来发展，通过行为来体现，如行为记录、实践活动的过程积累和发展变化等，这是《综合素质纪实报告》的重要素材，而个人陈述部分则是《综合素质纪实报告》的缩写精华。

上述材料的准备、积累和撰写，应当与报考学校、报考专业的特点和要求相匹配。因此，我们不仅要了解时代变化趋势和社会发展对人才的需求，厘清个性特点与职业选择的关系，还要掌握所报考的学校、报考的专业对考生的要求、条件等相关信息。唯有如此，才能实现生涯规划与升学的结合。

如果我们根据自己的个性特点和社会需要制订生涯规划，并且踏踏实实地管理执行，那么若干年后，在综合素质测评面试时，展示给考官的将会是一个阳光健康的形象，一个有理想有抱负的形象，一个有较强思维能力的形象，一个德智体美劳全面发展而有鲜明个性的形象。

此外，生涯规划要与时俱进。ChatGPT 的出现，以它为代表的人工智能的到来，将会导致以知识传递为核心的教育模式被逼入墙角，将会形成面向学生全面发展的评价体系，让每个学生都有出彩的机会。因此，生涯规划应关注学生的个性、兴趣培养和综合素质的发展。

缘于上述设想，也基于现实的需要，我们邀请教育专家、一线教师，包括教育行业服务人员，以及汇聚优质的家庭教育资源等，共同策划了一套学生生涯规划素养阅读丛书，旨在为新时代中小学生的成长导航、助力。

编者

Contents

目录

家庭助力
学生生涯规划

【亲子共读】

第一章

家庭，孩子生涯起航的地方

　　新高考时代来临，帮助孩子以面向未来的眼光去认知自己、了解社会，探索真正适合自己的生涯发展道路，以达到尊重孩子个性，开发孩子潜质，促进孩子综合素质发展的育人目标，是摆在父母面前的家庭教育新课题。特别是在"教育内卷"问题突出的今天，尽早为孩子制订生涯规划才是破局之道。如果父母能够把目光从"考高分、争名校"转移到孩子的个性、兴趣与优势上，将会看到孩子未来发展的无限可能。

　　2021年10月，《中华人民共和国家庭教育促进法》被表决通过，自2022年1月1日起施行，这是我国首次就家庭教育进行专门立法。这部法律通过制度设计采取了一系列措施，实现了家庭教育由以家规、家训、家书为载体的传统模式，向以法治为引领和驱动、以社会主义核心价值观为主要内容、以立德树人为根本任务的新模式迭代升级，将家庭教育由传统"家事"上升为新时代的重要"国事"。因此，家庭教育融入崭新的元素——孩子的生涯规划。

　　帮助孩子制订适合他们的生涯规划，是父母送给孩子最好的礼物。父母应系统学习生涯规划知识，掌握制订生涯规划的科学方法，并为孩子营造温馨和谐、积极向上的家庭文化氛围，努力扮演好父母的角色，共同守护孩子的生涯目标，让家庭真正成为孩子梦想起航的地方。

第一节
生涯规划，是父母送给孩子最好的礼物

一、寻梦，是孩子的本能

每个孩子都有"梦"，做梦、寻梦是孩子的本能。从拥有"玩不尽的玩具、吃不够的糖果"的单纯小心愿，到渴望成为"科学家、大富翁"的雄心壮志，他们从小就有着对幸福生活的憧憬。可以说，人的梦想从儿童阶段就开始萌芽了。随着孩子知识的积累、实践的拓展、思想的深化，以及家庭教育和学校教育的引领和守护，孩子的梦想从无到有、从低水平到高水平、从模糊飘忽到明确清晰，小心愿逐渐发展成大志向，孩子也在探索人生理想的过程中逐渐成长、成才。

每个人都会一天天长大，但并非每个人都能不断成长。长大，是从人的生理发育来说的。长大不需要特别的努力，只要有食物、水、空气，就足够一个婴儿自然长大。而成长，是从人的生命质量来说的，需要人们用心经营。一个人要获得情感的丰满、精神的丰盛、个人价值的丰盈、生命质量的丰厚，就必须从小树立远大理想，用理想来激励自己、锤炼自己，为实现理想而奋斗不息，激发个人的无限动力与潜能，以期在漫漫人生中实现自己的价值，绽放绚烂的生命之花。

二、有规划与没规划，是不一样的人生

麦可思公司曾对国内部分院校2015级、2016级新生进行研究，数据显示：有12%的本科生和15%的高职高专生有转专业意愿。而学生转专业的主要原因是原专业不符合自己的兴趣、不符合自己的职业期待。另外，我国70%以上的大学生明显感到择业、就业困难。

造成选错专业、毕业即失业等窘境的主要原因是中小学生涯教育"欠了账"。

在中小学阶段，父母、学校过分看重分数，没有重视孩子的生涯规划，没有留出足够时间让孩子去了解自己、了解社会，制订适合自己的发展方向，以至于孩子在高考填志愿时要么听父母的，要么人云亦云，要么干脆盲选，其结果往往是孩子一进大学就后悔，一毕业就失业，不仅浪费了宝贵青春，更会影响孩子今后的发展。缺乏生涯规划的孩子，人生路注定一波三折，走不少弯路。

现在，"空心病"在青少年身上出现的频率越来越高。所谓"空心病"，本质上是一个人的价值观存在缺陷，觉得人生没有意义，觉得自己是为别人而活，经常情绪低落、兴趣减退，疲惫不堪。受"空心病"困扰的孩子，每天看似忙碌、充实，内心却空荡荡的。他们即使是学霸，多才多艺，是同龄人眼中的"天之骄子"，也依然逃不脱灵魂的拷问："我为什么而读书？""生活的意义在哪里？"患"空心病"的孩子，大多长期陷入枯燥的应试学习，没有和真实世界连接，他们觉得自己在按照父母或他人的安排生活，找不到自己想要的未来。从某种程度上来说，这就是他们对人生没有自主的长远规划的结果。

反观那些从小有着清晰、长远规划的人，他们大多活出了属于自己的精彩人生。高级翻译张京在中美高层的一次激烈交锋中，一口气完成了20多分钟的口译，震惊全网。张京的卓越，是她遵循自己从小立下的生涯目标，一步一步铸就的。张京从小就立志做外交官，为了实现这个梦想，她苦练基本功，看英文电影、走遍以英语为母语的国家、参加演讲比赛，练就了一口流利专业的英语以及从容冷静的气度，大学毕业前，她就被外交部提前锁定了名额。

有规划和没规划的人生，是大不一样的。威廉·戴蒙教授经过长期研究发现，优秀的、有创新潜力的学生，学习动机往往是由内在动机驱动的。他认为，内在动机是一种长期的、有意义的、对他人或世界有帮助的目标，它指向的是"你的一生想要去往哪里""你想成为一个怎样的人"等人生思考。有内在动机的人拥有终身学习的真正动力。这个内在动机，显然就是生涯规划。

生涯规划可以帮助孩子从更长远、更全面的角度去思考未来、立足现在；可以让孩子成为一个目光长远、格局高大的人，而不会轻易受到眼前利益的诱惑；可以让孩子找准自己的兴趣、优势与未来职业的结合点，选择真正适合自己的成长之路，不再浑浑噩噩，左右摇摆，更不是为父母或他人而活，能够充满激情、意志坚定地迈向属于自己的未来。

三、新高考改革让生涯规划成为孩子成长的"标配"

2014 年 9 月，《国务院关于深化考试招生制度改革的实施意见》正式出台，拉开了新一轮高考改革的序幕。新高考改革打破了"一考定终身"和"唯分数论"的传统评价模式，强调尊重学生的个性，并把综合素质评价作为高校招生的重要依据之一。

浙江、上海、北京、天津、山东、海南等地实行"3+3"模式，即除了语文、数学、英语 3 门科目外，再从物理、化学、生物、政治、历史、地理等科目中选考 3 门。重庆、河北、辽宁、江苏、福建、湖北、湖南、广东等地实行的是"3+1+2"模式，"3"指的是高考统一科目语文、数学、外语，"1"指的是首选科目，即从物理、历史科目中任选 1 门，"2"指的再选科目，即政治、地理、化学、生物等科目中任选 2 门。

无论是"3+3"模式还是"3+1+2"模式，都要求孩子尽早开始思考自己的未来职业发展方向，了解自己的个性、兴趣、优势等，找准自己感兴趣的职业方向及与其相关的专业和大学，然后根据目标专业来选择选考科目，将职业、专业、大学、选考科目完整地连接起来，这样才能更好地备战高考。从这个角度来说，生涯规划已经成为中小学教育的"标配"，是帮助孩子更好地适应新高考改革，顺利考取理想大学与专业的现实要求。

四、为孩子制订生涯规划，是父母义不容辞的责任

引导孩子探索人生方向，协助孩子制订生涯规划，是摆在父母面前的新课题。然而，很多父母并没有把帮助孩子制订生涯规划当作自己的责任。在教育这场全民竞争中，父母普遍把目光聚焦在孩子的成绩上。特别是近几年，"教育内卷"成为热门话题，不少家长在考高分、争名校上达成了"共识"。

"内卷"一词最初源于人类学家克利福德·格尔茨的《农业内卷化》一书。"内卷化"是指一种社会或文化模式发展到某一阶段达到一种确定的形式后，便停滞不前或无法转化为另一种高级模式的现象。在互联网时代，"内卷"有了新的含义，即存量竞争下的互相内耗，导致竞争中的个体付出增多，而实际收益未变。目前，"教育内卷"趋势加剧，虽然国家一再出台政策为孩子减负，但孩子的学习压力依然很大，父母的焦虑也伴随孩子的升学压力而不断升级。为了抢占优质教育资源，父母不得不要求孩子付出更多努力，从小开始上各种补习班、竞赛班。父母总是

羡慕"别人家孩子"的优秀，恨不得在自家孩子后面追着、撵着，让他赶紧跟上，不要掉队。父母为孩子的成长如此费心费力，却不愿意停下来看一看，自己的孩子是否愿意参加这些学习活动，他是乐在其中、收获丰富，还是不情不愿、毫无精进？父母也很少去思考，自家孩子是否适合复制别人的成长模式，自家孩子到底适合走怎样的成长道路？

2021年热播电视剧《小舍得》，反映的正是"教育内卷"形势下，家长和孩子的焦虑与迷茫。剧中，"教育内卷"的代表人物田雨岚一味地强迫孩子学奥数、考名校，不允许他养蜗牛、踢足球，觉得他不该把时间浪费在这些"没用的"东西上，对孩子的控制到了疯狂的地步。田雨岚的行为，固然有其急功近利、好面子的个人原因，也有当前教育内卷形势对孩子、家长造成的无形影响，更重要的是田雨岚对孩子的个性、兴趣和优势缺乏正确认识，或者说是视而不见，对孩子的未来缺乏科学、理性的规划。

田雨岚简单粗暴地把孩子的人生限定在一条名为"得高分、考名校"的独木桥上，仿佛通不过这座独木桥，孩子就会跌入深渊，前途尽失。这种人生规划是短视、功利，甚至盲目的。她对孩子真正的兴趣无动于衷，对孩子的意愿充耳不闻，也不考虑自己为孩子设计的成长路径是否真的适合他。这样的"一意孤行"只会让孩子的路越走越窄，走着走着，他就失去了快乐，丢掉了兴趣，也迷失了自我。他把自己藏进了内心的小世界，幻想出一个朋友"小龙"来陪伴自己，"小龙"活泼开朗，爱踢足球，自由自在，分明就是被他弄丢了的"自己"。

帮助孩子制订生涯规划义不容辞，也刻不容缓，是为人父母的责任。明确了孩子今后要成为什么样的人，过什么样的生活，父母因为各种教育乱象而焦躁不安的内心就能得到很好的平复，也能有效避免盲目跟风，始终从孩子的生涯目标出发，从容不迫地为他创造各种有利的成长条件，有计划、有节奏地陪伴孩子成长，为孩子创造一个温馨和谐、积极向上的家庭环境，耐心、平和而又充满希望地守护孩子成长，等待他成为最好的自己。

有这样一个生涯规划案例：谭谭3岁时，他的妈妈无意间通过北京师范大学为幼儿研发的一套儿童测评系统，发现谭谭在记忆力、精细动作、创新思维方面表现突出，社交能力略弱。随着孩子渐渐长大，妈妈发现谭谭的发展和当年的测试结果基本吻合：谭谭喜欢军事、机械方面的知识，手部精细动作能力较强，对于拼插玩具、搭建乐高、制作机器人等需要精细化动作配合的项目得心应手。而谭谭的社交范围较窄，朋友间话题专业性偏好严重。

于是，根据孩子的特点，谭谭妈妈决定扬长补短：陪谭谭系统学习乐高搭建、机器人编程；陪谭谭参观科技博物馆、军事博物馆，观看军事纪录片、电影；陪谭谭参加游泳、篮球等运动项目，在竞技中学习团队协作，并提升运动能力。在妈妈的有意规划下，谭谭学习成绩优秀，兴趣广泛，成为老师、同学眼中的"小军迷""小学霸"。

谭谭7岁时，谭谭妈妈接触到系统的生涯规划，谭谭的成长之路得到了更专业、完善的设计，谭谭也因对军事的兴趣产生了强大的学习内驱力。他参观了人工智能企业，了解到人工智能在全球竞争力以及国际话语权方面的重要性；他了解到英语不仅是一门学科，更是与世界交流的工具；通过对军事史的了解，他为自己定下了成为军事科学家的目标，并努力投入数学学习……

谭谭妈妈说："父母有必要为孩子做好生涯规划。孩子的成长不可逆，不做计划的家庭教育就是低效的养育；做好计划，家长就能有节奏地陪伴孩子成长，做好一件事，再做下一件事。这个过程中，孩子的成长便会自然发生，家长也能不累、不焦虑、不盲从。"

另外，父母要协助孩子制订生涯规划，但不是"代替"他做决定，更不能把父母自己未能实现的目标强加在孩子身上，把孩子的成长当作自己理想人生再来一次的机会。

孩子是一个独立的个体，有自己的个性、思想，有属于自己的人生道路，不该成为父母弥补内心遗憾的工具，更不该为完成不属于自己的梦想白白浪费青春和时间。要知道，如果不是孩子发自内心想要实现的目标，即使孩子最后做到了，获得满足感和幸福感的人也不会是他。为了大人自私的愿望，而白白蹉跎孩子宝贵的青春，于心何忍呢？

因此，在协助孩子制订生涯规划时，父母应始终坚持"不违其志"的原则，让孩子成为生涯规划的主导者、制订者，而父母在其中扮演的是引导者、协助者的角色。反之，如果父母占据了孩子生涯规划的主导权，那制订出来的就是代表父母意愿的生涯规划，可能与孩子的个性、意愿南辕北辙。对于孩子而言，这样的生涯规划可能就成为困住他的枷锁，而不是让他自由飞翔的天空。

五、生涯规划，是父母送给孩子最好的礼物

在一些发达国家，生涯规划是从小开始的。特别是美国、德国等职业系统非

常规范和发达的国家，生涯规划指导更是贯穿小学、中学和大学。

如果孩子从小能在父母的引导和支持下，积极探索自我，清楚自己喜欢什么、擅长什么，多接触社会，了解外面的世界，逐渐明确自己想要成为什么样的人，并在心中种下梦想的种子，一旦梦想扎根，就会激发孩子源源不断的成长动力，建立因学习而获益的意识，这对提高孩子的自主学习能力和学习效率是大有益处的。可以说，生涯规划宜早不宜晚。

因此，父母有必要掌握基本的生涯规划知识，协助孩子从小进行生涯规划探索，这是父母送给孩子最好的礼物。

有的孩子心态比较"佛系"，觉得自己以后做个"家庭主妇"就挺好；有的孩子对未来充满雄心壮志，想做科学家改变世界。无论是怎样的人生目标，只要适合孩子、符合孩子意愿，且不违背社会公约和国家法律的，都值得孩子为之奋斗，值得父母从旁守护。

当然，志当存高远。父母在"不违其志"的前提下，有责任尽力帮助孩子树立远大的理想，让他有机会实现更丰富的人生价值，得到更好的发展。父母要有意识地拓宽孩子的视野，涵养孩子的思想格局，例如，让孩子广泛阅读经典书籍；经常和孩子交流阅读心得，或者就社会民生、时事进行讨论；带孩子去运动、旅游，参加各种社会实践活动等，让孩子学会关爱他人、关注社会，懂得感恩和付出、宽容和体谅，懂得承担责任和无私奉献，积极寻找自己的人生意义，拥抱真正幸福的人生。

第二节
生涯规划概述与操作步骤

一、生涯规划概述

（一）认识生涯

"生涯"的英文单词"career"，在《牛津词典》里的解释是"道路"，可以引申为个人一生发展的路径。全球最具影响力的生涯发展研究者唐纳德·E. 舒伯对于"生涯"的定义是：生涯是生活中各种事件的演进方向与历程，它统合了人的一生中各种职业和生活的角色，由此表露出个人独特的自我发展形态。

舒伯将一个人的生涯发展阶段划分为成长、探索、建立、维持和衰退五个阶段，这五个阶段可以和人一生的发展周期相匹配（如下表所示）。

生涯发展五阶段表

生涯阶段	特点	任务
成长阶段 （出生~14岁）	开始辨认周围的事物，并逐渐意识到自己的兴趣所在，以及掌握和职业相关的一些最基本的技能。	发展自我形象，形成对工作世界的正确态度，了解工作的意义。
探索阶段 （15~24岁）	开始通过尝试一些自己感兴趣的职业活动，对自我能力及角色、职业进行探索，职业倾向趋向某些特定的领域。	职业兴趣具体化，初步确定职业选择，并尝试将它作为长期职业。
建立阶段 （25~44岁）	开始尝试选择适合自己的职业领域，大部分人处于最具创造力的时期。	找到从事所期望的工作的机会，学习和他人建立关系，维持职业和生活的安定。
维持阶段 （45~64岁）	个人通过不断努力来获得职业生涯的发展与成就，并逐渐在自己的领域中有一席之地。	维持既有成就与地位，接受自身条件的限制，找出工作中遇到的新难题，发展新的技能。
衰退阶段 （65岁以上）	由于生理和心理机能日益衰退，个人职业角色的分量逐渐减弱，开始考虑退休并享受自己的晚年生活。	发展非职业角色，做先前想做而未做的事，淡泊名利，与世无争。

舒伯还将人的生涯历程比喻成一道绚丽的彩虹，不同的颜色象征人在一生中扮演的不同角色。人的一生要经历不同的发展阶段，承担不同的生涯角色，职业、家庭和社会角色交互影响（如下图所示）。

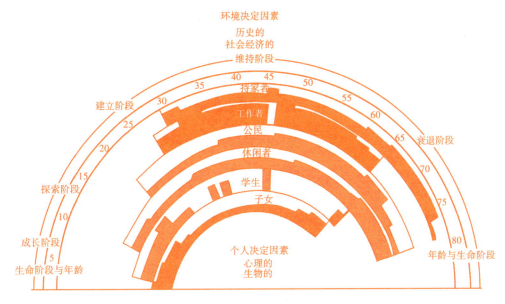

生涯彩虹图

生涯彩虹图的横向层面代表的是横跨一生的生活广度，外层显示人生主要的发展阶段和大致年龄。

生涯彩虹图的纵向层面代表的是纵贯上下的生活空间，由一系列职位和角色所组成。舒伯认为人在一生中扮演着九种主要角色，依序是：子女、学生、休闲者、公民、工作者、夫妻、家长、父母和退休者（彩虹图未将"退休者"列入其中，夫妻、家长、父母等角色则并入了"持家者"一类）。

想要扮演好每个人生阶段的角色，人们必须对自己的人生进行合理规划，明确人生不同阶段的具体目标，积极完成各阶段任务，才能扮演好相应的人生角色，实现个人价值，收获生活的和谐与幸福。

（二）认识生涯规划

1. 什么是生涯规划

生涯规划是对自己未来的生活进行有目的、有计划、有系统的准备与安排。生涯规划主要澄清三个问题：

①我是谁？——正确认识自己的体质、性格、学业、兴趣、优势、思维等，

了解自己的优势和短板，作为生涯规划的依据。

②我要到哪里去？——根据自己的特点，结合所处的外部环境，量身打造适合自己的生涯规划。

③怎样到那里去？——将大目标分解成一个个比较容易实现的小目标，制订具体的行动计划，一步步实现自己的梦想。

2.生涯规划的基本类型

按照时间维度，生涯规划一般分为短期规划、中期规划、长期规划。

①短期规划：3 年以内的目标、计划。

②中期规划：3~5 年的目标。

③长期规划：5~10 年的规划，主要设定长远的目标。

二、制订生涯规划的基本步骤

生涯规划的制订过程主要分为四步：知己、知彼、决策、行动。

1.知己：客观的自我剖析

父母应引导孩子着重从以下几个角度进行自我剖析、自我认识：

性格：我的性格是怎样的，内向还是外向？耐心还是急躁？

兴趣：我喜欢做什么，做什么事情能够让我始终保持热情和旺盛的精力？

优势：我擅长做什么，什么事情我一学就会，做起来特别得心应手？

价值观：我看重什么，什么对我最有吸引力，金钱？名誉？亲情？……

父母平时需要注意观察孩子的成长变化，多和孩子沟通，了解他的所思所想，发现孩子的个性特点和闪光点，并从旁观者的角度给予孩子一些中肯的评价，让孩子对比自评和他评的结果（如下表所示），更全面、客观地认识自己。

自评和他评示例表

爸爸眼中的我	兄弟姐妹眼中的我	自己眼中的现实我
妈妈眼中的我	朋友（同学）眼中的我	理想的未来我

如果有必要，父母可以领着孩子到专业的生涯规划机构去咨询，借助专业的测评技术，对孩子进行科学、系统的评估。例如，测评职业兴趣倾向的霍兰德职业兴趣量表，测评优势潜能的多元智能测评，测评人格特点的明尼苏达多项人格测验等。

2. 知彼：探索广阔的外部世界

孩子现在所有的努力，直接指向的是他今后的职业发展。但是，如果孩子"一心只读圣贤书"，对外面的世界、行业、职业一无所知，等到高考填志愿时，短短几天，他怎么能够做好这个可能关乎他一生的职业选择呢？所以，父母有责任为孩子打开走进现实世界的大门。

在条件允许的情况下，父母可以带孩子参加职业体验、名企参观、名校考察等活动，引导孩子学会收集行业、职业，以及大学、专业等相关信息，并就所获得的信息和孩子进行讨论，让孩子进一步了解现在社会需要怎样的人才，有哪些新兴的职业，几年前这个职业对人才的要求是什么，几年后这个职业对人才的需求可能有哪些变化等。父母还可以和孩子一起畅想未来世界将有怎样的变化，人们需要掌握哪些技能才能适应社会变化等。父母经常和孩子一起参加职业体验活动，关注职业发展趋势，能够让孩子加深对社会、对职业的认知，逐渐发展出对某些职业的兴趣，并清晰地认识到与这个职业相关的专业是什么，可选择的大学有哪些，从而进一步明确自己应该为考取相应的大学和专业做哪些准备。由此，孩子的生涯规划路线就清晰可见了。

另外，父母要清楚自己能够为孩子的成长提供哪些有利资源，例如金钱、人脉、职业经验等。对于孩子来说，他能够轻松获得且能充分利用的资源，往往是家庭资源。父母可以和孩子分享自己的职业经历，谈谈自己的工作是做什么的、有什么价值等。父母所从事的职业及其对待工作的态度，会影响孩子未来的职业选择。作家兼媒体人本·斯坦表示，他之所以写关于经济和财经的专栏，在一定程度上受到了父亲的影响，因为他的父亲是一位知识渊博的经济学家，经常跟母亲一起在饭桌上谈论相关话题。

3. 决策：确立清晰长远的目标

在知己知彼的前提下，确定清晰长远的目标，是孩子迈向成功人生的第一步，也是至关重要的一步。

在非洲撒哈拉沙漠一个叫比塞尔的村庄，立着一块纪念碑，碑上刻着两行醒目的大字：生活从选定方向开始，人生从确定目标起步。在 1926 年以前，从未有一个比塞尔人走出沙漠。他们认为，从这里无论向哪个方向走，最后总是会回到出发的地方。这件事引起了英国皇家学院院士肯·莱文的好奇。1926年，肯·莱文尝试从比塞尔村出发，向北走了三天三夜，最后，他走出了沙漠。经过研究，肯·莱文终于明白，原来比塞尔人根本不认识北斗星，他们在茫茫沙漠中没有固定目标和方向的指引，只凭感觉向前走，他们会走出许多大小不一的圆圈，最终走回他起步的地方。这就好像我们的人生，没有一个明确的目标，往往只能原地踏步，很难取得成功。

在制订目标时，我们应遵循"SMART"原则。

Specific（S）：明确的，具体。目标越具体，孩子越有干劲，也更容易实现。

Measurable（M）：可以量化的，验证目标的数据是可以获得的。

Achievable（A）：实际可行的，且有一定挑战。

Rewarding（R）：目标要有一定意义和价值，能让人获得满足感。

Time limited（T）：有时间限制的。有期限的目标才有紧迫感，催促人去执行。

4. 行动：协助孩子把大目标分解为小目标，提高目标执行力

心理学家史蒂文·里希说："将目标分解成若干个可以实现的部分，不但能增加立竿见影的效果，而且能减少付出的代价。"太大太难的目标总是让人望而生畏，这也是很多孩子心中有目标，却没有实现的重要原因。如果能够把大目标分解成一个个相对简单、易行的小目标，执行起来难度就会小得多。这就好像人们一口很难吃掉一个大蛋糕，但如果把蛋糕切成一小块一小块，吃起来就方便多了。

父母应协助孩子把生涯目标分解成若干个小目标，并拟订具体的行动计划，然后指导和鼓励孩子一个一个地完成。孩子的成功正是由一个个小目标的实现累积起来的。

需要强调的是，一个人的成长是一个动态变化、日日更新的过程，生涯规划也是一个动态、发展的概念。父母协助孩子制订的生涯规划，不会一成不变，也不需要像学霸的"日程表"一样事无巨细、精确到分秒。生涯规划是一幅蓝图，是对孩子的未来作出的合理展望和科学统筹，能够带给孩子目标感、掌控感和安全感，也能让家庭教育更有针对性和实效性。在生涯规划的实施过程中，父母需要密切留意孩子的成长变化情况，随时根据孩子的实际需要来调整实现生涯目标的具体策略。所谓"条条大路通罗马"，生涯规划告诉我们"罗马"在哪里，至于怎么走到"罗马"，方法很多，需要根据具体情况进行选择。

　　当然，如果在执行生涯规划过程中，父母发现原定的目标并不是真正适合孩子的，可以在和孩子达成共识的情况下，放弃原来的生涯目标，并按照生涯规划的步骤，重新制订一份更适合孩子的生涯规划。

第三节
家庭文化，为孩子打下生命底色

一、家庭文化，为孩子的成长打好底色

家庭文化是家庭的物质文化和精神文化的总和，其中，精神文化是核心。家庭文化属于社会科学范畴，指的是一个家庭在世代承续过程中形成和发展起来的，较为稳定的生活方式、生活作风、传统习惯、道德规范以及为人处世之道等。

家庭和孩子的关系，如同土壤与禾苗。而家庭文化是土壤的养分，家庭文化底蕴越深厚，家庭土壤越肥沃，禾苗也就越苗壮。可见，家庭文化最大的功能是"育人"。

物质文化方面，不同家庭在物质选择、搭配上的审美品位和价值观不同，对孩子的影响也不同。例如，有的家庭，父母什么东西都要买最好、最贵的，家里装饰得富丽堂皇，对孩子有求必应，这样虽然能够带给孩子舒适的生活，但也容易让孩子滋长"以自我为中心""金钱至上""享乐至上"等错误的价值观；有的家庭环境布置简约，但父母会根据家庭成员的需要进行适当布局，例如爸爸的茶座、孩子的阅读角、妈妈的花圃等，其中蕴含的生活品位和温暖情意会成为滋润孩子心灵的养料。

精神文化方面，家庭的精神文化蕴藏在家庭成员的言谈举止中，集中体现为家庭成员的生活习惯、相处方式、行事作风、道德规范、价值取向等。有的家庭，父母相亲相爱、待人谦和、工作认真、热爱生活，能为孩子营造一个充满爱与正能量的家庭氛围，孩子也会成长为一个乐观上进、文明守礼的人；有的家庭，父母冷漠、暴力、自私自利，家中常常充斥着争吵、谩骂，孩子往往也会变得暴躁、冷漠、缺少同理心，对他人、对世界充满敌意。可以说，有什么样的家庭，就有什么样的孩子。

主持人白岩松认为，教育的最高境界是"不言而教"。白岩松和妻子在家里很少看电视，他们不是看书就是听音乐。他从来没有刻意要求孩子看书，但儿子

在他的影响下成了一个书迷，还像爸爸一样喜欢上了摇滚乐，儿子常常边听摇滚乐边翻译歌词，英语水平提升得很快。

白岩松住在顶层，每次晚上回家坐电梯到了顶层以后，他就会摁下"1层"，让电梯下去，这样做可以方便其他回家的人，缩短他们等待电梯的时间。久而久之，白岩松的儿子在乘坐电梯时也非常自然地做出相同举动。这就是孩子在家庭文化经年累月的"浸润"下形成的行为习惯和处事态度。这远比父母苦口婆心、耳提面命的"有声"教育管用得多。

"浸润"是一种"随风潜入夜，润物细无声"的熏陶与沉淀过程，家庭文化的育人功能正是通过"浸润"的方式完成的。家里的一盆绿植、一幅画，父母的一个举动、一个习惯，亲子之间的一句对话、一抹微笑，都沉淀为家庭文化的内涵，潜移默化地渗入、浸透孩子的精神内里，对孩子的气质涵养、人格锻造、人性升华产生"水滴石穿"的效果。父母要用心营造良好的家庭文化，为孩子打好生命的底色，夯实成长的根基。

二、传承优良家风，福泽世代子孙

当家庭文化以稳定、持久、权威的形式传承下来，就形成了家风。家风从本质上说，是家庭文化的浸润与传承。北京大学原教育文化战略研究所所长王继华教授对"家风"的理解是：家风，从字面上理解，即全家人共同树立起的风气；从文化视角观察，却是家庭传统的习惯和对事物的认识方法，在价值观形成的人性、品性上的反映。它体现家族文化品格的积淀，是家庭价值观的核心取向。

在我国几千年的传统文化中，"家本位"的观念深入人们的骨髓，人们非常重视家庭教育，很多优良家风也得以代代发展与传承，用以规范世代子孙的言行，加强道德品质教育。南北朝学者颜之推的《颜氏家训》是我国历史上一部内容丰富、体系宏大的家训，也是我国古代家庭教育实践和经验之精华。此后，各类"家规""家训""家诫"广泛流传于世，如《朱子家训》《曾国藩家书》等。我国许多圣贤雅士、功臣名将都是从家风清明、家教严明的家庭中走出来的。

《宋史·岳飞传》记载："（岳）飞裂裳，以背示铸，有'尽忠报国'四大字，深入肤理。"宋朝大将岳飞在从军前，母亲在他背上刻下"尽忠报国"四个大字，后世演义为"精忠报国"，这四个字成为岳飞终生行动的指南，也成为岳家世代相传的家训。岳飞一心保家卫国，立下赫赫战功，所得朝廷赏赐，他"一钱不私藏""有赏必匀",均如数分给将士们。宋高宗曾想在杭州为岳飞建宅,岳飞推辞说:"敌未灭,何以家为?"

岳飞对子女也要求严格。他有五个儿子,个个武功高强。他勉励儿子们"自立勋劳",长子岳云12岁就被岳飞送到部将张宪手下当一名普通士兵。经过战场的千锤百炼,岳云迅速成长为岳家军中卓有声望的一位将领。据传他曾率军解牛头山之围,救出被围的父亲。岳云临出征前,祖母也一再叮嘱他要"精忠报国",还为他披上战袍。

"精忠报国"的家训在岳家人的血脉中流传千年,成为岳家人的精神内核。清朝陕甘总督、宁远大将军岳钟琪,是岳飞的第21代子孙。他曾率军反击沙俄等境外势力支持的叛军,平定青海、西藏等地叛乱,被乾隆皇帝称赞为"三朝师武臣,钟琪为世擘""有清栋梁之臣"。

2016年12月,习近平总书记在会见第一届全国文明家庭代表时指出:"家庭不只是人们身体的住处,更是人们心灵的归宿。家风好,就能家道兴盛、和顺美满;家风差,难免殃及子孙、贻害社会,正所谓'积善之家,必有余庆;积不善之家,必有余殃'。"优良家风,能够产生"入芝兰之室久而自芳"的效果,是所有家庭成员共同的价值追求和行动指南,是保障整个家族欣欣向荣、长盛不衰的"镇宅之宝"。优良家风,也是孩子行为规范的"调节器"、道德情操的"熔炉",对孩子的成长和发展大有裨益。

钟南山院士在接受采访时,多次提到家庭对自己的影响。钟南山出生于医生世家,他的父亲钟世藩是中国著名的儿科专家。钟世藩是一个话不多的人,但他说的话都有理有据。在钟世藩写的《儿科疾病鉴别诊断》中,随处可见其对医学的严谨和对病人的体贴。例如:"当天气寒冷时,医生的手和听筒头都应该先温暖后才检查,以免刺激小儿抗拒检查。"钟南山院士也继承了父亲的严谨以及对病人的体恤。对于自己的后代,钟南山同样要求他们继承钟家的优良家风:第一,永远有执着的追求;第二,要严谨实在。

三、用心经营有利于孩子成长的家庭文化环境

荀子云:"蓬生麻中,不扶而直;白沙在涅,与之俱黑。"意思是说"蓬草生长在麻地里,不用扶持,也能直挺。白沙混进了黑土里,便和黑土一样黑了。"一个人要是生活在良好的环境中,更有利于其健康成长。父母应当用心经营家庭,

构建温馨和谐的家庭关系，营造积极向上的文化氛围，对孩子形成长期的文化浸润，为孩子的生命打上亮丽的底色。

1. 构建温馨和谐的家庭关系

夫妻关系是家庭中最重要的关系，甚至比亲子关系更重要，它是创造幸福家庭的基本保障。研究表明，夫妻关系和谐融洽，丈夫才有可能更好地帮助妻子扮演好母亲的角色，妻子也能更好地帮助丈夫扮演好父亲的角色。夫妻之间相处融洽、互敬互爱，将带给孩子满满的安全感与幸福感。而孩子最初萌生的关爱他人的意识和能力，常常是从父母爱情中习得的。

因此，父母之间应该互相爱护、互相体谅，增加情感交流，建立亲密、信任、守望相助的伴侣关系。同时，父母需要共同承担起教育孩子的责任，不相互推诿，而是彼此配合、充分协调，在教育观念、教育方法等方面达成"统一战线"，用对彼此、对孩子的爱，用尊重伴侣、尊重孩子的民主态度来照顾家庭、教养孩子。

另外，父母要用心经营良好的亲子关系。这主要从两方面入手，一是建立民主、平等的亲子关系。父母要改变"家长权威，说一不二"的传统观念，放下高高在上的姿态，学会蹲下来平视孩子，和孩子平等对话，尽量做到"三多"和"三少"，即多商量，少命令，倾听孩子的心声，和孩子充分沟通，达成共识，让孩子感到被尊重、被认可；多引导，少训斥，家长在面对孩子的错误或不良行为时，应杜绝体罚，少用斥责，尽量采用平和又不失严肃的态度，说清楚错误或不良行为的危害性以及改正错误的方法即可，让孩子感觉到父母不是在发火泄愤，而是真心在帮助自己改正错误，让孩子更容易接受父母的教导；多了解，少窥探，父母想要了解孩子，可以在平时留心观察孩子，像对待朋友一样经常和孩子聊天，努力让孩子把心门打开，尽量避免窥探孩子的隐私。

二是用高质量的陪伴来维系和巩固亲子关系。黄昆岩曾回忆自己小时候的家庭生活，放学后，他总是围在父母兄长身旁，听哥哥讲故事，这是他毕生难忘的家庭娱乐时光。黄昆岩说："想想看，一个全家人盯着电视看的夜晚，跟一个全家一起看书、喝茶、说故事的夜晚，有多么不同。"

因此，父母再忙也要想办法陪孩子，感情是要日积月累"处"出来的，哪怕每次只是和孩子一起读个睡前故事、做个游戏，也是珍贵的亲子时光。

另外，父母陪伴孩子须"用心"。如果孩子在读书，父母在一旁看手机、打游戏，心都不在孩子身上，这样的陪伴有什么意义呢？只有用心的陪伴才是高质量的陪伴，才能达到维系和巩固亲子关系的目的。

父母可以根据实际情况，每天或每周安排一个固定的亲子时间，与孩子一起完成一件有趣的事，建立家庭独特的传统和仪式。例如，每天和孩子一起吃晚饭，在饭桌上，父母可以和孩子聊一聊自己的工作经历，听听孩子说学校的趣事，或者谈论时事热点，分享自己正在读的书等。在这样温馨和谐的氛围里，孩子不仅能够品尝到家的温情滋味，也能从与父母的交谈中开阔视野与思维。

2. 营造积极向上的文化氛围

每当父母抱怨自己的孩子做事没目标，学习不积极时，建议父母自我反思一下：我是一个做事有目标的人吗？我有坚持学习吗？要知道，孩子缺乏进取心很大程度上是因为他们从父母身上得不到积极进取的良好示范。

埃隆·马斯克被誉为"硅谷钢铁侠""当今时代的英雄"。然而，在他心里，"母亲才是我的英雄，我的成功都来自她的培养和影响。"马斯克的母亲梅耶虽然几次经历人生低谷，但她始终坚持自己的梦想，追求自己的人生价值。她在孕期完成了营养学硕士课程，43岁取得了第二个营养学硕士学位，从兼职营养师做起，积累经验和财富，然后开了一家属于自己的营养公司，任职加拿大营养师协会主席。67岁时，满头白发的梅耶重走T台，登上纽约时装周，69岁成为美妆品牌代言人，成为ELLE、《时代》杂志等封面的常客。

孩子能够从父母的精彩人生中看到自己未来成功的影子。父母应该明确自己在工作、学习、生活等方面的目标，让自己对未来始终保持积极乐观、勇于拼搏的状态，在孩子面前树立起一个沉稳、负责、高效的形象，让孩子从父母身上看到有目标的人生是如此充满激情且从容不迫的。这样，孩子自然也会效仿父母，主动制订自己的学习和人生目标。

想要孩子热爱学习、认真学习，最好的方法是父母带头学习，把学习变成全家人共同参与、长期坚持的一种生活方式，在家庭中营造终身学习的氛围。父母可以和孩子商量一个固定的学习时间。例如每天晚饭后1小时，父母和孩子各自学习、看书，或者彼此分享读书心得、探讨遇到的问题等，在家中形成良好的学习氛围，充分调动孩子的学习积极性和主动性。而且，父母和孩子在长期的共同学习中，会产生一种积极向上的态势，形成越学越有收获，越有收获越想学的良性循环。

3. 继承优良传统，抵制不良文化

中华民族在五千多年的历史中孕育了无数优秀的传统文化和道德典范，很多传统美德以"家风"的形式传承至今。在当今这个开放、多元的时代，我国传统文化不可避免地受到世界文化新潮流的冲击。一方面，我国优秀传统文化与先进

文明创新融合、交相辉映，在新时代的检验和洗礼下更彰显其超越时代的魅力与价值；另一方面，我国传统文化在与西方各种伦理思想的激烈碰撞下，出现了一些文化失范、道德滑坡的倾向，一些不良文化的出现，在孩子的道德培养、价值观塑造等方面产生了不利影响。

父母应积极地继承和发扬我国的优秀传统美德，将之融入家庭文化，筑牢家庭教育的堤坝，例如，"己欲立而立人，己欲达而达人"的仁爱精神；"天行健，君子以自强不息"的进取精神；"地势坤，君子以厚德载物"的包容精神；"大道之行也，天下为公"的社会理想；"富贵不能淫，贫贱不能移，威武不能屈"的正直气概等。

同时，父母要勇于摒弃一些落后的、不合时宜的文化糟粕，例如，"君为臣纲、父为子纲、夫为妻纲"的封建等级思想；"三从四德""男尊女卑"的男女不平等思想等。另外，父母要警惕和抵制社会不良文化对优良家风的侵蚀、对孩子的伤害。

比较典型的、危害较大的不良文化有以下几种：一是"金钱至上"的金钱观。随着市场经济发展，一部分人在追求财富的过程中，产生了"金钱至上""有钱能使鬼推磨"等极端的金钱观，为了钱可以不顾一切、不择手段，凡事都用金钱来衡量，这种不良风气会造成孩子对金钱的错误认知，形成拜金主义的错误价值观。二是"以自我为中心"的人生观。受西方民主自由思想的影响，当代人崇尚自由、追求个人价值，但也在一定程度上强化了人们以自我为中心的价值观，如果父母引导不当，就会让孩子形成自私自利、不顾他人利益，甚至为了个人利益，不惜危害他人和社会的极端个人主义价值观。三是"享乐至上"的生活观。在物质极大丰富、生活方式多元化的今天，追求时尚、追求奢华、过度消费、及时行乐等奢靡的生活方式成为一部分人向往的目标，这种不良风气会对培养孩子勤劳节俭、吃苦耐劳的品质造成不利影响。

不良文化会触发人作为动物本性中最自私、阴暗的一面，最好的抵制办法就是继承和发扬优秀传统美德，营造健康文明、积极向上的家庭文化氛围，用优良家风、优秀文化来开启孩子的聪明智慧，守护孩子的美好心灵。

第四节
孩子成长中的父母角色认知

一、父母各司其职，共建健康和谐家庭

随着我国城市化进程加快，家庭观念转变，我国家庭户平均规模降至2.62人，"四世同堂""三代共居"的情况越来越少，"三口之家"成为主流。在这种小家庭模式下，父母对孩子言传身教、潜移默化的影响更加直接、深远，父母在家庭中所承担的角色也越发重要和突出。

曾经有人对"Family"（家庭）这个单词做出这样的解释：Family=Father and mother, I love you。这一解读既说明了父亲、母亲在家庭中扮演着主要角色，也强调了一个完整家庭的重要性。父亲和母亲，如同天和地，共同构成了滋养孩子成长的完整的世界。只有父母不缺位，孩子得到的爱才是完整的，这个家庭才可能是健康和谐的家庭。单亲家庭的孩子、留守儿童，或多或少都有一些心理上或行为上的偏差，这主要是源于他们成长过程中父母的缺位。

父母之于孩子，如同鸟之双翼、车之双轮，缺一不可，且无法取代。以父亲角色为例，中国传统文化对男女的定位是"男主外，女主内"，不少父亲认为自己在外辛苦赚钱养家，照顾孩子的责任理所当然应该交给母亲。殊不知，这种"丧父式教育"会让父亲在孩子心中的地位和意义逐渐淡化，给孩子的成长带来不可弥补的缺失和遗憾。如果父亲角色缺位，男孩子可能缺乏自我认同感，变得软弱，缺乏独立性，女性化倾向严重，出现"恋母情结"；女孩子则可能因为缺少父亲坚强、刚毅性格的影响，而变得过于软弱、胆怯，且会产生对男性的陌生感，不利于其成年后与异性的正常交往。

一个健康和谐的家庭，要求父母各自扮演好自己在家庭中的角色，承担自己为人父母、为人伴侣等应尽的责任。根据心理学家的研究，父母在孩子一生中大致扮演了四种重要角色，包括照顾者、规范者、战士兼保护者、精神导师。这四种角色在孩子成长的各个阶段都发挥着重要作用，但在某些特定阶段会特别突出

某个角色的作用。

0~6岁，父母主要扮演"照顾者"角色。澳大利亚亲子专家毕德福指出，这一阶段是孩子学习爱的阶段，父母要悉心照顾孩子的饮食起居，并充分流露出对孩子的感情，给予孩子足够的关爱和安全感。

6~12岁，父母主要扮演"规范者"角色。父母应在各方面为孩子树立行为规范，让孩子明白并遵守基本的行为准则。但父母应在规范者和其他角色间取得平衡，以免过于严厉而削弱与孩子的情感沟通，这反而会让孩子形成怕事、没主见的性格。

12~18岁，父母重点扮演"战士兼保护者"角色。此时正值孩子成长中的一个关键阶段——青春期，孩子的身心都将发生剧烈变化，父母要像战士一样和孩子并肩作战，共同面对"成长的烦恼"，还要全力保护孩子免受外界诱惑，预防孩子误入歧途。

成年阶段，父母重点扮演"精神导师"角色。这时候，孩子可能不再需要父母直接给答案或伸援手，父母应倾听孩子的烦恼与失意，坦诚地与孩子分享自己的人生经验，甚至坦露自己脆弱、失败的一面，给予孩子宽慰和祝福，成为孩子精神的归宿、心灵的港湾。

另外，研究发现，在父母都参与照顾儿童的家庭中，父亲、母亲与儿童的交往行为存在着巨大差异：母亲把更多时间花在照料孩子的生活上，父亲则花更多时间与孩子一起游戏。可见，在教养孩子时，父亲和母亲往往扮演着不同的角色，发挥着不同的作用。父母需要共同参与，彼此配合，才能更好地教养孩子，使其成为一个人格健全、品行端正、具有良好社会适应性的人。

二、母爱似海，滋养孩子的人格与品性

美国一位心理学家为了研究母亲对人一生的影响，在全美选出50位成功人士和50位有犯罪记录的人，分别请他们谈谈母亲对自己的影响。巧的是，一封来自白宫成功人士的信和一封来自监狱服刑犯的信，都谈到同一件事：小时候母亲给他们分苹果。

那封来自监狱服刑犯的信中写道：小时候，有一天妈妈拿来几个苹果，红红绿绿，大小不同。我一眼就看见中间又红又大的那个，非常想要。妈妈把苹果放在桌子上，问我和弟弟："你们想要哪个？"我刚想说要最大最红的那个，弟弟抢先把这话说出来了。妈妈听了，责备他说："好孩子要学会把好东西让给别人，

不能总想着自己。"于是，我灵机一动，改口说："妈妈，我想要那个最小的，最大的留给弟弟吧。"妈妈听了非常高兴，在我的脸上亲了一下，并把那个又红又大的苹果奖励给我。我得到了我想要的东西，从此，我学会了说谎。

那封来自白宫成功人士的信中写道：小时候，有一天妈妈拿来几个苹果，红红绿绿，大小不同。我和弟弟们都争着要那个最大最红的苹果。妈妈对我们说："这个苹果最大最红最好吃，谁都想要它。现在，让我们来比赛，我把门前的草坪分成三块，你们三人一人负责修剪一块草坪，谁修剪得最好，谁就能够得到这个最大最红最好吃的苹果。"于是，我和弟弟们比赛修剪草坪，结果我赢得了那个最大的苹果。我非常感谢母亲，她让我明白一个最简单也最重要的道理：要想得到最好的，就必须努力争第一。

同样一件事情，两位母亲采用了两种不同的方法，对孩子的性格产生了不同的影响，也促使他们走上了截然不同的人生道路。英国教育家巴卢说过：教育始于母亲膝下，孩童耳听的一言一语，均影响其性格的形成。

母亲作为女性，有其特有的感性纤细、包容体贴、耐心周到、隐忍坚强等特质，其一言一行都会带给孩子品德与性情上的熏陶，影响孩子的精神品质和价值取向。母亲就像一个家庭中的调节阀，决定着家庭的温度和氛围，也潜移默化地决定着孩子的人性温度和道德尺度。

"杂交水稻之父"袁隆平曾经给他的妈妈写过一封信——《妈妈，稻子熟了》，表达自己对母亲的敬爱、感激、思念之情。袁隆平的母亲接受过西方的礼仪、文化艺术教育，思想先进，能讲一口流利的英语。在袁隆平小时候，母亲就对他进行英语启蒙教育。袁隆平在信中写道："无法想象，没有您的英语启蒙，在一片闭塞中，我怎么能够阅读世界上最先进的科学文献，用超越那个时代的视野，去寻访遗传学大师孟德尔和摩尔根。"母亲用她的眼界，打开了袁隆平看世界的大门。

袁隆平的母亲非常注重孩子的品德教育，她说："孩子的智商如同一座宝库，唯有品德和情操才是打开这座宝库的钥匙。"夏天的夜晚，袁隆平和兄弟围坐在母亲身边，听母亲讲历史典故和哲理故事：讲"京娘千里报恩"，教育他们要知恩图报；讲"胖狐狸觅食"，教育他们要懂得节制自己的欲望；讲"国破山河在，城春草木深"，让他们记住国耻家难……

母亲曾给袁隆平讲"女娲与黄泥"的故事，告诉他："我们的衣食住行都离不开土地，土地是生命之源。" 母亲还带着孩子们去参拜神农洞、游览果园。母亲的谆谆教诲让袁隆平从小就爱上自然，对土地心存敬意，并逐渐坚定了长大后要去学农的决心。多年后，母亲告诉袁隆平，她一直都希望儿子热爱农业，帮助人们远离饥饿，所以才从小就不断引导儿子，与大自然亲密接触。

母爱是伟大的，母亲爱孩子，是一种本能。母亲用大海一样宽广温柔的爱，带给孩子最大的安全感，让孩子学会去关爱他人、理解世界，并用温柔的手拂去孩子前行路上的风尘与伤痛，把孩子轻柔而坚定地推向属于他自己的未来。

作为母亲，应该正确认识自己的角色定位，努力承担起为人妻、为人母的责任。母亲的情绪状态对家庭氛围以及孩子心理的影响很大。如果母亲喜怒无常、怨天尤人，孩子就会冷漠暴躁、郁郁寡欢；如果母亲温柔平和、宽容大度，孩子就会乐观积极、有同理心。所以，母亲要学会有效调控情绪，不要带着负面情绪和孩子相处，更不能把孩子当作"撒气筒"，要保持宽容、平和的情绪状态来营造和维系家庭的良好氛围。母亲还应坚持学习，例如阅读教育、文学、艺术等方面的书籍，不断提升个人修养，给予孩子人格、品德、处事态度等方面的良好示范。

三、父爱如山，托举孩子的信念与未来

如果说母亲像大海，父亲就是大山，可以让孩子依靠，也可以把孩子托起，让孩子高高站立，看到更大更远的世界。

在大多数孩子心里，父亲就是无所不能的奥特曼、大英雄，他们对父亲有着深深的崇拜和仰慕。父亲身上理性深刻的思维、敢想敢拼的斗志、敢于担当的责任感，会潜移默化地塑造孩子刚强不屈的灵魂、理性沉稳的气质，鼓舞孩子形成勇敢追求自己精彩人生的执着信念。可以说，父亲的格局决定孩子未来人生的高度。

另外，父亲对孩子形成自我认同感也有着重要的促进作用，父亲帮助孩子从心理上与母亲分离，学会独立自主，教会孩子克制冲动、理性思考。在父亲陪伴与教育下成长的孩子，比起从小缺少父爱的孩子，会更加聪明乐观、自信上进，各方面的优势都比较明显。

2020 年 9 月，微软联合创始人比尔·盖茨发文缅怀自己去世的父亲老盖茨。他说："我知道很多人都仰望他们的父亲，同样我也是。""在我心里，从未停止学习父亲的智慧、仁慈和谦卑，他就是我想努力成为的一切。"

比尔·盖茨小时候不合群，只爱读书。老盖茨觉得，孩子不能躲在自己的小天地里，需要多去尝试一些自己不擅长的事情，也需要从延伸型的大家庭中感受并理解关爱。于是，老盖茨夫妇坚持在每年夏天组织大家庭聚会，有意识地和孩子们玩一些培养协作能力的游戏。比尔·盖茨后来回忆说："他总是让我做那些当时看起来毫无意义的事，游泳、足球、橄榄球……但这种活动却给了我培养领

导能力的机会。"

"追寻梦想，做到最好"，这是老盖茨毕生遵循的信条。比尔·盖茨也是这样做的，他为了自己的梦想，毅然从哈佛大学辍学，创立了微软公司。这件事在今天已被传为佳话，但在当时却是一个疯狂的举动。而老盖茨一方面对儿子的前途感到惴惴不安，另一方面仍然鼓励儿子"追寻梦想，做到最好"。作为一个父亲，老盖茨给予了比尔·盖茨足够的尊重与信任，希望孩子和他一样为梦想而战。

老盖茨是西雅图当地的公民领袖，以拥护弱势群体而闻名。父亲的善举深深影响了比尔·盖茨，他不仅像父亲一样拥有强大的事业心和进取心，也像父亲一样富有爱心和同情心。如今，比尔·盖茨和父亲合作创办的盖茨基金会，已经是世界上最大的私人基金会之一。

作为父亲，应该明确自己是家庭的顶梁柱和掌舵人，努力成为最值得妻子依靠的好丈夫，最值得孩子信任的好父亲。正如教育学家苏霍姆林斯基所言："每个父亲都是使者，只有使者不断进修，端正自己的观念和品行，所培养出的孩子才能自立于人群之中。"

一名合格的父亲，首先要成为一个拥有明确人生目标、敢于直面生活挑战的人，以积极的态度对待工作和生活，不断向孩子传递正能量，引领孩子志存高远，帮助孩子培养正确的价值观、人生观和世界观，给孩子树立正面、优秀的榜样。

请扫描书上二维码
亲子共读
▼
《父母重兴趣擅规划 重庆文艺女孩圆梦清华》

第二章

教育孩子，先做好自己

　　孩子出生，父母沉浸在喜获麟儿的欢喜中。但很快，就像所有"无证上岗"的员工一样，新手父母们被各种陌生的、纷乱的育儿问题搞得手忙脚乱，失误连连。"为何而教""教什么""怎么教"，父母在家庭教育实践中反复摸索着这些问题的答案。没有谁天生就能当好父母，父母要不断学习，积极反思，善于总结，还要本着"能者为师"的心态，虚心向孩子学习新时代的新思想、新知识、新技术，努力提高自身的文化水平和教育素养，力争做合格的父母。

　　父母爱子，天经地义。但是，我们不提倡父母把孩子当作家庭唯一的重心。父母和孩子一样是独立的个体，有自己的生活需要和人生追求，父母要积极地活出自我，实现自己的人生价值，用父母的生命之光照亮孩子未来的路。

第一节
没有谁天生就能当好父母

一、家长的素养影响家庭教育质量

孩子生在家庭，长在家庭，其性格、观念、行为、习惯等都深受父母影响，"长大后我便成了你"，这是原生家庭带给孩子不可磨灭的印记。《辞海》对家庭教育的解释是："父母或其他年长者在家庭里对儿童和青少年进行的教育。"家长在家庭中长期扮演着引导者角色，把自己掌握的知识、社会经验，以及自己坚持的价值观、处世准则等毫无保留地传授给孩子。家长只有具备一定素质与能力，才能对孩子施以科学的教育，把孩子培养成才，这是家庭教育成功的先决条件。作为孩子的第一任老师和终生导师，家长的素养将影响孩子的一生。

家长素养，一方面是指父母自身的文化水平和气质修养。父母自身拥有较高的文化水平，在孩子面前呈现博学多才、品德高尚、举止大方、成熟稳健等形象，能让孩子不由自主地去模仿，向父母看齐。优秀的父母本身就是孩子成才的最好范本。

另一方面，家长素养体现为家庭教育素养，这是家长在培养孩子过程中必备的特殊素养，包括家长的教育观念、教育知识和教育能力。相比家长的文化水平和一般素质，家长的教育素养的高低是影响家庭教育质量和成效的决定性因素。也就是说，并非学历高、文化水平高的家长就一定能成为一名合格的家长。教育子女本身就是一门学问，如果家长具有正确的教育观，能够根据孩子的年龄特点、成长规律和个性特点，选择适合孩子的教育内容和方法，妥善处理教育过程中出现的问题，因材施教，教养得当，那么，即使是文化水平不高的家长，也能使孩子成人、成才。

山西临汾的一个家庭，租房20年，培养出3个学霸。女儿在哈尔滨工业大学硕博连读，大儿子就读于某知名军校，小儿子考取了清华大学土木工程系。孩子的父母文化水平都不高，但有着端正的教育观和有效的教育方法。他们认为："父母是孩子的第一任老师，也是最重要的一任老师。孩子成长的过程中，如果父母引导不好，一切都是白费。"20 年来，范玉华夫妇在赚钱养家之余，始终坚持对3 个孩子的陪伴和教育，从来没因为忙于赚钱而对孩子不管不顾，也没有因为家境贫穷而疏忽孩子的教育。范玉华夫妇重视孩子的学习高于一切，但没有盲目地让孩子补课，3 个孩子从小到大一次课都没补过，他们认为，只要孩子在课堂上认真听课，认真学，就没有补课的必要。

范玉华在陪伴孩子的过程中还有一个朴素的发现：做父亲的居高临下，孩子就不可能和你说真心话。因此，在日常生活中，范玉华非常注意和孩子平等相处。比如做家务，范玉华夫妇会以身作则，不会吩咐孩子去收拾碗筷，而是和孩子一起做，让孩子觉得父母和自己是平等的。他们尊重孩子，把孩子当朋友来相处，经常和孩子聊天，比如跟孩子们聊一聊自己工作的事，让孩子们了解自己的工作。

范玉华不仅要求孩子认真学习，还很关心孩子的身心健康，要求孩子劳逸结合，学的时候好好学，玩的时候痛快玩。他还专门买了沙包和拳击手套，让两个儿子练拳击，女儿做裁判，让 3 个孩子在紧张学习之余能得到很好的放松。

范玉华夫妇懂得的学问不多，他们本着对孩子朴素的爱，勇于承担为人父母对孩子的养育和教育责任，从生活实践中总结出教育孩子的方法，具备了良好的教育素养，教育得当，教育得法，成功地帮助 3 个孩子成人、成才。他们可以称得上是合格的父母、高水平的父母。

《2014 年中国城乡家庭教育现状白皮书》指出："家长在孩子教育上存在很多问题，其中不知道教育方法的占 37.82%。"另有调查表明：48% 的母亲认为教育孩子最烦恼的是不懂如何教育孩子，43% 的母亲认为自己知识水平不够。著名家庭教育专家卢勤曾说："很多父母总是苦恼，我们创造了生命，却难以让生命更精彩；我们付出了爱，却收获不到爱的果实。"为何而教、教什么、怎么教等问题长期困扰家长，制约着家庭教育质量与效率。而解决问题的关键在于提升家长素养，特别是家长的家庭教育素养，让家长学做新时代合格父母。

2018 年，教育部下发关于加强家庭教育工作的指导意见，号召家长不做"虎妈""狼爸"，遵循孩子成长规律和少儿身心特点，不跟风补习盲目报班，切实配合学校减轻学生负担。提升自身素质和能力，积极发挥榜样作用，与学校、社会共同形成教育合力，避免缺教少护、教而不当，切实增强家庭教育的有效性。

二、发展家长的教育素养，学做合格父母

（一）家长素养的内涵

"素养"一词在《现代汉语词典》的解释是：平日的修养，也指人们通过不断的自我锻炼，在某一方面达到的较高境界，如文化修养、艺术修养等。

什么是家长的素养？我国教育界的学者们提出了不同的观点。

中国当代家庭教育理论研究奠基人赵忠心教授认为，家长的素养指的是家长平时的修养，包括世界观、思想品德，以及文化素养。家长的素养直接决定家庭教育的成败。

家庭教育专家关颖从社会学角度提出，家长教育素养是家长作为父母角色时的一种特殊素养，包括家长的教育观念、教育方式、教育能力，它们互相联系，共同构成家长教育素养的统一体。

教育专家杨宝忠从大教育的视角提出，家长自身素质包括三方面的内容：一是家长的世界观和思想品德，即家长对社会和人生的态度以及日常生活中的行为准则；二是家长的文化素养，即家长所具有的基本文化知识和专业理论水平；三是家长的教育素养，即家长所具有的教育科学知识以及教育子女的方式方法、教育态度和教育期望。

综上所述，家长素养包括家长的一般素养与教育素养。家长的一般素养指的是家长作为一名社会人应具备的素质与能力，包括文化知识和专业水平、品德修养、世界观、身心健康状况等。家长的教育素养是指家长（特别是父母）在教育孩子过程中必备的特殊素养，包括教育观念、教育知识和教育能力。家长的一般素养与教育素养密切相关，前者是后者发展的基础，后者是影响家庭教育质量的关键。

（二）如何提升家长的教育素养

1.更新家长的教育观念

教育观念是指有关教育价值、教育内容、教育方法等方面的观点，以及家长对待子女教育持有的基本看法，包括家长的教育观、儿童观、亲子观、人才观等。长久以来，家长的教育观念存在很多误区，例如，"教育只是学校的事，与家长无关""棍棒底下出孝子""听话的孩子才是好孩子"等。赵忠心教授认为，现在很多

家长都只看重孩子的"一半教育"：重视智育，轻视德育；重视知识，轻视能力；重视书本知识，轻视生活常识；重视身体健康，轻视心理健康等。

家长的教育观念决定着家庭教育的方向和目标，是家庭教育的"指挥棒"，错误、陈旧、滞后的教育观容易把孩子引向成长的歧路，甚至给孩子的人生造成不可逆转的伤害。例如，在中国家长的传统思想里，听话的孩子才是好孩子，"熊孩子"大多让父母很头疼。这表面上强调的是孩子对家长恭顺的态度，实质上是要培养孩子"顺从"的性格。久而久之，孩子不仅在家里是乖小孩，步入社会后也习惯性地对他人唯命是从、妥协退让，缺乏独立思考和决策的能力，也很难在激烈的社会竞争中脱颖而出。这就是为什么很多"乖小孩"长大后反而不如"熊孩子"有出息的原因。

当今社会新的生产、生活方式对家长提出了很多新的教育要求，家长要与时俱进，通过网络、电视、书籍等多元渠道不断吸收新知识，了解新时代对人才的要求，更新教育观念，端正自己的价值观、人生观和世界观，把社会主义核心价值观植入孩子的心中，以此来引领孩子的思想。同时，家长一定要清楚自己为何培养孩子，培养什么样的孩子，尽力将孩子的成长与祖国的前途命运联系在一起，形成"培养社会主义建设者和接班人"的崇高育儿观、人才观，引导孩子树立崇高远大的人生目标。

2. 丰富家长的教育知识

教育知识是指有关子女养育、教育和发展的多学科知识。孩子的成长是一个复杂的、漫长的、系统的过程，从母亲怀孕期的胎教、孕期养护，到婴儿期孩子的营养保健，学龄前孩子的启蒙教育，入学后孩子的学习能力发展、习惯养成、品德塑造，青春期孩子的亲子冲突、叛逆行为、厌学情绪等。孩子成长所涉及的问题之多，需要运用到的知识之广，要求家长必须广泛涉猎多种学科知识，如优生学、营养学、生理学、人才学、教育学、心理学、社会学、经济学、美学、德育学等，虽说不需要样样精通，但广泛浏览，通晓一些教育孩子的基础知识是很有必要的。很多家长在教育孩子时处处受阻，就是吃了教育理论知识不足的亏。

万物皆有其生长规律，孩子的成长亦有规律。心理学家埃里克森将人的一生分为 8 个阶段，包括婴儿期、儿童期、学龄初期、学龄期、青春期、成年早期、成年期、成熟期等，每个发展阶段都有其规律和特点。家长要掌握相关知识，知道哪一阶段孩子的哪些表现是正常的，哪一阶段是发展孩子某种能力的最好时机等，根据孩子不同成长阶段的特点采取相应的教育措施，尽量避免错过孩子的成长关键期，但也不宜拔苗助长、过度严苛。

日本天才运动员今井梦露出生在日本大阪的单板滑雪世家，她的父亲是著名的滑雪教练。为了把梦露培养成滑雪冠军，父亲从小就对她进行魔鬼式的滑雪训练。蹦床是训练滑雪的项目之一，但对于梦露来说却是恶魔一般的存在。父亲甚至在家里装监视器，以便随时监控梦露的训练情况，如果梦露在比赛中出现失误，就会受到父亲疾风骤雨般的辱骂。梦露曾经尝试过用逃学、向儿童保护机构求助等方式来逃避父亲的魔鬼训练。

梦露从小展现出极高的运动天赋，她12岁成为日本最年轻的职业滑雪运动员，14岁拿下日本滑雪冠军，18岁成为世界青少年锦标赛冠军。但是，父亲的偏执和严苛让梦露承受了很大的压力，她逐渐出现了心理问题，还接受过长达一年的精神治疗。2006年，梦露征战奥运，却在预赛中出现致命失误，严重受伤，她的奥运之路戛然而止。此后，她经历了十多年漫长的人生低谷。

不是所有的孩子都能用拔苗助长的方式获得成功。家长必须正确认识孩子的成长规律和特点，遵循规律，循序渐进、徐徐图之，让孩子按照适合自己的节奏成长和发展，才能最大限度地激发孩子的潜能和优势。

3. 培养家长的教育能力

教育能力是指在教育观念的引导下，家长运用教育知识对子女实施教育，处理家庭教育问题的能力，如分析子女行为的能力、协调亲子关系的能力等。

很多家长都会发出这样的感叹："真不知道该怎么教育孩子，讲道理他也不听，没办法和他沟通。"因为没办法，或者办法不灵，或者办法用错了地方，家长在教育孩子时总是以失败告终。

浙江宁波一个11岁的孩子离家出走，他留信给父母，自称"废物、窝囊废、累赘"。原来，父母对他的学习要求比较严格，但平时工作忙，妈妈就买了个监控，时刻关注孩子的一举一动。平时父母管教孩子的方式也简单粗暴，不是吼骂就是体罚。这个孩子离家出走前一天晚上，因玩了半小时的手机，被妈妈罚跪两小时。

这个孩子的父母非常重视孩子的学习，其教育初衷是好的，但他们用错了教育方法，监控孩子、打骂孩子，不但起不到监督、教育孩子好好读书的作用，反而对孩子造成了莫大的侮辱和伤害，让孩子陷入自己是"废物、窝囊废"的深深自卑。因此，家长有必要学习科学的教育方法，可以向书籍学、向专家学、向优秀的家长学，不断提高自己的教育能力，教育孩子时做到有智慧、有方法、有态度、有分寸，达到事半功倍的效果。

家长的教育观念、教育知识和教育能力之间是相互联系、相辅相成的。教育观念是核心，教育知识是基础，教育能力是保障。家长具备现代化教育理念，正确指引家庭教育的方向和行为，掌握丰富、科学的教育知识，准确把握孩子的身心发展规律，在此基础上，选择恰当、有效的教育方法处理教育问题，做到因材施教，有效增进亲子关系，助力孩子成才。

三、多渠道发力，促进家长的教育素养提升

1. 推进家庭教育立法

近年来，我国家庭教育已经上升到国家层面，习近平总书记提出"注重家庭、注重家教、注重家风"的重要指示精神，教育部等相关部门陆续出台政策，着力部署家庭教育相关工作。

2010年7月，中共中央国务院印发《国家中长期教育改革和发展规划纲要（2010—2020年）》，其中第四章第十条指出："充分发挥家庭教育在儿童少年成长过程中的重要作用。家长要树立正确的教育观念，掌握科学的教育方法，尊重子女的健康情趣，培养子女的良好习惯，加强与学校的沟通配合。"

2016年11月，全国妇联、教育部等9部门共同印发了《关于指导推进家庭教育的五年规划（2016—2020年）》，明确未来五年家庭教育发展方向、工作目标和落实举措，提出到2020年基本建成适应城乡发展、满足家长和儿童需求的家庭教育指导服务体系。

2022年1月1日，《中华人民共和国家庭教育促进法》正式施行。这是我国首次就家庭教育进行专门立法，家庭教育从"家事"上升到"国事"。该法案涵盖家庭责任、国家支持、社会协同和法律责任等方面，其中第二章第十六条明确了家庭教育的主要内容，第二章第十七条列举了家庭教育的方式方法，有利于父母或其他监护人按图索骥，"依法带娃"。

我国还将持续推进家庭教育立法体系的建立与完善，保障家庭教育的法律地位，用立法手段明确家长的教育责任，规范和约束家长的教育行为，为提升家长的教育素养，发展家庭教育提供法律保障，推动我国家庭教育向科学化、规范化、体系化方向发展。

2. 发挥学校、社区的教育作用

家校共育是全社会的共识，家长的素质培养离不开学校的大力支持。学校要

办好家长学校，培养一批专业的家长教育教师，开发专门的课程与教材，对学生家长进行系统指导，协助家长更新教育观念，掌握科学的家庭教育方法。同时，学校可以为家长创造相互交流学习的机会，例如召开家长会、家庭教育经验交流会、家庭教育专题讲座等，邀请校外专家、家庭教育志愿者、优秀家长等，向广大家长传递先进的家庭教育理念、知识和方法，分享成功的家庭教育经验，推荐优秀的家庭教育书籍等，多渠道提升家长素养。

另外，社区可以利用其群居特点和教化功能，开展各种家庭教育宣讲与实践活动，让社区范围内的家长互相学习，分享经验，守望相助，让家长在社区群居环境的影响和约束下加强学习，提升自身的素质与修养。

2020年5月，全国政协委员许洪玲建议，在社区举办家长课堂，建立"家长教育指导工作室"，面向适龄儿童家长，聘请第三方或者有教育经验的志愿者作为老师，针对准备入小学的孩子的家长开展相关课程教育，颁发"合格父母"上岗证，随学生档案入学。这一建议试图通过"执证上岗"的方式来倒逼父母做个称职的家长，同时把开展社区家长教育活动纳入社区的管理范畴，积极发挥社区的群体教化作用。

3. 家长应自觉做家庭教育的终身学习者

几乎所有的工作都会经历"先培训，后上岗"这样一个流程，以确保从业人员的能力足以胜任岗位的工作需要。但是，大部分夫妻在做父母前，并没有接受"如何当好父母"的培训，孩子一出生，"夫妻"秒变"父母"，直接上岗。岗前培训不足的家长们常常被各种养育、教育问题搞得焦头烂额、不知所措，怎么办？边做边学！在育儿实践中坚持学习，是家长由"青铜"变"王者"、由"门外汉"变"资深专家"的重要途径。

一方面，家长要善于利用多种渠道提升自己的教育素养。例如，积极参加学校、社区或其他专业机构组织的家庭教育培训，向专业人士学习先进的教育知识与技能；积极参加教育沙龙、家长会等活动，多和其他家长交流学习，从优秀家长的成功经验中获得启发；大量阅读教育学、心理学、社会学等相关领域的书籍，掌握科学的教育知识和教育方法；利用广播电视节目、网络媒体等渠道获取教育知识等。

另一方面，家长要善于在教育实践中学习与成长。成功的父母都是在自主学习和教育孩子的实践中成长起来的。

比尔·盖茨小时候性格古怪，不合群，也不允许父母插手自己的生活，和父母之间经常为琐事争吵。老盖茨夫妇都是在老式家庭中成长的，父母说什么孩子都要服从。但他们很快意识到这种相处模式并不适合盖茨。在盖茨又一次和父母发生激烈冲突后，老盖茨夫妇做出了一个惊人举动：他们没有单方面斥责儿子，而是选择求助心理医生。在心理医生的指导下，老盖茨夫妇意识到，要给孩子更大的自由。

从那以后，老盖茨夫妇开始改变自己的做法，他们尝试去尊重儿子与众不同的个性和思维方式，还下定决心让儿子转学到一所更自由的私立学校——西雅图湖滨中学。正是在这所学校，盖茨与计算机结下了一生的缘分。盖茨和家人的关系也越来越好。

没有谁天生就能当好父母，大家都是在不断学习和自省中前进的。孩子成长过程中出现的问题，有其共性，也有其独特性。我们从各种渠道获得的教育知识和方法未必能够应对所有问题，关键还是要靠家长在实践中总结经验，反思不足，摸索出适用于自己孩子的教育方法。只要坚持学习，独立思考，每个家长都可以成为教育自己孩子的"专家"。

第二节
向孩子学习，与孩子共成长

一、"文化反哺"，家庭教育新理念

1."文化反哺"现象

自古以来，"画荻教子""三娘教子""岳母刺字"等父母教导子女的故事广为流传，既颂扬了父母把子女培养成才的良苦用心，又突出了"父为子纲""父母责，须顺承"的家长权威地位。在我国传统观念里，文化的传承，尤其是物质文化传承都是由上一代传至下一代。亲子关系也普遍被认为是父母教导子女、父母影响子女的单向过程，很少有人认识到，孩子在成长过程中并不是单纯的受教者，他也可以给予父母启发，对父母行为产生积极影响。

20 世纪 70 年代，美国社会学家玛格丽特·米德在《文化与承诺——一项有关代沟问题的研究》一书中，将人类社会划分为"前喻文化""并喻文化"和"后喻文化"三个时代。"前喻文化"中，主要是晚辈向长辈学习；"并喻文化"中，晚辈和长辈的学习都发生在同辈人之间；"后喻文化"中，长辈反过来向晚辈学习。米德认为，20 世纪以来，急速的社会变迁推动了新的文化传承模式的出现，原先处于被教化者地位的晚辈有机会"反客为主"，教化原先处于教化者地位的长辈。这种将新知识、新文化传递给他们在世的长辈的过程，社会学家称之为"反向社会化"。

20 世纪 80 年代以后，我国改革开放的浪潮推动了社会与文化的剧烈变迁，年轻一代接收了大量先进理念与知识，视野的拓宽、观念的更新，使他们开始在越来越多的领域、越来越大的程度上影响着年长一代。南京大学人文社科资深教授周晓虹首次提出了与"反向社会化"相似的一个概念——"文化反哺"。"文化反哺"现象因为与"嗷嗷林鸟，受哺于子"的生物现象十分相似而得名，其含义是指年轻一代将自己掌握的知识、经验等传授给上一代，是年轻一代的受化者反过来影响充当施化者的年长一代的社会现象。

周晓虹教授通过实验研究论述了"文化反哺"现象形成的原因，主要有以下几方面：

一是改革开放，来自世界各地的新思潮、新知识、新的生产方式与生活方式，加速了我国经济、文化、教育等各方面的发展与变迁，短短几十年，两代人之间就有了迥然不同的教育水准和生活经历。加上年长一代往往受到传统观念和已有经验的束缚，对新事物的接受速度较慢，而年轻一代没有传统思想的束缚，对新事物具有较高的敏感性和吸收能力，两代人之间的巨大差异让"文化反哺"成为可能。

二是同龄人之间的相处成为年轻一代获取新思想、新事物的重要方式之一。很多父母发现，孩子不听他们的话，反而很听身边某些朋友或同学的话。同辈群体之间的影响逐渐加深，同辈群体成了年轻一代"反哺"父母的知识"蓄水池"。

三是以计算机为代表的信息化媒介的普及，使得年轻一代比父母更早、更多地获得知识和信息，这是他们在与父母的互动中获得"反哺"能力或"话语权力"的重要途径。

2."文化反哺"渐成常态

《礼记·学记》云："学然后知不足，教然后知困。知不足，然后能自反也；知困，然后能自强也。故曰：教学相长也。"意思是说，教师和学生在教学活动中，互相学习，共同成长。"教学相长"不仅可以发生在师生之间，也可以发生在父母和孩子之间。"文化反哺"反映的恰是年轻一代反过来传授年长一代知识经验，促使传统的父教子、师教徒的"单向教化"逐渐转向"双向影响"。

家庭教育指导教师高闫青一直觉得，女儿是她的良师益友。女儿申请到日本名古屋大学攻读博士时，高闫青看到女儿的备考状态，感觉不大满意。因为女儿经常抱着电脑看动画片、看电影、听音乐，一点紧张的学习氛围也没有。高闫青想到自己准备考博时，天天背单词、做试题、练口语，分秒必争。她有点坐不住了，忍不住对女儿提出了异议。女儿却笑着说："请不要用您的学习方法来让我套用，我有自己的方法。"结果，女儿通过看动画片、唱日文歌等学习方法，顺利考取了名古屋大学。女儿的学习方法引起高闫青对现代教育方法的反思，她改变了过去的死记硬背、题海战术等传统教学方法，把情景教学引入自己的课堂，并且与微课相结合，取得了很好的教学效果。

女儿到日本读书以后，经常给高闫青发一些英文资料，鼓励妈妈看原版文章，还鼓励妈妈学习日本大学教授的博学多艺、严谨治学。高闫青很重视女儿的建议，她觉得是女儿教会了她现代的思想观念和思维方式。每当她遇到困难和问题时，都会征求女儿的意见，女儿也会积极给她提出中肯的建议。在见证女儿成长的过程中，高闰青也见证了自己的成长。

以互联网为代表的信息时代的来临，进一步颠覆了传统的代际关系，年轻一代对年长一代的影响已经成为一种十分普遍的文化传承现象。两代人互相学习、共同成长，这是现代社会家庭教育日渐强化的新理念，也是调节代际关系，提高家庭教育成效的必然选择。

二、青少年"文化反哺"的意义

1. 帮助父辈跟上时代发展的脚步

互联网技术的出现，让年长一代不得不承认"人类掌握计算机的能力同年龄成反比"。孩子不断将信息化、智能化知识与技术输送给父母，在新时代与父辈之间架起联通的桥梁，帮助父母更好地适应社会的快速变化，跟上时代步伐。如果没有孩子的引领，很多父母可能都不知道什么是微信，也不会使用微信和支付宝进行线上付款，不会在网上抢红包、看电影……孩子的"反哺"让父母更快地掌握新的生活方式，享受时代发展给他们带来的便利，提高了父母的社会适应能力以及生活品质。

2. 有利于增进亲子沟通，促进家庭关系和谐发展

《2017 中国儿童网络素养状况系列研究报告》指出："超过六成的 14 岁儿童的父母表示孩子懂得更多的上网技能，与家长形成了'数字代沟'。"孩子在信息技术、网络文化等方面"反哺"父母，这种以"数字反哺"为代表的文化反哺现象，突破了家庭传统的"父母一言堂"式的沟通模式，构建出共同的话语空间，让孩子在家庭中拥有更多话语权，在缩小"数字代沟"的同时，增进了亲子沟通，使父母更好地理解孩子的创新思想和进取精神，促进了两代人对彼此文化、思想、行为的接纳，拉近了父母和孩子之间的心理距离，有助于弱化、弥合代际鸿沟，增进亲子关系，实现家庭融合。

以新兴的网络媒介——微信的使用为例，孩子在指导父母使用微信的各种功能时，为彼此建立了新的对话渠道，孩子和父母之间多了一种虚拟的情感互动方式。从日常的文字交流、语音对话、视频聊天，到逢年过节的发红包、送祝福，亲子沟通方式趋于频繁和多样化。而生动、趣味的微信表情包，恰如其分地充当着亲子之间的情感交流工具，让素来含蓄、内敛的中国父母和孩子之间拥有了简单、

直接的情感传达方式，通过发送"爱心""玫瑰花""抱抱"等微信表情，自然地向对方表达自己的真情实感，加深了彼此的感情。

3. "文化反哺"为社会变革注入新活力

"文化反哺"促使两代人或数代人的不同文化发生激烈碰撞，父母接受着新思想、新文化的洗礼，并逐渐以更加开放的心态接受孩子对传统文化的批判创新，积极与孩子构建一种民主、平等、互动、合作的新型关系，客观上促使优秀传统文化获得了强劲、持久的传承与更新能力，也促进了新媒介文化的繁荣与创新。

另外，孩子通过"文化反哺"将流行于年轻一代的价值观念、生活方式、消费习惯等逐步向年长一代传递、普及，促使相关产业的升级与发展，为社会变革注入新的活力。例如，年轻一代是手机、电脑等电子产品的消费主力。他们通过"文化反哺"将电子产品消费热潮传递给年长一代，越来越多的父辈、祖辈开始使用智能手机，开始在网上看电视、看新闻。除了传统的电话外，他们还会使用微信视频、语音聊天等工具来与孩子沟通，彼此建立更紧密的关系，而电子产品的市场也进一步扩大。从某种意义上来说，当流行于年轻一代的事物逐渐被不同年龄层的大众所接受，它带来的经济效益和产业变革都是巨大的。

三、向孩子学习，与孩子共成长

家庭教育专家孙云晓提出："今天中国出现了双向社会化的特征，'三娘'可以教子，子也可以教'三娘'。"我们处在一个知识大爆炸、科技飞速发展的时代，相比对新生事物高度敏感和主动适应的孩子来说，父母不得不承认，自己"落伍"了。如果父母想要跟上时代步伐，继续扮演好父母的角色，陪伴和支持孩子成长，就必须转变陈旧观念，以"能者为师"的态度，虚心向孩子学习，和孩子共同成长。

父母可以尝试从以下几个方面做出改变：

1. 用欣赏的眼光看待孩子

父母作为长辈，可能认为"承认孩子比自己强"是一件丢人的事情。但换一个角度想，孩子青出于蓝而胜于蓝，不正是父母希望的吗？父母应放下长辈的架子，尝试用欣赏的眼光看待"孩子比我强"这件事。当孩子表现得比父母出色时，父母理应坦率地告诉孩子："你比我强多了，你是我的骄傲。"当孩子提醒父母改进一些落后、错误的观念或做法时，父母理应真诚地感谢他："多亏你提醒我。"

当父母用心去欣赏孩子的出色表现，虚心向孩子学习时，父母会渐渐意识到，向孩子学习并非表示大人无能，反而是一个成年人真正成熟和睿智的表现。而且，父母对孩子发自内心的赞赏和虚心的求教，会让孩子感受到自己也是被父母所需要的，从而增强孩子的自我认同感与自信心，给予孩子积极进取的动力和勇气。

2. 把属于孩子的权利还给孩子

父母应充分尊重孩子的个性、兴趣，把属于孩子的自主发展的权利还给孩子，让孩子遵循自己的天性和意愿，自主判断、自行选择、自由发展，认同和支持孩子的理想抱负，让孩子的个性与天赋得到最大限度的发挥。只有这样，父母才有可能在平等、尊重的基础上，认可孩子的优点，积极向孩子学习。而且，父母不妨以孩子的"反哺"为契机，转变不合时宜的家庭教育方式，成为孩子成长的支持者和守护者。

另外，由于孩子的身心发育尚未成熟，价值观还未稳定，自我管理能力和是非分辨能力也比较弱，父母在尊重孩子自由成长，积极向孩子学习的同时，也要掌好孩子远航的舵，为孩子的成长保驾护航，引导孩子学会辨别是非，远离各种社会诱惑，特别是要让孩子学会在互联网世界里趋利避害，例如，远离网络中的暴力、色情信息，正确认识网络流行的"丧文化""佛系文化"等。

3. 创建学习型家庭，和孩子共同学习

如果让孩子"教"父母，可能让父母感觉自己的权威地位受到挑战，毕竟要让父母接受"以孩子为师"并不是那么容易的。周晓虹教授在调查研究中发现，一般来讲，如果子女以心平气和的态度与父母进行交流沟通，父母都会认真听取他们的建议而不会出现不适。但是这种心理上的转变有些难度，两代人之间的磨合也需要时间。

父母可以和孩子结成学习小队，彼此约定一个共同的学习时间，例如，每天晚饭后1小时，父母和孩子一起坐下来学习，遇到问题可以互相讨论，切磋交流。父母还可以和孩子一起设计若干个常规的学习活动，如分享阅读心得、谈论时事热点、交流互联网使用情况等，定期沟通、彼此倾听、互相帮助，共同营造良好的学习氛围。

在这样愉快、和谐的学习氛围中，父母和孩子之间不断磨合，促进了彼此理解和接纳，自然而然形成了"双向学习""双向影响"的交流模式，父母向孩子学习的行为也就水到渠成了。

第三节
不做"孩奴"，父母也有自己的人生路

一、你是"孩奴"吗？

有一位母亲生下儿子后，每天的生活就像打仗一样，要上班又要带儿子。每天天不亮，她要跑到两公里外为儿子取奶；中午一下班，她就匆匆赶回家给儿子做饭；晚上再累，她都要带儿子去附近的广场玩。

儿子上幼儿园后，母亲给儿子报了好几个兴趣班：绘画班、围棋班、游泳班、书法班。可除了游泳，儿子对其他班一点都不感兴趣。但母亲仍然坚持带着儿子奔走在各个兴趣班之间，生怕儿子学少了，落后其他同龄人。为了让儿子上这些兴趣班，母亲花去了自己和丈夫的大部分收入，他们几年都没有买过新衣服。为了全身心地陪伴儿子，母亲感冒了依然下水陪孩子游泳，脚受伤了依然坚持骑车送孩子上课，拒绝了同学的聚会邀请，放弃了自己喜欢的电影，在家陪儿子看动漫。儿子进入小学后，每天晚上，母亲都会亲自盯着儿子做完所有作业。每次考试前，母亲都会一遍遍叮嘱儿子考试注意事项。当儿子考试不理想时，母亲会痛苦得泪湿枕巾，寝食难安……

上述故事里的这位母亲，为儿子可谓是殚精竭虑、倾尽所有，让人动容。而用时下流行的说法，这位尽职尽责的母亲还有另一种称呼，叫"孩奴"。"孩奴"是指那些一生都在为子女打拼，为子女忙碌，而失去了自我价值体现的父母们。"孩奴"在中国比较常见，当上"孩奴"的父母，生活的重心全都转移到孩子身上，为孩子忙碌，为孩子挣钱，为孩子精打细算，不敢生病，不敢高消费，不敢轻易辞职、换工作，对自己扣扣搜搜，对孩子则很大方。

有的家庭把培养孩子当作头等大事，在孩子课外学习、择校、出国留学等方面一掷千金。很多家庭并不富裕，为了孩子上学不惜卖房卖车，省吃俭用，生活质量大打折扣。

有的家庭一心围绕孩子转，对孩子的衣食住行亲力亲为，无微不至。孩子上学了，父母就放下工作，陪读陪考，为了更好地照顾孩子，不惜放弃自己的兴趣、事业，远离朋友圈，一再压缩个人时间，把自己的生活圈缩小到只剩下孩子和家人。

中国传统文化重视家庭，父母总是心甘情愿为孩子付出一切，这是父母对孩子朴实而真挚的爱。而且养育子女本就是为人父母的责任，父母理应有此担当。但是，为了孩子，无底线地"透支"自己的人生，真的有必要吗？父母这样"无私"地牺牲自己，对孩子真的好吗？

多年前有一则引起广泛热议的新闻，哈尔滨有一个单亲母亲，从儿子中考开始一直陪读，直到儿子考研。孩子两次考研失败，为了母亲他还想再考，但严重的抑郁症使他再也考不下去了。孩子持刀自残，母亲夺刀相救，结果孩子误刺母亲，险些要了她的性命。据说这位母亲本来是一个性格开朗、工作干练的基层妇女干部，当她下决心进城陪读的时候，刚刚40岁出头。她拒绝再婚，辞掉工作，卖掉房子，把自己生命的全部都押在了儿子身上。

母亲为了孩子付出了大量的时间和精力，放弃了自己的事业和追求，到头来却毁了孩子和自己两个人的人生。这样的悲剧不是偶然，不是意外。事实上，"牺牲自己，为了孩子"，这种在很多父母看来理所当然的做法算不得伟大，甚至暗藏危机。

二、"孩奴"现象，弊大于利

1. 人为夸大养育成本，增加家庭负担

家庭教育专家关颖认为，之所以那么多家长自称"孩奴"，是因为养育成本被人为夸大了。父母对教育的非理性消费，比如奶粉要喝进口的、上学要上名校、花重金给孩子请家教等，折射出父母的攀比心理，不顾家庭实际经济水平，盲目对孩子进行力不从心的教育投资。加上父母"望子成龙"的期待，又使非理性教育消费成为必然，对家庭造成了很大负担。

父母要以平常心看待孩子的养育和教育问题，根据孩子的实际情况来确定孩子的培养目标，而不是一味地要求孩子成龙、成凤，毕竟不是所有人都能成长为顶尖人才。同时，不刻意效仿富裕家庭"花大钱"的育儿方式，量力而为，培养孩子的压力就会减轻很多。

2. 容易造成孩子自私、依赖的性格

"孩奴"父母最突出的特点就是"太把孩子当回事了"，全家上下都围着孩

子转，什么事都以孩子为先。父母把孩子当作生活的"中心"，孩子自然而然会觉得自己就是"中心"，"什么都是我说了算"。孩子逐渐养成以自我为中心、不懂感恩的性格，他觉得自己得到的一切都是应该的，因为他在家里"凡事优先"，他在外面也会事事争抢，不顾他人感受。

另外，"孩奴"父母有操不完的心，总想着什么事都帮孩子做好了。这样做的结果就是不断强化孩子对父母的依赖心理，造成孩子的独立意识薄弱，生活自理能力差，为人处世比较自私，不受欢迎，人际交往容易受挫，对社会适应不良。这对孩子今后的工作、婚姻都非常不利，"啃老族"往往就是这样诞生的。

3. 容易给孩子造成巨大的精神压力和心理负担

中国父母最常说的一句话就是"我做的一切都是为了你好啊"，这句话听起来恩重如山，殊不知是加在孩子头上的紧箍咒，让孩子"压力大"。

孩子最初听到类似的话，会觉得父母很辛苦，我如果不努力就对不起他们，能激励自己在学习上加倍努力。但是，当父母长时间用这句话来"绑架"孩子，孩子就会对这些话免疫，并且产生厌恶、抵触、逆反的情绪，和父母争吵时会忍不住大吼："我不需要你对我好！"因为孩子从父母的"牺牲"中，很可能感觉到的不再是满满的爱，而是重重的枷锁，是他的生命难以承受之重。那些以牺牲自我为条件换取孩子成功的父母，很可能牺牲掉自己的孩子。

三、"孩奴"本质，是父母的自我迷失

心理咨询师宋晓林认为，"孩奴"现象本质上是中年父母的自我迷失。由于不满意自己的人生，父母产生了期望孩子出人头地的补偿心理，把孩子的成功当作自己的成功，甚至把自己未能实现的心愿强加给孩子，指望孩子替自己扬眉吐气。

另一方面，如果父母对自己的人生缺乏自信和热情，衍生出消极、懈怠、冷漠等不良情绪，把职业当作养家糊口的工具，得过且过，不求进取，这些"负能量"会在与孩子的朝夕相处中潜移默化地传递给孩子，严重打击孩子对生活、对未来的激情和斗志。

热播剧《小别离》讲述了三个不同家庭面对孩子升学、留学、青春期等问题时发生的一连串故事，而这三个家庭的主人公几乎都是"孩奴"。最典型的要数方圆夫妇，他们的全部心思都放在女儿朵朵身上，他们之间谈论的话题十之八九是朵朵的学习情况。他们对孩子的关注度甚至严重到影响自己的正常工作。

方圆夫妇都是自己单位的业务骨干，有着很不错的事业，但他们为了朵朵出国留学的事情，对待工作心不在焉、玩忽职守。方圆作为外科医生，竟然在给病人做手术时还满脑子想着女儿出国的事情。妻子童文杰的工作也频频出错。虽然电视剧有着戏说、夸张的成分，但艺术来源于生活，现实生活中以孩子为中心而迷失自我的父母不在少数。

父母是孩子的镜子。父母无底线的自我牺牲，很可能在几十年后造就另一个自己。试想一下，当孩子为人父母后，也学着自己的父辈，为了子女无底线地牺牲自己的一切，放弃事业，放弃理想，这岂不是对父辈期望的极大讽刺？

四、做好自己，成为照亮孩子人生的一束光

教育专家朱永新在回忆自己的父亲时，印象最深刻的是父亲对待教育工作兢兢业业的态度。无论是做小学老师、小学校长，还是后来到镇上当文教助理、县聋哑学校校长，父亲都全身心地投入工作。父亲曾自豪地对朱永新说："我要么不做，要做就做最好的。"父亲曾被评为全国模范教师，这份荣誉是对他多年深耕教育的最好褒奖。

长大后的朱永新和父亲一样热爱教育，一辈子献身教育，他发起和推广的新教育实验在全国如火如荼地展开，让千万孩子和家庭受益。父亲在朱永新心里播下的教育星火，终成燎原之势。

父母努力追求自己的理想，对生活充满信心、希望和激情，这种人生态度会感染和激励孩子去憧憬自己的未来，为理想奋斗。因此，父母要做好自己，成为照亮孩子人生的一束光，指引孩子永远朝着光明奔跑。

1. 重视自己的需要，丰富自己的人生

"孩奴"父母最大的问题，是把孩子的需要当成自己唯一的需要，只考虑孩子，忽视或无视了自己的需要，这样的父母往往不是成功的父母。父母应清醒地认识到：我们首先是独立的个人，再是孩子的父母。

父母应把"自己"放在一个重要的位置，重视自己的需要。作为独立的个人，自己和自己相处的时间是最长的，不断探索自己、认识自己、悦纳自己、发展自己，这是每个人终其一生的修行。当父母重视自己的需要，积极去丰富自己的生活，拥有自己的朋友圈、兴趣爱好，有自己的事业和追求，父母的内心世界会越来越丰富，眼界格局会越来越高远，对孩子的未来也会产生越来越积极的影响。

重视个人需要、积极追求自己精彩人生的父母，不仅解放了自己，也将自由成长的空间还给了孩子。父母和孩子保持适度的"距离美"，各自拥有独立的人生，各自谱写属于自己的生命华章，何乐而不为？

2. 努力追求自己的事业，成为孩子未来职业发展的榜样

有的父母会说，我牺牲自己的工作、事业，是因为家庭需要。确实，一个孩子的出生，会改变家庭的格局。为了更好地照顾孩子，有时候需要父母的一方或双方适当改变自己的工作模式，例如换一份离家近、比较轻松的工作，或者暂时放弃自己的工作，成为全职爸爸或全职妈妈。这些做法是父母为家庭、为孩子做出的适当让步，是一个家庭的共同决策，通常可以有效解决家庭的现实问题，这是合理的。

但是，如果父母放弃自己的工作，是因为对孩子过度关注，全身心只想围着孩子转，那就没必要了。毕竟，在孩子成长的十几年里，正是父母为事业奋斗的黄金时期，轻易放弃自己的事业，岂不可惜？

而且父母对待工作的认知和态度，决定了孩子看待事物的眼界和格局。亲子教育专家黄静洁在自己的孩子出生后，为了让孩子有更稳定的成长环境，选择留在家里陪伴孩子，但她从没放弃自己的学习和追求。她在网络上写微博、博客，创办了儿童教育网站，为千万家长提供教育咨询，提升广大家长对科学育儿的认知，她创办的育儿公众号"母亲堂"深受读者喜爱，被上海市科协评为"2015年社会类十大科普微信公众号"。

当老师询问黄静洁的儿子最钦佩的人物是谁，儿子的答案正是自己的母亲，因为"她凭一己之力努力改变中国家庭的育儿观念"。

这就是父母为孩子树立的职业榜样，当父母孜孜不倦地追求自己的人生价值和事业巅峰时，父母在孩子眼里就是闪闪发光的"英雄"，就是他们未来想要成为的人。

父母在自己的工作岗位上辛勤耕耘，并不纯粹是追求万贯家财和功成名就，更多是通过努力工作、追求事业来实现自己的人生价值和社会价值。同时，将自己全力以赴的激情、奋发向上的干劲、不服输的精神传递给孩子，让孩子也对未来的职业、生活充满期待，这才是正确的教子之道。正如黄静洁所说："如果每位父母都能抱着改变世界、贡献世界的观念和格局养育孩子，那么不仅世界会变得更美好，我们的孩子也会变得更优秀、更强大，他们的人生将更有格局。"

父母应努力追求自己的职业发展，即使因为家庭需要而暂时离开职场，在孩

子入学后，也要尽量回到自己喜欢的工作岗位上，用自己的态度和行动启发孩子的职业探索与认知，让孩子参与和见证父母的精彩人生，用父母生命的丰富和厚重，塑造和壮大孩子的人生观、价值观。

请扫描书上二维码
亲子共读
▼

《生动的一课》

第三章

家庭教育，
从读懂孩子开始

　　湖南省长沙市开福区曾经对 100 名中小学生和他们的家长进行问卷调查，发现 60% 的家长认为自己是了解孩子的，但 84% 的孩子认为父母根本不了解自己。这是多么大的反差啊！

　　父母总想把自己生命中最好的东西给孩子，总觉得自己知道孩子需要什么，自己所做的一切都是为孩子好，但往往事与愿违，孩子不但没有对父母心存感恩，还常常一言不合就顶撞父母，而且孩子也没有像父母期待的那样"有出息"。

　　问题的症结在于，您读懂自己的孩子了吗？您知道孩子对什么事情感兴趣，做什么事情的时候全情投入、乐此不疲吗？您知道孩子的天赋潜能是什么，做什么事情游刃有余，容易取得成功吗？您知道孩子最看重什么，他有怎样的价值观吗？

　　不懂孩子的父母，教育总是不得其法，甚至吃力不讨好。只有正确认识孩子，了解孩子喜欢什么、擅长什么、有怎样的价值倾向，父母才能找准教育方向，因材施教，有效助力孩子的生涯发展。

第一节
孩子喜欢什么，开发孩子的兴趣点

一、探知孩子的兴趣

（一）什么是"兴趣"

兴趣是指个人力求接近、探索某种事物和从事某种活动的态度和倾向，亦称"爱好"，是个性倾向性的一种表现形式。

斯坦福大学的威廉·戴蒙教授经过长期研究发现，优秀的、有创新潜力的学生，学习动机往往来自内在目的的驱动。孩子发自内心想要做的事情、投入极大热情去做的事情、遇到困难也不愿意放弃的事情，通常就是孩子坚持学习的内在动力，这就是"兴趣"。

（二）兴趣对孩子的影响

1. 兴趣是孩子学习的原动力

华人学者丁肇中教授说："任何科学研究，最重要的是要看对自己所从事的工作有没有兴趣，这不能有任何强迫……比如搞物理实验，因为我有兴趣，我可以两天两夜甚至三天三夜在实验室里，守在仪器旁，我急切地希望发现我所要探索的东西。"

对于中小学生来说，学习活动最容易从兴趣出发，也最容易被兴趣左右。"兴趣是最好的老师"，是一种强大的精神动力。在兴趣的驱使下，孩子会对学习迸发出惊人的热情，产生稳定而持久的注意力，其思维、记忆等能力也常常处于活跃状态，极大地激发学习动力，提高学习效率。

相反，如果孩子所学的并非他真正感兴趣的东西，这种缺乏"热爱"与"激情"的事情很难长期坚持下去，孩子的学习热情也将大打折扣。

2. 兴趣是职业选择的基本依据

谷歌全球前副总裁李开复上大学时最初填报的是政治学专业。上了几门课后，他发现自己对这个专业毫无兴趣。他告诉自己，人生只有一次，不应浪费在没有兴趣、没有成就感的领域。于是，他做出了人生中最重要的一个决定，转系到他非常感兴趣的计算机科学专业。多年后，他说："若不是那天的决定，我今天就不会在计算机领域取得如此之大的成就，而很可能只是在国外某个小镇上做一个既不成功又不快乐的律师。"

李开复的故事说明，是否从事自己感兴趣的职业，直接关系一个人一生的幸福，有工作经验的父母对此一定深有体会。如果孩子今后能从事一份自己喜欢的工作，那将是人生一大幸事。

3.兴趣是职业稳定、成功的重要保证

研究表明，如果一个人从事自己感兴趣的职业，能发挥其全部才能的80%以上，并且长时间保持较高的工作效率和创造性。相反，如果一个人对所从事的工作不感兴趣，他只能发挥自己才能的20%左右，而且工作态度消极，效率低。

兴趣不仅能提高一个人的工作主动性和效率，还能预测一个人的工作满意度和稳定性。在其他条件相似的情况下，一个人从事自己感兴趣的工作，不仅更容易获得满足感，而且也能让工作单位满意，由此确保工作的稳定性。

（三）找准兴趣点，选对"跑道"

随着教育竞争加剧，很多家长从孩子很小的时候就为孩子报各种兴趣班、特长班，美其名曰"培养孩子的兴趣"。其中不乏有部分家长是出于现实的升学考虑，恨不得孩子"十八般武艺，样样精通"，升学时可以凭借"才艺"加分，提高孩子被名校录取的概率。

作为父母，应该树立长远的"育儿观"，对孩子的培养要着眼于他一生的发展，为他今后漫长的人生考虑。而孩子考好成绩、上名校，只代表他阶段性的成长，不能真正决定他一生的发展。进入社会后，每个人都要从事不同的职业，走不同的人生道路。孩子只有从事他真正喜欢的、擅长的、愿意倾注一生热情的工作，才能始终充满激情和创造力，不畏艰难地力求把事情做到极致，也更容易获得内心的满足和事业的成功。

父母与其盲目地让孩子跟其他孩子去挤同一条"跑道"，不如从孩子的兴趣出发，选择独属于自己的"跑道"。这就要求父母关注孩子的兴趣点，帮助孩子发现和培养自己真正的兴趣爱好，让孩子从小选对"跑道"，才是真正的"赢在起跑线上"。

父母不妨参考以下几个问题，观察、发现孩子的兴趣点：

①是否有这样一些事情，能让孩子长时间保持兴奋、快乐的情绪状态？

②是否有这样一些事情，能让孩子着迷，愿意全身心投入，不易分心？

③是否有这样一些事情，即使工作量较大，遇到很多困难、挫折，孩子却不觉得疲惫，不愿意放弃，甚至废寝忘食、乐此不疲？

④是否有这样一些事情，能不断激发孩子的好奇心和创作欲，让他经常萌生各种奇思妙想和创意点子？

二、兴趣与职业的关系

职业兴趣是指人们对某种职业活动具有的比较稳定而持久的心理倾向。由于兴趣不同，人的职业兴趣也有很大的差异。

职业指导专家霍兰德提出了著名的职业兴趣理论，他认为人的兴趣类型与职业密切相关。个体的职业兴趣可以影响其对职业的满意程度，当个体所从事的职业和他的兴趣类型匹配时，个体的潜在能力可以得到最彻底的发挥，工作业绩也更加显著。他将人的兴趣类型分为现实型（Realistic，R 型）、研究型（Investigative，I 型）、艺术型（Artistic，A 型）、社会型（Social，S 型）、企业型（Enterprising，E 型）、常规型（Conventional，C 型）六种类型（如下表所示）。

兴趣类型与典型职业分析表

兴趣类型	特点	典型职业
现实型（R）	用手、工具、机器制造或修理东西。愿意从事实物性工作或体力活动，喜欢户外活动或操作机器，而不喜欢在办公室工作。	园艺师、汽车修理工、工程师、军官、兽医、足球教练员
研究型（I）	喜欢探索和理解事物，学习研究那些需要分析、思考的抽象问题，喜欢阅读和讨论有关科学性的论题，喜欢独立工作，对未知问题的挑战充满兴趣。	实验室工作人员、生物学家、化学家、心理学家、大学教授
艺术型（A）	喜欢文学、音乐、艺术和表演等具有创造性、变化性的工作，重视作品的原创性和创意。	作家、音乐家、摄影师、漫画家、导演
社会型（S）	喜欢与人合作，热情关心他人的幸福，愿意帮助别人成长或解决困难，为他人提供服务。	教师、社会工作者、心理咨询师、护士
企业型（E）	喜爱冒险、竞争，通常精力充沛、有冲劲。喜欢通过领导、劝说他人或推销自己的观念、产品而达到个人或组织的目标，希望成就一番事业。	律师、营销商、市场部经理、电视制片人、保险代理
常规型（C）	喜欢固定的、有秩序的工作或活动，希望确切地知道工作的要求和标准，对文字、数据和事物进行细致有序的系统处理以达到特定的标准。	文字编辑、会计师、出纳员、速记员、税务员、计算机操作员

父母可以带着孩子到专业机构去参加"霍兰德职业兴趣测评"或其他职业兴趣测试，通过科学手段，了解孩子感兴趣和不感兴趣的职业类型，启发孩子探寻自己的职业兴趣方向。

以下是某学生的"霍兰德职业兴趣测评"示例图，表明该学生的职业兴趣方向为社会型、企业型和艺术型。

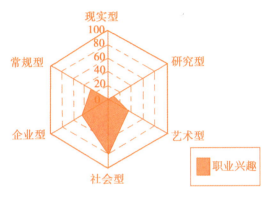

"霍兰德职业兴趣测评"示例图

三、培养孩子的兴趣是父母的责任

诺贝尔物理学奖获得者朱棣文给予青少年一个忠告："如果你没有爱好，就去找，找不到就不罢休。生命太短暂，所以不能空手走过，你必须对某样东西倾注你的深情。"

缺乏兴趣的人生是枯燥、无望、难以成功的。因为成功需要全力以赴，而全力以赴的决心和动力来自人们的热情和兴趣。父母应帮助孩子发现、培养广泛的兴趣爱好，并将兴趣与未来职业方向结合起来，让孩子的"一时兴起"发展为"终生志趣"。

1. 保护孩子的好奇心

聪明的父母不会用成人的思维限制孩子无拘无束的探索和天马行空的想象，而是会小心翼翼地保护孩子的好奇心，为他营造宽松的成长环境，让他尽情探索未知的世界，发现未知的乐趣，引导他尽可能地接触丰富的知识领域，保持旺盛的求知欲。孩子接触到的世界越广阔，他就越有机会发现和发展自己的兴趣。

在一个地处偏远、教育资源落后的小城镇里，有一个男孩，他从小喜欢用电子地图看世界各地的街景。父母虽然觉得他每天开着电脑研究那些东西有些"莫名其妙"，却从来没有打击过他的探索热情，也从不认为他"玩电脑"是浪费时间。进入初中后，男孩的这个兴趣演变为在作业本上画城市规划图，设计城市布局与功能。他对城市街景的好奇，也上升为一种对世界的创造热情。再后来，他考上了清华大学城市规划专业。

如果没有父母对男孩好奇心的小心呵护，男孩对城市地理布局的热忱恐怕只是"昙花一现"，他可能也没有动力去考大学，获得深入钻研城市规划专业知识的机会。

2. 在实践中捕捉孩子的兴趣点

"做中学"是孩子最喜欢的学习方式。所以，捕捉孩子兴趣点的最好方式是为孩子创造大量实践机会。

苹果公司创始人史蒂夫·乔布斯的父亲是一名出色的机械师，他原本想把自己机械制造和修理的手艺传给乔布斯。后来，他发现乔布斯对电子器件很感兴趣，但他买不起电子产品，就常常到工厂的废品堆里淘一些可以利用的物件，带回家给乔布斯练习拆解和组装。这可以说是乔布斯对电子制造业的启蒙。

12岁时，乔布斯受朋友邀请，加入了惠普探索者俱乐部，他就是在那里接触到了惠普公司开发的小型计算机。每周二，父亲会一大早开车送乔布斯去俱乐部学习，晚上再去接他回家。乔布斯忙起来的时候，父亲甚至要等到深夜才能把他接回家。父母愿意改变自己的生活作息来适应乔布斯的兴趣发展需要，给予他特别的爱护。

条件允许的情况下，父母应尽可能为孩子创造丰富的实践体验机会，让孩子"做中学、玩中学"。例如，带孩子探索大自然，鼓励孩子参加学校集体活动、社会实践活动等，鼓励孩子去尝试、去体会、去思考，在广阔天地中发现兴趣、巩固兴趣。

3. 引导孩子发展志趣

兴趣的发展一般经历三个阶段：有趣、乐趣、志趣。

当孩子对某项事物感到好奇、新鲜时，他处在"有趣"阶段，这个阶段的特点是易变、不稳定，一旦孩子发现其他新奇好玩的事情，会很快把注意力转移到新事物上。

当孩子长时间积极培养某种兴趣，对此保持高度热情和持久专注时，他就进入了趋向稳定与专一的"乐趣"阶段。孩子的兴趣大多集中在某几项事情上，对兴趣的培养也逐渐深入，开始显现某方面的特长。这个阶段，父母给孩子选报兴趣班，宜精不宜多，应鼓励孩子坚持自己真正感兴趣的东西，避免走马观花、浅尝辄止。

当孩子开始探索个人兴趣与未来职业、社会需要之间的关系，并据此来考虑和确定自己的人生理想时，"乐趣"便发展成为"志趣"。

"股神"巴菲特从小就对数字感兴趣，他8岁时开始阅读有关股票市场的书籍，10岁时开始在父亲的经纪人业务办公室帮忙，11岁时开始炒股。他从兴趣中找准了自己的发展方向——金融行业，并且几十年如一日地埋头工作，他每天去办公室的愉快模样像是赶着去约会。凭着这股对金融事业的喜爱与执着，巴菲特最终攀上了事业巅峰。

巴菲特的儿子和女儿深受父亲熏陶，也都以兴趣为指向选择自己的职业，各自在热爱的领域绽放光彩。

值得一提的是，当孩子的志趣与艺术、文学等方面相关时，很多父母都会感到不安，因为艺术、文学等不是传统意义上"有前途的职业领域"，父母普遍担心孩子将来找不到稳定和高薪的工作，担心孩子今后的生活没有保障。

事实上，艺术家们的幸福感比人们预想的高得多。美国一项研究表明：70%的艺术专业毕业生表示，尽管薪水很低，但他们对自己的工作及其所提供的机会非常满意。

父母不应把孩子的"志趣"和名校甚至将来的高收入直接挂钩，孩子的幸福感和成就感更多地源于他所热爱、执着的事业，而不是物质条件、名利地位等外在事物。父母与其纠结孩子的"志趣"是否有利于他今后找到好工作，不如全力守护孩子那颗为"志趣"奋斗到底的火热的心。

四、当孩子的兴趣与学业产生冲突时，父母怎么办？

随着年龄增长，孩子的学习科目增多，学习任务越来越繁重，不可避免会出现兴趣培养与学科学习之间的冲突。如果孩子的兴趣与学科学习没有直接关系，或者兴趣培养挤占了学科学习时间，很多父母因为担心影响孩子的成绩，便劝说、要求孩子减少兴趣培养的时间，甚至干脆直接取消孩子的兴趣课程或兴趣实践活动。这样的做法治标不治本，不仅会扼杀孩子的个性与潜能，还可能造成亲子冲突，不利于家庭和睦。

兴趣是学习的原动力，父母要善于把孩子对兴趣的执着，转化为孩子学习的内驱力。例如，孩子对汽车制造感兴趣，喜欢组装汽车模型，父母可以鼓励他学好数学、物理、化学等基础学科，将来进入大学就可以深入探索汽车的专业知识，有机会设计和制造一辆真正的汽车。这对于痴迷汽车模型的孩子来说，无疑具有强大的吸引力。

其次，在学业任务加重的现实情况下，孩子的兴趣太宽泛，确实会占用其过多时间。父母应引导孩子静下心来，让孩子尝试为自己的诸多兴趣排序，看看哪个兴趣是自己最喜欢、最不愿意放弃、最能收获成功体验的，在排序靠前的几项兴趣中选择 1~2 项兴趣作为自己的中心兴趣来培养，并长期坚持下去，引导孩子学会把有限的时间留给自己真正感兴趣的事情。

最后，兴趣与学业的冲突，很大程度上源于孩子的时间管理出了问题。父母应引导孩子学会合理安排自己的时间，例如坚持制订每周、每日的时间表，在确保完成学科学习任务的前提下，为兴趣培养留出适当的时间，这样才能有效解决兴趣与学业的矛盾冲突，让孩子做到学科学习与兴趣培养两不误。

第 ❷ 节
孩子擅长什么，发掘孩子的闪光点

一、每个孩子都是天才

提到"天才"二字，人们往往想到的是天赋异禀、聪明绝顶、与众不同等形容词，是令人羡慕的"别人家的孩子"。父母内心或多或少都期盼过自己的孩子就是那超凡脱俗、惊才绝艳的"天才"，但行动上却把孩子当作"庸才"来培养。

很多父母对孩子的潜能浑然不觉或者视若无睹，觉得"天才"是某些拥有独特天赋的特殊人才，自己的孩子没有能力和资格去"不走寻常路"。他们从内心已经放弃了自己的孩子也能创造"奇迹"的想法，认为只有复制"学霸"的成长路径最稳妥，多刷题、考高分最靠谱。父母习惯于要求孩子去适应应试教育提出的标准，而不是让教育去满足孩子的需要。他们把成绩作为衡量孩子优秀与否的唯一标准，对孩子的学习一味地催促、加码，要求孩子反复进行低水平的作业和习题训练，导致孩子长期处于智慧沉眠、潜能压抑的状态。

而当代教育学家提出，"天赋"不是天才特有的能力，人人皆有天赋，而且天赋是每个人独具的能力。

20 世纪 70 年代，美国哈佛大学心理学家麦克里兰提出了一个著名的模型——冰山模型，将每个人的能力划分为表面的"水面以上部分"和深藏的"水面以下部分"。该理论认为：人们展示出的能力就像水面显露出来的一角，只占全部能力的 30%，还有 70% 的能力就像冰山隐藏于水中的部分，等待人们去挖掘，而这些潜藏能力对一个人能否取得成功有着举足轻重的影响。

当下，人工智能时代正在向我们走来。面对这个科技日新月异发展的时代，有潜质、有特长的创新型人才备受社会青睐。《国家中长期教育改革和发展规划纲要（2010—2020 年）》第十一章第三十二条明确提出："注重因材施教，关注学生不同特点和个性差异，发展每一个学生的优势潜能。"2020 年，教育部启动"强基计划"，旨在选拔一批"有志向、有兴趣、有天赋"的青年学生进行专门培养，为国家重大战略领域输送后备人才。面对这样的人才培养趋势，父母承担着开发孩子的优势潜能，助力孩子个性化发展的重任。

二、多元智能理论

（一）多元智能理论概述

20世纪80年代，美国哈佛大学教育心理学教授霍华德·加德纳提出了"多元智能理论"。几十年来，该理论成为风行全球的国际教育理念，被认为是"对素质教育的最好诠释"。

多元智能理论认为，人类的智能是多元的而非单一的，人类至少有8种不同的智能（如下图所示）。每个人都拥有不同的优势智能组合，智力之间的不同组合表现出个体间的智力差异。而现代社会是需要各种人才的时代，这就要求教育必须促进每个人的个性特质与优势智能得到充分发展和完善。

多元智能解释圆形图

另外，不同的优势智能有着与之相匹配的职业领域，个人可以根据自己的优势智能组合选择适宜的职业发展方向（如下表所示），并且用心发展自己的优势智能，从而更好地适应职场，取得职业与事业的成功。

多元智能与职业关系表

智能	代表人物	代表性职业
语言表达智能	巴金、莫言、钱钟书	编辑、图书馆员、播音员、翻译、作家、新闻记者、律师、秘书、语文老师等。
数理逻辑智能	牛顿、爱因斯坦、杨振宁	数学家、审计师、会计师、科学家、统计学家、经济学家、计算机分析师等。
空间运用智能	毕加索、达·芬奇、贝聿铭	工程师、建筑师、城市设计师、摄影师、绘图员、飞机驾驶员、雕刻家、航海家等。
音乐旋律智能	巴赫、郎朗、莫扎特	音乐家、钢琴调音师、作曲家、歌手、指挥家、音乐评论家等。
身体运动智能	杨丽萍、姚明、乔丹	舞蹈演员、体育老师、职业运动员、模特、技工、按摩师、替身演员等。
人际交往智能	甘地、罗斯福、周恩来	社会学家、心理学家、政治家、公关人员、推销员、导游、社会工作者、行政人员等。
自我认知智能	伯特兰·罗素、苏格拉底、卡尔·荣格	心理学家、心理治疗师、哲学家、演员、导演、神学家、诗人等。
自然观察智能	达尔文、徐霞客、孟德尔	生物学家、天文学家、园艺师、考古学家、兽医、生态学家等。

（二）多元智能理论的教育理念

多元智能理论对传统的智力观、人才观、教育观等产生了巨大影响。

第一，该理论倡导多因素组合的智力观以及平等的学生观，提出每个人都拥有这八种智能，只是这八种智能在每个人身上的组合方式、表现形式不一样，致使每个人的智力和潜能存在差异。它否认了"差生"的存在，认为每个孩子都是优秀、独特的。父母不必担心自己的孩子不如别人家孩子聪明，应该尽力帮助孩子挖掘其独特的智能组合，相信孩子将在适合他的某个领域获得成功，并学会从多个角度认识、评价、接纳和欣赏孩子。

第二，该理论强调智力的本质更多表现为个体解决实际问题的能力和生产、创造社会所需产品的能力。该理论重塑了传统的以语言能力和数理能力为核心的智力理论，提倡多样的、全面的人才观，要求父母不但要重视孩子的语文、数学等学科成绩，还应关注孩子的实践创新、文化艺术、空间想象等方面的能力，改变"唯分数论"的单一评价标准，尽可能丰富孩子的社会实践经验，提高孩子分析问题和解决问题的能力。

第三，该理论提倡个性化的因材施教的教育观，认为每个孩子都同时拥有优势领域和弱势领域。孩子在发展其优势领域的同时，可以将优势领域的特点迁移到弱势领域中，促使其弱势领域也得到发展，即所谓的"扬长补短"。关键是扬长，兼顾补短，这就需要针对孩子的优势和弱势进行个性化教育。

家庭教育在对孩子进行个性化教育方面具有得天独厚的优势，父母对孩子完全可以做到"多对一""一对一"培养。父母应正确认识和充分肯定孩子的优势智能，因材施教，促使孩子的优势智能得到有效开发，并引导孩子将其从事优势领域活动时所表现出来的智力特点和意志力迁移到弱势智能中，有效弥补弱势智能的不足。

三、兴趣爱好与优势潜能的关系

在开发孩子的优势潜能时，父母通常会从孩子感兴趣的事情入手。这说明兴趣与优势具有紧密关系，但有必要澄清一个问题：喜欢做的事未必就是擅长做的事。

兴趣爱好是孩子喜欢做的事，优势潜能是孩子擅长做的事，两者是有区别的。这两者的区别可能让孩子在对待某件事时出现以下四种情况：

一是有兴趣，但没有优势。

孩子喜欢做某件事情，但表现并不突出。例如孩子喜欢运动，但什么运动都做得马马虎虎，水平一般，他享受运动流汗的感觉，却不愿意花太多时间来练习专业运动技能。

这种情况下，建议父母不要对孩子的运动能力抱太高的期望，鼓励他积极参加相关活动即可。

二是有优势，但没有兴趣。

孩子做某件事上手很快，处理起来比较轻松，有明显优势，但是不怎么感兴趣。例如孩子对数字敏感，总能很快地解决数学问题，但对学习数学兴趣不大。

这种情况下，建议父母有意识地引导孩子多接触数学，从欣赏数学之美、举一反三巧解数学题等多方面培养孩子的数学兴趣与能力，创造机会让孩子在数学竞赛或活动中取得好成绩，增强孩子的成就动机，继而激发孩子对数学的兴趣，形成"学得越好、越爱学，越爱学、学得越好"的良性循环。当然，如果经过一段时间的培养，孩子依然对数学没兴趣，父母就不要勉强了，毕竟没有激情的付出是很难长久的。

三是有兴趣，也有优势。

这是孩子真正的天赋所在。例如孩子喜欢给别人讲故事，喜欢在人群中表现自己，老师教授语言表达技巧时，他能迅速掌握并灵活运用，在公众面前发言毫不怯场，且声音洪亮，有理有据。由此可以看出这个孩子在语言表达方面既有兴趣，也有潜能。

漫画家蔡志忠先生认为："人生就是要寻找自己最拿手的又最喜欢的事去做，最拿手才能最喜欢，最喜欢才能最拿手。不仅如此，还要把它做到极致。"父母一定要着重开发孩子的这类天赋，并进行重点培养。

四是没有兴趣，没有优势。

孩子对某项事情既没有兴趣也没有优势。这种情况下，父母就不要勉强孩子去做他不喜欢也不擅长的事了，不如把时间和精力集中到孩子有兴趣也有优势的事情上。

四、父母助力孩子开发潜能

根据"天赋递减法则"，生下来具有 100 分可能性的孩子，如果一出生就接受恰当的教育，将来就可能具有 100 分的潜能。如果放弃教育，到 5 岁就会减少到 80 分，到 10 岁就会减少到 60 分，到 15 岁就会减少到 40 分。可见，孩子的潜能开发越早越好。父母应通过持续关注、科学规划、正面引导等方式，积极开发孩子身上最闪亮的天赋潜能。

1. 持续关注，尽早发现孩子的优势潜能

父母应在日常生活中持续关注孩子的兴趣和潜能，密切留意孩子对什么事情感兴趣，做什么事情比较得心应手。父母也可以带孩子参加科学测评，如多元智能测评、艺术潜能测评等，接受专业人士的指导，不断筛除孩子"有兴趣无优势""有优势无兴趣""无兴趣无优势"的事情，最终发现孩子"有兴趣有优势"的事情。

在一次夏令营活动中，一位老师发现有个孩子喜欢拍照，而他的父母对此却不以为意。因为父母觉得自己没有什么艺术天赋，理所当然地认为自己的孩子也不是"搞艺术"的料。老师采取的办法不是测试这个孩子的艺术天赋，而是直接给他一台相机，让他自己拍摄。这个孩子特别开心，天天相机不离手，还经常把自己拍的照片给老师看，请老师给他一些指点。后来，老师帮他把照片全都洗出来，开了一个小型摄影展，看到这些照片的人都对这个孩子的拍照技术赞不绝口。

孩子的父母这才意识到，自己差点耽误了一位"小摄影师"的未来。

另外，父母可以采用智力展示的方式发掘孩子的优势潜能，尽量为孩子提供一些能够启发不同智慧的材料，如绘画工具、曲谱、自然标本等，并为孩子营造轻松、愉快、无压力的环境，让孩子能自由自在、全身心地进行自我探索与实践。

例如，想要测试孩子的音乐智能，父母可以为孩子提供一个安静、舒适的空间，让孩子尝试学习一首新歌曲，观察孩子的具体表现，如孩子学唱新歌的方式是什么、他花了多长时间学会了新歌、他对这首歌有怎样的理解、他如何演绎和呈现这首歌曲等，由此可以有效判断孩子对音乐、旋律、节拍等方面的敏感性和创造性。

2. 协助孩子制订潜能开发目标

当父母和孩子就其优势潜能达成共识后，父母应协助孩子制订明确的潜能开发目标，以及实现目标的具体计划和措施，包括选择特长培训班和老师、确定每周训练频次和时长、选择特长训练方法等，通过长期的系统训练，让孩子踏踏实实、稳扎稳打地练好基本功，将优势潜能发展到极致。

同时，建议父母引导孩子将个人兴趣、优势与未来职业方向结合起来，以职业目标为导向，加强训练孩子未来职业发展必备的特长技能。这样能使孩子清晰地意识到，现在的努力是为了今后从事自己喜欢的、擅长的工作，现在的能力储备越到位，今后自己在职业领域越容易取得成功，从而进一步激发孩子的学习动力，达到更优的优势潜能发展成效。

3. 对孩子的潜能开发给予全力支持与陪伴

正所谓"十年磨一剑"，潜能开发是一个漫长的能力淬炼过程，需要孩子投入大量时间和精力，反复练习与实践，直至有一天成为某个领域的翘楚。在这个艰难的磨炼与蜕变过程中，不仅要求孩子自身具备顽强的意志力，也需要父母对孩子的全力支持和倾心陪伴，成为孩子的强大后盾和精神支柱。

一位定居美国的华人母亲曾介绍她的女儿学习单簧管的故事。小学四年级的时候，女儿按照学校要求选择一门乐器学习，她选择了单簧管，因为她喜欢的一部小说的主人公会吹单簧管。起初，母亲觉得女儿只是一时兴起，没有太在意。一年后，女儿居然考入了马里兰少年古典管弦乐队。母亲开始意识到，女儿也许在单簧管演奏上有天赋。

母亲开始全力支持女儿的学习。首先，母亲为女儿精挑细选了一支好的单簧管，确保乐器硬件上有质量保障。另外，无论工作有多忙，母亲坚持抽出时间陪女儿练习单簧管，她还专门学习了相关的乐器和声乐知识，以便更好地与女儿交流吹奏单簧管时出现的问题。当女儿在学习中遇到困难、情绪烦躁时，母亲总是鼓励她："你非常有天赋，如果再认真些，会取得更好的成绩。"还耐心劝慰女儿，即使有天赋也需要坚持不懈的努力。

在母亲的陪伴和鼓励下，女儿更加认真高效地练习单簧管，在单簧管演奏上取得了可喜的成绩，她当过全州学生乐队的首席黑管手，高中连续三年考入全美荣誉管乐团。

4. 为孩子创造实践机会和成功体验

通常情况下，人们都喜欢反复做自己擅长的事情，以强化成就感带来的愉悦心情和自信心。这就是自我效能感，成功的经历能够提升个人的自我效能感。一个人的成功体验越多，自我效能感越强，内在成长动机也就越强烈。

如果孩子想要把自己的优势潜能发展到较高水平，除了接受专业指导和自己埋头苦练外，还需要得到大量的实践机会和成功体验，促使孩子在实践中发现存在的问题，调整学习策略，提高学习效率，并且让孩子在一次次成功体验中不断积累自我效能感，增强自信心，激发其持续努力、再创佳绩的强烈斗志。

在条件允许的情况下，父母可以带孩子参加各种能够发挥其优势潜能的活动与竞赛，特别是有一定专业水平和含金量的市级、省级、国家级，乃至国际性活动与竞赛。这是锻炼孩子能力与胆量的好机会，能让孩子通过自己的努力获得荣誉和肯定，也能让孩子有机会与其他志趣相投的伙伴同台竞技、相互切磋、共同进步。

需要强调的是，父母在为孩子挑选实践活动时，不能只看活动的规模、等级、名气等信息，更重要的是准确评估孩子的现有能力水平，以此为依据为孩子选择难度适中、孩子努力一把就有机会成功的活动，以达到帮助孩子磨炼技能、增强自信，激发孩子追求卓越的目的。

第三节
孩子看重什么，端正孩子的价值观

一、价值观概述

1. 什么是价值观

一棵古松，在木匠看来，是一根梁；在画家看来，是美丽风景的组成部分；在种地的农民看来，是一处可以遮蔽烈日的荫凉地。这就是"古松三态"的典故，三个人，看到了一棵古松的三种价值。古松的价值不是由其自身决定的，而是由看待古松的人的价值观决定的。

价值观，是指人用于区分好坏、辨别是非及其重要性的心理倾向体系。它反映人对客观事物的是非及重要性的评价。人的价值观不同，看待事物的角度就不同，思维方式、行动模式也不同，这就是价值观的作用。

青少年正处于"拔节育穗期"，最需要精心栽培。父母引导孩子培养正确的价值取向，能够为其一生的价值观奠定良好基础，为其今后人生的选择与发展提供价值指南。

2. 价值观形成的三个阶段

心理学家认为，价值观的形成可以分为三个阶段：选择、珍视、行动。

阶段一：选择。人的价值观不能经由强制或压迫而获得，理应是个人经过谨慎思考和衡量后，自由选择的结果。在探索自己的价值观时，父母不妨引导孩子认真思考以下几个问题：

①它是我自由选择的，没有来自任何人或任何方面的压力吗？

②它是我从众多价值观中挑选出来的吗？

③它是在我思考了所作选择的结果后被挑选出来的吗？

阶段二：珍视。"你是否珍惜你的价值观，或者为你的选择感到自豪？""你愿意公开向其他人承认你的价值观吗？"

父母可以用这两个问题帮助孩子对自己选择的价值观做进一步澄清和确定：自己是否真的乐于接受所选择的价值观，并且愿意为了坚持这个价值观而付出极大代价。"砍头不要紧，只要主义真"反映的就是革命先烈对自己的价值观的珍视之情、坚定之意。

阶段三：行动。价值观不是一种空谈，而要实实在在践行在个人的日常生活中，通过行动来实现自己所选择和珍视的事物，展现和领悟其价值。

父母应鼓励孩子在日常行为中不断反思自己的价值观："我的行动是否与我选择的价值观一致？""我的价值观是否给我的行动带来正向引导？"通过对类似问题的思考，帮助孩子进一步辨别、评价自己的价值观，进而更加坚定、坚守自己的价值观。

二、探索职业价值观

1. 什么是职业价值观

职业价值观，是指一个人对职业的认识和态度以及他对职业目标的追求和向往。职业价值观反映个人的职业态度和职业期待，将影响个人的职业选择，以及个人的职业生涯能走多远。

当今瑞士制表界大师菲利普·杜佛曾说："对我而言，做表必须这样，机芯、表盘、表壳甚至每一个螺丝和凹槽都必须是我用一双手亲自打磨的，每一个细节都要完美，哪怕它隐藏在肉眼根本看不到的角落。机器是做不出来这种感觉的。"他从15岁到60岁，一共做了165块手表。菲利普·杜佛对制表手艺的极致追求，体现了他"认真做好每一块表"的职业价值观。正是在这种价值观的驱使下，他制作的每一块表都是精品，他的高超技艺和精益求精的工匠精神为他赢得了"制表大师"的美誉。

父母在引导孩子规划未来职业方向时，应充分考虑孩子的职业价值观：孩子向往的职业生涯是怎样的？他最希望从职业发展中收获什么：金钱、名誉、稳定生活、成就感？……当孩子选择的职业与其职业价值观相匹配时，孩子才有可能从职业中收获他真正重视、期盼的结果，他的人生才是真正幸福、有价值的。

2. 职业价值观与职业选择

不同的职业价值观适合于不同的职业。例如，有的人追求有创意、富于变化的工作，那么建筑师、设计师、广告创意人员等职业比较适合他；有的人喜欢和人打交道，乐于帮助他人，那么社会工作者、心理咨询师等社会服务类工作比较适合他。

职业专家通过大量调查，从人们的理想、信念和世界观角度把职业分为六大类，并列举出与之相适宜的职业（如下表所示）。

职业价值观与职业类型对应表

职业价值观	特点	相应职业类型
自由型	不愿受人指使和干涉，想充分施展本领。	室内设计师、摄影师、作家、演员、诗人、作曲家、编剧、雕刻家等。
支配型	想成为领导者，控制感强，坚持自我的想法，侧重于自己目标的实现。	饭店经理、律师、政治家、法官等。
自我满足型	优越感强，渴望拥有社会地位和荣誉，希望受人尊敬。	记账员、会计、银行出纳、法庭速记员、税务员、办公室职员、统计员等。
自我实现型	尽力挖掘自己的潜能，认为不断超越自己是有意义的生活。	气象学者、生物学者、天文学家、药剂师、动物学者、地质学家等。
志愿型	富有同情心，把他人的痛苦视为自己的痛苦，认为默默帮助他人无比快乐。	社会学者、福利机构工作者、社会工作者、社会科学教师、护士等。
技术型	性格沉稳，做事井井有条，认为立足社会的根本在于有一技之长。	木匠、工程师、飞机机械师、自动化技师、电工、机械工、司机等。

三、青少年价值观的现状分析

1.青少年越发关注内在价值需要

当今社会正处在一个高度开放、高速发展的时代，孩子有机会享受来自世界各地的先进技术和优秀文明，这在开阔孩子的眼界与格局的同时，也为孩子追求更高远、自由的价值取向提供了丰富的精神土壤。

部分固守传统思想的父母坚持要求孩子好好学习，考上好大学，以后找个好工作，过上富裕安稳的生活。然而，这些以物质满足为主的价值引导对很多孩子来说可能已经无效了。因为以"90后""00后""10后"为代表的青少年，基本上已经摆脱了物质匮乏的困扰，父母天天念叨的这些"目标"并不是他们真正需要的，也无法解答他们内心关于"为什么要读书""人生意义在哪里"等方面的问题。

对于在新时代下成长起来的孩子来说，他们的成长不再需要单纯地指向物质满足、财富积累的物质主义价值观，而更多的是渴望满足自己的人格独立、生活质量、精神品位、理想抱负等内在需求，以及关注绿色环保、社会公益、政治民主、世界和平等更高层次、更能体现个人价值和人生大义的价值取向。

2. 多元化文明与思想造成青少年的价值观混乱

文化大爆炸、思想大融合的社会环境为孩子自由探索人生价值创造了绝佳机会。然而，思想的剧烈碰撞也容易让欠缺社会经验、是非观模糊、心智不成熟、道德判断能力薄弱的青少年出现认知混乱和思想冲突，导致他在探索人生奥义的过程中出现左右摇摆、犹豫不决等情况，甚至会迷失人生方向，误入歧途。

例如，一些孩子存在兴趣减退、内心空洞、情绪消极、生活无意义感强烈等问题，北大心理学者徐凯文在其演讲的《时代空心病与焦虑经济学》中称这种现象为"空心病"，这是理想缺失、价值观缺陷导致的心理障碍。

另外，随着新媒体平台的快速发展，各种碎片化信息、网络文化得以快速地、大范围地传播，对青少年培养正确价值观造成了不小的冲击。例如，奉行"不争不抢、不求输赢、有无均可"的"佛系文化"，反对积极进取的人生观，让很多孩子陷入人生无目标、学习无动力、得过且过的虚无主义状态。过度强调个性的极端个人主义倾向，让一些孩子处处标榜个性，甚至为了满足个人私欲，不惜损害他人和社会利益。

四、社会主义核心价值观是青少年的价值标杆

党的十八大提出，倡导富强、民主、文明、和谐，倡导自由、平等、公正、法治，倡导爱国、敬业、诚信、友善，积极培育和践行社会主义核心价值观。

社会主义核心价值观是在建设具有中国特色社会主义的背景下提出的，独具中国特色的价值文化，将科学社会主义普遍原理与中华优秀传统文化相结合，高度概括了全体人民崇高的理想追求，体现了社会价值共识和国民思想认同，是实现人与自然和谐共处、人与社会良性互动的价值导向，是完成中华民族伟大复兴梦的内在动力，凝聚着建设和谐、富强国家的磅礴力量。

青少年是社会主义现代化建设的接班人，承担着振兴国家与民族的重任。青少年的价值取向决定了未来整个社会的价值取向。习近平总书记在十九大报告中

明确指出，要以培养担当民族复兴大任的时代新人为着眼点。"青年一代有理想、有本领、有担当，国家就有未来，民族就有希望。"这是对作为时代新人的青少年的准确定位。因此，要把社会主义核心价值观当作培养青少年价值观的基准与标杆，帮助青少年扣好人生的第一粒扣子，引导青少年把自己的人生追求融入中国特色社会主义伟大事业。青少年努力成长为志存高远、品行端方、勇于担当、信念坚定的时代新人，才能最大限度地实现自己的人生价值。

五、家庭是塑造孩子价值观的起点和基石

一个人的价值观不是天生的，而是在后天环境影响和人为教导下形成的。作为对孩子影响最直接、最深远的父母，在孩子价值观萌芽、成型和稳定阶段均发挥着重要作用。孩子最初的处事信条、行为习惯、道德标准等都是在父母的引导、示范下形成的。可以说，家庭是塑造孩子价值观的首个高地，为孩子价值观的形成与发展打下深厚根基。

此外，优良家风与社会主义核心价值观在思想、文化、内涵等方面具有同根性和交互性，它们共同孕育于中国传统文化的土壤。社会主义核心价值观是对我国几千年优秀传统文化精髓的总结、继承与创新，例如继承了"爱国"思想，扬弃了"忠君"的封建观念。优良家风是中华优秀传统文化深入家庭的表现形式，早已经内化为"百姓日用而不觉的价值观"，例如兄友弟恭、睦邻乡里等，都是我们最习以为常的行事准则。两者的本质都是"德"的呈现，在德育建设方面有着异曲同工之妙。

宏大而抽象的社会主义核心价值观必须通过具体、形象、可操作、可感知的方式传递出来，才能更好地走进人心。而作为社会缩影的优良家风恰好可以成为践行社会主义核心价值观的重要载体。优良家风是家庭成员共同尊崇、信奉、坚守的价值取向，对家庭成员有很强的导向性与约束力。父母将社会主义核心价值观融入家风家训，可以在日常生活中对孩子产生润物无声、日久天长的浸润和影响，促使孩子在耳濡目染中形成对社会主义核心价值观的认同与归属。

反过来，社会主义核心价值观也能成为建设优良家风的思想引领，端正现代家风建设的方向和目标，剔除传统家风中落后、腐朽的部分，发展与时俱进、健康向上的家庭文化。有什么样的价值观，就有什么样的家风。价值观正，家风才正，人民才有发展，社会才能进步。

六、父母应加强孩子价值观的正向引领

孩子正处于价值观探索与形成的关键期，个人价值观一旦确立，就会相对稳定，不易改变。如果孩子在价值观形成过程中出现了偏差和错误，极有可能对其今后的人生造成不利影响，甚至导致孩子走上犯罪道路。因此，父母必须从小抓起，从日常生活点滴开始，加强孩子的价值观引领，帮助孩子形成正确的价值观。

1.父母提升自身道德素养，为孩子树立典范

社会学习理论表示，行为标准的建立既可以通过教诲，也可以通过示范。孩子在成长过程中，最擅长模仿身边人的一言一行。这"身边人"主要指的是父母，父母是孩子形成正确价值取向的最佳典范。正如习近平总书记强调的："家长要时时处处给孩子做榜样，用正确行动、正确思想、正确方法教育引导孩子。要善于从点滴小事中教会孩子欣赏真善美、远离假丑恶。要注意观察孩子的思想动态和行为变化，随时做好教育引导工作。"

父母应积极采用各种方式加强思想道德学习，如通过网络课程、学校创办的家长学校、社区的家风家教活动等，不断提升自己的思想道德素养。

另外，父母应坚持自主学习，深入理解社会主义核心价值观中每一个词的内涵和意义，并对照这些标准，反思和修正自己的思想和行为，从自己的一言一行做起，身体力行地传播社会主义核心价值观的正能量，成为孩子自觉践行社会主义核心价值观的表率。

2.从生活点滴规范孩子的道德标准，使其习惯成自然

家庭教育是以生活体验和行为实践为主要形式的教育，父母应为孩子的思想道德培养提供反复体验、循环实践的机会。例如，在日常生活中，父母答应孩子的事情应尽量做到，教育孩子讲信用、不撒谎，践行"诚信"价值观；出去旅游时，提醒孩子不要在建筑物上乱涂乱画，破坏文物，践行"文明"价值观；闲暇时，带孩子参加公益活动和志愿者服务，践行"爱国""友善"等价值观。

父母从生活小事教起，让孩子在知、情、意、行等方面，循环往复地感知、体验、认同、内化社会主义核心价值观以及良好的道德规范，促使孩子实现从道德他律到道德自律的质变，将社会主义核心价值观内化成自己真实的需要和自觉的行动。

一旦习惯成自然，孩子在遇到问题时，不需要反复思考、艰难抉择，很快就

能做出正确的价值选择以及符合社会道德要求的行动。例如，看到有老人跌倒，会马上去搀扶，给予力所能及的帮助，这是孩子在稳定了的价值取向的引领下，自然而然、不假思索的举动。

第四章

顺应成长规律，
教育孩子并不难

教育界普遍强调孩子的关键期教育，认为在孩子成长的某些特定阶段，通常会出现最容易获得某种能力的时机，如果把握得好，某种能力会迅速发展，如长高关键期、自我意识觉醒期、逻辑思维发展关键期等。一旦错过这个阶段，以后再想培养这方面的能力会困难很多。

另外，不同的成长阶段，孩子有其自身的规律和特点，了解孩子的成长规律，就不难了解孩子的一些"反常"行为，如脾气暴躁、叛逆、沉迷网络等。父母如果能够顺应孩子的成长规律，在恰当的时期给予孩子恰当的引导，将有利于孩子平稳、顺利地度过各个成长阶段，并走向成熟。

当然，孩子的成长并没有绝对的年龄界限，只是人们为了方便认识孩子的成长规律，更有针对性地采取教育策略，人为地将孩子的成长过程进行了年龄段划分。而所谓的成长阶段、关键期，也只是某个比较长的时间跨度里的一种趋势，可以作为理解孩子、教育孩子的指南，但不宜成为刻板教条。对于作为施教者的父母来说，更重要的是重视平时的教育积累，时刻为孩子营造一个健康、包容、自由的成长环境，让孩子自主探索与成长，在必要时给予孩子适度的推力即可。

第节
小学生成长特点与家教策略

一、小学生成长特点概述

小学阶段，孩子处于身心健康稳步发展时期，其好奇心旺盛，对很多事情都感到新鲜有趣，想象力丰富，善模仿，可塑性强。

小学生的情感日渐丰富，但不稳定，情绪比较冲动，希望获得他人尊重的诉求日益强烈，道德情感也初步发展起来。小学生的自制力和意志力相对薄弱，做事常常虎头蛇尾，缺乏耐心和毅力。随着年龄增长，小学生参加活动的自觉性和持久性逐渐增强，日常行为逐渐以习惯的形式固定下来，性格也日渐稳定，不易改变。

发展心理学家爱利克·埃里克森把人的心理发展划分为八个阶段，小学阶段正处于"勤奋对自卑"阶段（6~12岁），最重要的是"体验通过稳定的注意和孜孜不倦的勤奋来完成工作的乐趣。"也就是说，小学生的主要任务是通过勤奋和努力来取得成绩，赢得他人赞赏和认可，从而获得自信，相信自己日后会成为对社会有用的人。如果孩子不能发展这种勤奋，得不到信心支撑，就会产生自卑感，进而对他人、对自己产生敌意。

埃里克森劝告父母，不要把孩子的勤奋行为看作捣乱，否则孩子会自卑，认为自己不如别人，应该鼓励孩子努力获得成功、努力完成任务，激发他们的勤奋感与进取心，并鼓励他们与周围的人交往，使他们相信自己是有能力的。

小学生的大脑发育日渐成熟，额叶生长迅速，规划、管理、控制等能力和分析综合能力加强。小学生的智力发展迅速，大脑神经的联络纤维数量增加，联络神经元的结构和皮层细胞结构机能迅速发展，为联想、推理、抽象、概括等思维能力的形成提供了物质基础。小学生的思维能力从具体形象思维逐步过渡到抽象逻辑思维，但这种抽象逻辑思维仍然包含大量具体形象。

辩证逻辑思维的发展经历初步逻辑思维、经验逻辑思维、理论逻辑思维三个阶段。整个小学阶段，孩子的辩证逻辑思维能力处于初级阶段，其发展水平随着年龄增长而提高，其中小学一至三年级是孩子辩证逻辑思维的萌芽期，四年级是学生辩证逻辑思维发展的转折期。

二、小学低年级（一至三年级）学生成长特点分析

1. 心理发展特点

孩子的自制力和意志力较差，遇到事情容易冲动，完成一项任务主要靠外部压力，而不是靠自觉行动。

孩子的情绪常常不稳定，例如受表扬时兴高采烈，挨批评后又情绪低落。一般来说，小学三年级是小学生的情感转折期，孩子从情感外露、浅显、不自觉向情感内控、深刻、自觉的方向发展，孩子的情绪控制能力逐渐增强。

2. 道德发展特点

儿童心理学家让·皮亚杰将儿童道德认知发展分为四个有序阶段，小学低年级正处于皮亚杰所说的"他律道德阶段"，表现为孩子对外在权威，如父母、老师的绝对尊重与顺从，在评价自己和他人的行为时，以权威的态度和社会的规则为主要依据。同时，孩子通常根据行为的客观后果即客观责任来判断是非善恶，而不是根据主观动机来判断。例如，孩子认为打碎杯子数量多的行为比打碎杯子数量少的行为更坏，而不考虑打碎杯子是有意行为还是无意行为。

3. 学习发展特点

注意力方面，孩子对周围的事物好奇心强，注意力不稳定、不持久，常与兴趣相关。孩子的注意力范围比较窄，常出现顾此失彼的现象。因此，父母不要强迫孩子长时间做不喜欢或不擅长的事，当孩子痴迷于某项活动时，尽量不去打扰他。

记忆力方面，孩子以无意识记忆、具体形象记忆、机械记忆为主，他们会感到有趣的事情很好记，能记住一些直观具体的材料，难以记住抽象概念、公式、单词等。

4. 思维能力发展特点

小学低年级学生以直线型思维、具体形象思维为主，掌握的概念大部分是具体的、可以直接告知的。他们可以进行简单的判断推理，但还不能自觉调节、控制自己的思维过程，难以区分概念的本质和非本质属性。

三、小学高年级（四至六年级）学生成长特点分析

1. 心理发展特点

孩子的情感日渐丰富、深刻、稳定，竞争意识增强，独立能力和自控能力也逐渐提高。特别是五、六年级阶段，孩子普遍进入青春期早期，其自主意识迅速崛起，开始用批判性眼光看待他人，自我尊重和希望得到父母、他人尊重的需要日益强烈，开始注意从动机、效果等多方面评价自己和他人，对成人依赖性降低了很多，初步形成个人的个性和价值观。

另外，一些孩子出现性成熟现象，例如男孩子开始变声，女孩子出现月经初潮，可能由此给孩子带来心理上的不安和压力。这时候，孩子的身心健康教育显得尤为重要。

2. 道德发展特点

根据皮亚杰的儿童道德认知发展理论，这一阶段的孩子进入"自律道德阶段"。由于孩子的思维具有守恒性和可逆性，他们不再把规则看作一成不变的东西，在判断行为时，不只考虑行为的客观后果，也注意到了行为的意图和动机，开始从行为的主观责任来作判断，其道德判断逐渐从他律转向自律。

3. 学习发展特点

随着孩子思维能力的发展、自主意识的觉醒，孩子开始思考："我为什么要学习，学习不好又怎样？"因为孩子的自我意识正处于形成期，他急切想要表达个人观点，而且固执己见，对父母的命令和唠叨感到厌烦，甚至会产生误解：我是在为父母学习，而且学习是一件很辛苦的事。在这种错误认知的驱使下，部分孩子产生了强烈的厌学情绪。

4. 思维能力发展特点

孩子的思维从具体形象思维向抽象逻辑思维过渡的转折期，一般出现在四年级，如果训练得法，可以提前到三年级。孩子逐渐能够掌握一些抽象概念，开始用分析、推理、判断等方式进行思考。父母可以在日常生活中有意识地启发孩子进行思维练习。例如做饭的时候，问孩子"这道菜是怎么做出来的"，引导他思考准备一道菜肴的步骤：先买菜，买哪些菜，食材怎么搭配；回来后择菜、洗菜；炒菜时食材入锅的顺序怎么安排，放什么调料等。

这一阶段，孩子大脑的前额叶皮层逐渐成熟，而前额叶负责逻辑推理在内的一系列高级功能。孩子的分析推理、归纳总结等能力得到较大发展，批判思维和

问题解决能力表现更明显。孩子逻辑思维的自觉性也明显提升，能主动说出自己的解题思路、反思错误原因等。

四、小学生家庭教育策略

孩子的教育是一以贯之的过程，小学低年级和高年级的家庭教育策略仅是根据各阶段特点而有所侧重，并不是截然分开的，父母应根据孩子成长的实际情况和需求，酌情选择、交叉应用适宜的教育策略，以达到引领孩子成长的目的。以下分别提出针对小学低年级和高年级的部分家庭教育策略，仅供家长参考。

（一）小学低年级的家庭教育策略

1. 保护孩子的好奇心和求知欲

俄国教育家乌申斯基说过："没有丝毫兴趣的强制性学习，将会扼杀学生探求真理的欲望。"孩子的学习兴趣，源于他的好奇心和求知欲。因为好奇和求知的需要，孩子才会产生学习的行为。没有好奇的热情驱动，持久有效的学习也将无从谈起。

父母要鼓励孩子长期做"好奇宝宝"，小心呵护孩子的好奇心和探索精神，让孩子和自然、社会、生活广泛接触，全方位开发孩子的观察力、想象力、思维力、表达力、动手能力、创造能力等，最大限度地激发和满足孩子的求知欲望。

2. 培养孩子的学习兴趣和学习习惯

小学低年级的孩子接触正规学习的时间不长，这时候，父母要先把成绩放一边，主攻孩子的学习兴趣和学习习惯，正所谓"工欲善其事，必先利其器"。父母可以带领和鼓励孩子参与丰富多彩的实践活动，拓宽孩子的活动范围，让孩子在活动中愉快地学习，去体验、去探索、去质疑、去表达，培养孩子对学习的热情、兴趣和积极态度。

另外，随着年龄增长，孩子对不同学科会产生不同兴趣。有的孩子喜欢语文，有的孩子喜欢数学等。心理学研究表明，一般从三年级开始，孩子对学科的兴趣分化会越来越明显。学科兴趣分化是孩子大脑发育、身心发展的必然规律，它有利于孩子更专注地投入喜欢的学科，促进孩子思维的集中和定向的发展。父母应密切关注孩子的兴趣点，尊重和鼓励孩子发展自己的优势学科，即使孩子感兴趣的学科是体育、音乐、品德与生活等"副科"，父母也应支持孩子多花精力在兴趣学科上，充分保护孩子较高的兴趣水平和学习热情。

刚入学不久的一、二年级学生，可能还沉浸在幼儿时的游戏与幻想中，不太适应小学正规的学习要求，部分孩子迟迟没有做好融入小学学校生活的准备。父母要帮助孩子养成勤奋、努力的好习惯，不仅是学习上要努力，做任何事都应该勤奋、专注。例如，给孩子分配其力所能及的家务，或者鼓励孩子在家里选择一个自己的劳动岗位，让家庭劳动成为其生活的一部分，提高孩子的勤奋感和自信心。

同时，培养孩子按时完成作业、坚持课外阅读、端正书写、预习、复习等学习习惯，及时纠正孩子做作业磨蹭、马虎大意等不良习惯，这是孩子今后保持良好学习状态、提高学习效率的基本保障。

3. 帮助孩子建立时间观念，提高做事效率

小学低年级的孩子普遍缺乏正确的时间观念，做事拖拉磨蹭，没有连续性，很多孩子都是边学习边玩，或者一件事情没做完就转去做其他的事。而父母的反复催促提醒，加剧了孩子时间感的混乱。因此，父母的责任不是跟在孩子身后"催、催、催"，而是帮助孩子建立正确的时间观，让孩子认识到时间的"无法储蓄、无法重来"等特点，学会珍惜时间。

同时，父母可以协助孩子制订简单、实用的作息时间表，引导孩子去思考：今天我要做的事情有哪些，哪个时间段该做哪件事等。孩子制作的作息时间表不必精确到每时每刻，只要明确孩子每天最重要的几件事的时间点即可，例如早上 7:00 起床、洗漱，7:20 吃早饭，7:40 上学，17:30—18:30 写作业，20:00 读课外书等。

制订作息时间表可以帮助孩子初步掌握管理时间的方法，知道自己什么时间该做什么，培养孩子遵守时间、规律作息的健康生活习惯，让孩子的学习尽快走上正轨，有效提高孩子学习、做事的效率。

（二）小学高年级的家庭教育策略

1. 加强孩子的思维训练

小学阶段是孩子具象思维发展、抽象思维萌芽的重要阶段，父母应加强孩子的思维训练，循序渐进地提高孩子思维的流畅性、深刻性、灵活性。

一方面，父母应采用科学训练方法，根据孩子的身心条件，确定思维训练的难度和强度，选择适合的训练内容和时间，并坚持陪伴和孩子一起进行思维练习，增添训练的趣味性，鼓励孩子把思维训练长期坚持下去。以下是部分思维训练题，仅供参考。

第一题：在 10 分钟内列出铅笔的用途。

提示：铅笔可以代替尺子用来画线；铅笔的笔芯可以磨成粉做润滑粉；铅笔削下的木屑可以做成装饰画；在野外，铅笔可以抽掉笔芯当作吸管喝水等。

第二题：桌上有一个装满水的水杯，请你将水杯里的水全部取出，前提是不能倾倒水杯，也不能打碎水杯。

提示：拿一支吸管吸出来；将一只口渴的动物放入水杯，让它把水喝干等。

第三题：一分钟写出"勇敢"的近义词。

提示：大胆、无畏、英勇、勇猛、果敢、刚毅、刚强、强悍……

另一方面，心理学研究表明，儿童产生心理安全感和获得心灵自由的时候，最有利于进行思维训练。父母应为孩子创造宽松、自在的家庭氛围，给予孩子充足的时间去自主思考、独立完成练习。父母不要急着给答案，也不要急于求成，一味地催促、批评孩子，要将深切关爱和适度要求相结合，与孩子形成平等交流、双向互动、有商有量、有理有据的交流模式，鼓励孩子说出自己的推理判断，及时肯定孩子的各种创意想法，让孩子在没有压力和拘束的愉悦氛围里自由思考、畅所欲言。

2. 警惕孩子的厌学情绪，培养孩子的自主学习能力

这一阶段正是孩子的大脑前额叶皮层发育的重要时期，额叶有管理、控制等功能，因此该阶段是发展孩子自我管理能力和自主学习能力的关键时期。然而，很多父母习惯于管控孩子，对孩子发号施令，致使孩子对父母的依赖心理越来越强，总是父母催一催，孩子才动一动，缺乏自我管理的意识和能力。

培养孩子的自主学习能力，首先要求父母转变对待孩子学习的态度，明确学习是孩子的事，不是父母的事。同时，把这种认知清楚地传递给孩子。

面对孩子的学习，有一位妈妈是这样做的：一天，妈妈下班回家，看到孩子在客厅里一边看电视，一边看书。她没有像往常那样勃然大怒，逼着孩子回到自己的房间里去看书，而是跟孩子打过招呼后，就开始忙自己的家务。

过了一会儿，孩子沉不住气了，跑过来对妈妈说："妈妈，我们明天要考语文。"妈妈"嗯"了一声，没再理他。他继续试探妈妈，说："可是，妈妈，我还没有复习完呢！"妈妈还是"嗯"了一声，又开始忙自己的事情。孩子有点失望地对妈妈说："妈妈，你怎么不理我呀？你是不是不关心我了呀？"妈妈放下手里的家务，认真地对他说："你似乎希望我逼你去看书。妈妈当然希望你能考出好成绩了，可是学习是你自己的事情，要不要去看书、在哪看书，应该由你自己来决定。"

要知道，是父母对待学习近乎执念的做法，让孩子产生"学习是为父母"的误解。

父母理应先把自己从紧逼孩子学习的状态中解放出来，把学习的主动权还给孩子。而且，父母的态度要坚决，始终如一，说不干涉孩子的学习，就坚决不干涉。尽量不要在孩子面前说"再不好好看书，就考不及格了""成绩那么差，看你以后怎么办"之类的话。这样只会激起孩子的逆反心理，继续和家长玩"你越管我，我越不学"的游戏，导致孩子的厌学情绪反复发作，对培养孩子内在学习动机和学习自主性极为不利。

另一方面，小学高年级的课程增加了大量系统性知识，学习难度加大，要求孩子必须从被动学习转变为主动学习。建议父母引导孩子学会自己检查作业，自己发现和改正问题，培养孩子的自主学习意识。

此外，父母要引导孩子找到自己的学习目标，让孩子为理想而学习，这是激发孩子"我要学"的内在动力的关键步骤。父母可以引经据典，和孩子谈一谈周总理"为中华崛起而读书"、袁隆平院士"为天下人都吃饱饭"而投身科研等故事，让孩子向伟人学习，把自己的学习和未来理想联系起来，在孩子心中种下一颗"理想"的种子。

3. 培养和巩固孩子的良好习惯

教育专家曾做过一项关于学生能力与习惯的调查：分别对小学四年级到高中三年级的数千名学生进行知识、能力和习惯测试，测试结果显示，从小学四年级到高中三年级，孩子的知识和能力一直呈现上升趋势，习惯方面却没有大的变化。专家得出一个结论：孩子养成习惯的关键期是小学，特别是小学四年级以前。从心理学角度分析，孩子在四、五年级养成的好习惯，会比孩子在其他年龄段养成的好习惯更持久。一旦养成良好的学习、生活习惯，这些好习惯将伴随孩子一生，使其终身受益。相反，过了这个关键期，孩子的好习惯养成和坏习惯改正都会困难许多。

因此，父母须坚持"好习惯用加法，坏习惯用减法"的基本思路，耐心训练孩子的良好习惯，让孩子每天进步一点点。例如培养孩子的注意力，前段时间鼓励孩子专心学习十五分钟，一段时间后可以增加五分钟。多坚持五分钟，就是培养孩子良好专注力的一次加码和巩固，日积月累，孩子做事专注的好习惯就会慢慢稳定下来，长久坚持下去了。同样的道理，孩子的坏习惯也是可以一点点"减掉"的。

孩子的习惯培养不仅需要他自己的坚强毅力，也需要父母拿出足够的耐心，陪伴和鼓励孩子坚持好习惯，改掉坏习惯。特别是在面对孩子的半途而废、耍赖偷懒时，父母要坚决说"不"，避免刚刚形成的好习惯前功尽弃。

第二节
初中生成长特点与家教策略

一、青春期概述

对于初中生来说，他们迎来了人生中一个至关重要且烦恼多的时期——青春期。青春期是指以生殖器官发育成熟、第二性征发育为标志的初次有繁殖能力的时期。

青春期是人体迅速生长发育的关键时期，也是继婴儿期后，人生第二个生长发育的高峰期。青春期进入和结束的年龄存在较大的个体差异，可相差 2~5岁。世界卫生组织（WHO）根据世界各国不同的情况，将青春期的年龄范围定为10~20 岁。一般女孩在 10~18 岁进入青春期，男孩在 12~20 岁进入青春期。2015 年，"十一五"国家科技支撑计划的调查结果表明，整体上我国孩子的青春期提前了。女孩 10 岁左右，男孩 11 岁左右开始进入青春期。

青春期是从儿童向成人过渡、从幼稚向成熟过渡、从不定型向定型过渡的一段特殊时期。对于初中生来说，他们普遍出现第二性征发育，身形外貌发生很大变化。伴随着身体发育而来的是孩子的自我意识觉醒，渴望自己和大人一样被平等对待，希望得到父母的尊重，不受大人约束。孩子开始将对父母的依赖转向对朋友的渴望，也产生了关注异性的需求，这是孩子走出家庭、步入社会的必经阶段。身体和心理的巨大变化，也让许多孩子难以适应，产生惊慌、忧愁、自卑、孤僻等不良情绪，出现自我封闭、厌学、网瘾、学习障碍等各种问题，这时候，孩子的身心健康教育，以及来自父母、老师等长辈的尊重和理解显得尤为重要。

二、初中生成长特点分析

1. 生长发育特点

孩子进入青春期后，由于性腺机能完善、性激素增多等，迎来了个体生长发育的第二个高峰期。孩子的身高加速生长，男孩普遍是 13 岁进入长高加速期，14 岁达到高峰，整个生长发育时间平均为 4.9 年，身高增长共 25~30 cm。女孩普遍是 12 岁达到身高生长的高峰期，整个生长发育时间平均约为 4.7 年，身高增长共 20~25 cm。

孩子的第二性征开始出现，男孩的声音变粗，甲状软骨开始增大，并出现胡须，13、14 岁出现遗精。女孩的声音变高，乳房凸起，皮下脂肪增多，12、13 岁经历月经初潮。孩子的心血管、肺部、肌肉力量等体内机能也日趋健全和成熟。

这一阶段，孩子普遍关注自己的身体变化。如果孩子不能很好地适应、接纳自己的身体变化和体貌特征，将极大影响其自尊心和自信心，引发社交恐惧症、忧郁症等心理问题，既不利于其正常的学习和生活，更可能阻碍其今后的发展。

2. 心理发展特点

孩子在青春期最显著的特点之一是自我意识的觉醒，孩子强烈渴望摆脱父母束缚，要求有一个属于自己的独立空间，不允许别人随意碰自己的东西，如日记、信件等。他们渴望扮演一个全新的社会角色，用自己的眼睛看世界，用自己的标准衡量是非曲直，独立判断，自行其是。这个过程被称为"心理断乳期"。

由于自身生理限制、知识与经验不足等，孩子可能产生自我意识的片面性和矛盾性，如想法偏激、喜欢争论、不愿虚心请教等。孩子还经常体验各种矛盾冲突，例如，一方面想成为独立的人，但又因为自己能力不足而不得不在某种程度上依赖父母。这一阶段常常被人们用"暴风骤雨"来形容，主要就是因为孩子心理变化的复杂性和矛盾性。父母应充分了解孩子的心理特点，既尊重他们的独立需要，又给予必要的引导和支持。

情绪方面，青春期的生理剧变，引起孩子情绪的剧烈动荡，呈现不稳定、易失控等特点。孩子常因为小事而出现强烈的情绪波动，一下子激情昂扬，一下子又消沉萎靡。孩子强烈的自主意识和因为能力与经验不足而屡遭挫败的打击，使其容易产生消极情绪，加上许多孩子意志力薄弱，抗挫力不足，一旦栽跟头，很难独立站起来，容易产生强烈的孤独感和无助感，有的孩子冲动之下甚至会离家出走，或者出现自残、自杀等极端行为。

人际交往方面，孩子的交际范围不断扩大，人际交往需求不断增强，渴望友谊，但许多孩子人际交往能力不足，常被哥们义气左右，可能误交损友。

3. 思维特点

初中生的思维能力迅速发展，抽象逻辑思维开始占据主导地位，能理解一般的抽象概念，掌握一定的定理、公式并进行逻辑推导。但孩子的抽象逻辑成分很大程度上属于"经验型"，在进行抽象逻辑思维时，常常需要借助具体、直观的感性经验。

孩子思维的独立性和批判性发展迅速，创造性思维能力逐渐增强，思维活跃，兴趣广泛，喜欢别出心裁和标新立异。受自我意识影响，孩子的求异思维发展较快，求同思维发展较慢，表现出强烈的创造欲望。

4. 学习特点

有这样一句谚语，概括初中生在学习方面的普遍现象："初一相差不大，初二两极分化，初三天上地下！"很多孩子在小学，甚至初一都是成绩优秀的好学生，可是初二却遭遇成绩的"滑铁卢"。

初二年级，是公认的学习成绩的"分水岭"。究其原因，主要是孩子深层次思维的差异。初二的课程门类增加，各学科的综合性增强，难度增大，教学内容最大的特点是思维方式由形象思维为主转向抽象思维为主。如果孩子一直沿用小学的死记硬背的学习方式，对知识的理解和应用始终停留在"浅层次思维"阶段，学习起来就会很吃力。加上部分孩子的知识面窄，学习习惯不佳，想要取得好成绩就更难。很多孩子基础没打好，思维习惯和思维能力跟不上，又不肯下苦功夫，听课越来越像听天书，学习热情和兴趣就慢慢丧失，成绩自然一落千丈。

三、初中生的家庭教育策略

1. 青春期的孩子最需要父母的理解与陪伴

说到青春期孩子对待父母的态度，最常见的词是"不服管""抗拒""逃离"等。青春期的孩子似乎总想摆脱父母的管束，"最好父母不要管我，我想干什么，就干什么。"但事实上，孩子一边渴望着独立自主，一边又期待着父母能够耐心地陪伴他，帮助他成长。

"樊登读书"创始人樊登说："孩子比我们想象的更需要父母陪伴。"《解码青春期》一书中，作者用了一个类比：有一次，作者坐着非常危险的木制过山车，因为没有安全带，只有一个压在腿上的压杆，作者就反复推压杆，检验压杆到底安不安全。其实，孩子就像这位作者，而父母就像那个压杆，孩子想从父母那里获得帮助和安全感，但他不说，他的做法是不断地推拒父母、挑衅父母，就是想看看压杆到底牢不牢靠，想试探父母到底会不会帮助他。

青春期的孩子可能有些执拗、有些别扭，总想离开家，像"游侠"一样潇洒闯荡天下，但他仍然需要一个值得信赖的成人适时给予他点拨和帮助。而父母的陪伴与支持，就是孩子勇敢探知自我、探索世界的强大后盾。

需要提醒父母的是，父母在密切关注、耐心陪伴孩子的同时，要避免过度干涉孩子。只要不危及孩子的人身安全，不侵犯他人和社会利益，父母应允许孩子拥有不一样的价值观，允许孩子追求自己的个性，即使是标新立异的行为，比如把头发染成五颜六色，摇头晃脑地玩重金属摇滚乐等，父母也应给予尊重和理解。因为孩子只有通过亲身体验，通过对个人行为的反思、总结，才能慢慢确定自己的个性特征、价值取向、行为偏好等，对自我形象形成全面、客观、正确的认识。

2. 加强健康教育，保障孩子身心健康

青春期的孩子对自己的外貌十分关注且敏感，他们比以往任何时候都在乎自己在他人心中的形象。他们很可能因为他人对自己外貌的一句评价而自信心高涨或自尊心受挫。一些父母因为对青少年生长发育规律不了解，也对孩子的变化感到忧虑，可能随意说出一些加重孩子心理负担的话。

一个13岁的女孩疯狂减肥，半年里瘦了20多斤，患上了神经性厌食症。她疯狂减肥的原因是有同学跟她开玩笑说，如果她再瘦一点，就更漂亮了。妈妈也随口说她"肥嘟嘟的"。同学的玩笑、父母的有口无心伤了女孩的自尊，也让她冲动下做出疯狂减肥的偏激行为。

在孩子"外貌至上"的敏感期，父母要格外小心自己的言行，避免自己成为打击孩子自尊的"帮凶"。同时，父母应有意识地学习青春期身体发育的基本规律和特点，只有了解了相关知识，才能对孩子的身体变化泰然处之，并引导孩子以平常心看待自己的正常发育，特别是正确看待自己早熟或晚熟的问题，不必因为自己和别人的生长步调不一致而焦虑。

另外，父母可以寻找机会和孩子交流关于审美的话题，培养孩子健康的审美观。例如，得体的礼仪比瘦高的身材更美，丰富的个性比漂亮的面孔更有吸引力等。父母要尊重孩子的个性化审美，鼓励孩子以积极心态去接纳、欣赏自己与生俱来的外形特点，并引导孩子由关注外貌形象转向关注内涵发展，促使孩子更自信地面对生活。

咸阳市心理健康教育研究会曾对前来接受心理咨询的近百名学生的心理问题进行梳理，92%的父母发现孩子出现心理问题并寻求专业指导时，孩子的心理问题已经很严重了。所以，保障孩子的心理健康，最有效的方法是"提前预防"。特别是当孩子进入身心变化最剧烈的青春期时，父母一定要高度重视孩子的心理

健康状况，加强孩子的心理健康教育，防微杜渐，尽早把孩子的心理问题扼杀在萌芽阶段。

一方面，建议父母自觉学习心理健康知识。很多家长把大量精力放在孩子的学习成绩、特长训练等方面，甚少关心孩子的心理健康，觉得小孩子哪有什么心事。而且受传统思想影响，部分家长把心理问题等同于精神不正常，对心理健康知识不了解，不敢提也不敢问。孩子在父母影响下，也对自己的心理问题讳莫如深，不愿意接受心理咨询。可以说，孩子的心理问题长期得不到有效解决，父母难辞其咎。

因此，父母要从自己做起，积极学习心理健康知识，最好是和孩子一起学习、一起讨论，陪伴孩子一起面对成长中的各种难题，让孩子感受到父母无条件的爱，在父母的支持下冷静面对问题。而且，父母通过学习，对孩子可能出现的心理问题有所了解，掌握基本的心理健康方法后，当孩子出现一点心理问题的苗头时，父母就能够尽早察觉、尽早应对，而不是等问题严重了才发现，那时候再去处理，难度就大多了。

另一方面，预防为主，防治结合。作为父母，平时要留意孩子的情绪、言语、行为等，孩子的任何反常举动都有可能是心理问题的前兆。例如，孩子突然情绪低落、脾气突然变得暴躁、经常来家里玩的小伙伴突然不来了等。父母还可以多关注孩子的微信朋友圈、QQ空间、微博等平台，很多孩子喜欢在自媒体平台上将心事一吐为快，或隐晦表达。

孩子再小的问题，父母都要重视，不能视而不见、不闻不问。父母应及时向孩子了解清楚情况，如果孩子自己能解决，就让他自己解决，父母不必小题大做，胡乱干涉。如果孩子表现出困惑、不安、犹豫、烦躁等情绪，父母就要义不容辞地利用所学心理学知识，以及个人经验等，全力协助孩子解决问题。如果有必要，还可以寻求班主任或心理咨询师等专业人士的帮助。无论何时，父母都要以温和、信任的态度陪伴在孩子身边，竭力维护孩子的心理健康，给予孩子最大的安全感。

3. 包容孩子的情绪波动，协助孩子有效调控情绪

青春期的孩子情绪失控，有时候连他们自己都莫名其妙。这时候，孩子最需要父母的理解和包容。如果在孩子情绪不好的时候，父母与他斤斤计较、针锋相对，对孩子的不良情绪而言，无疑是火上浇油，很可能进一步激化矛盾，造成两败俱伤。

首先，父母要搞清楚孩子情绪波动的原因。一是青春期孩子对自身身心巨变的不适应，由此造成的心理不平衡和情绪多变。二是孩子情绪变化激烈与其荷尔

蒙分泌、脑发育有关，脑部的杏仁核是产生情绪、识别情绪的脑区，前额叶是控制情绪的脑区，杏仁核在青春期开始时就迅速发育，而前额叶要等到青春后期才发展完备，这种发展的不平衡导致了孩子情绪的不稳定。另外，成年人的情绪通道是从感觉冲动到丘脑，再到大脑皮层、杏仁核，而青春期孩子的情绪通道是从丘脑直接到杏仁核，致使孩子的情绪多表现为冲动、爱冒险。

在了解了孩子情绪剧烈起伏的主要原因后，父母应以包容的态度等待孩子的情绪平复下来，用自身平和的状态去感染孩子，让孩子意识到暴跳如雷、大吼大叫并不能真正解决问题。然后再像朋友一样，鼓励孩子袒露自己的烦恼和忧愁，让孩子充分释放自己的不良情绪，达到调节情绪、促进心理平衡的效果。

如果孩子确实不想和家人倾诉心事或者有苦难言，父母也不要步步紧逼。可以与孩子分享一些自己排遣不良情绪和压力的方法，或者和孩子一起学习心理学书籍，协助孩子运用科学的情绪管理办法来调节不良情绪，例如做感兴趣的运动、看幽默视频等。

建议父母经常邀请孩子的好朋友或熟悉的邻居，组织户外运动、踏青、露营等活动，换一个开阔、新鲜的环境，让孩子得以转换心情，在丰富的活动中放松紧绷的神经，同时增加孩子与同龄人的情感交流，让他们学会聆听、学会交谈，彼此开解，引发共情，让孩子既能自助，又能助人。

4.培养孩子良好的思维品质，拓宽孩子的知识面

具备优秀思维品质的孩子，在学习上更具优势。例如，善于独立思考的孩子能更好地将知识内化、融入自己的知识结构；缺乏独立思考习惯的孩子学习知识时总是囫囵吞枣、不求甚解。思维流畅的孩子能保证思维过程的连贯，即使中途被迫暂停思考，过后也能很快恢复思路，这对于解决复杂的、需要长时间思考的问题尤为重要；思维缺乏流畅性的孩子，解决复杂问题时容易疲劳，被打断后很难再继续前面的思维活动。思维灵活的孩子思考问题比较迅速，而且能找到解决问题的多种方法；思维不够灵活的孩子通常固守一种解题思路，反应比较迟钝，不善于变通。具备批判思维的孩子能保持开放思维，善于发现知识中的错误、遗漏、争议之处；缺乏批判思维的孩子，常常人云亦云，缺乏质疑、探索精神。

父母要抓住孩子思维发展的飞跃期，协助孩子加强思维品质训练，提高孩子的思维独立性、流畅性、灵活性、批判性、创造性等，促进孩子"深层次思维"的发展。例如，训练孩子思维的批判性，可以设置有"悖论""误区"的习题进行练习；训练孩子思维的灵活性，可以让孩子对典型例题进行举一反三、一题多

解的训练。父母还可以利用帮助孩子分析学习问题的机会，和孩子一起分析、推导问题，找到孩子思维的薄弱环节，再有针对性地寻找一些同类型题目，让孩子反复练习，不断反思与改进，逐步提高孩子的思维能力。

此外，父母应鼓励孩子利用课余时间积极参加社会实践、课外学习、研学旅行等活动，让孩子多与外界接触。在丰富的体验和历练中成长，不仅有利于拓宽孩子的视野，增长孩子的见识，还能锻炼孩子发现问题、分析问题和解决问题的能力。

第三节
青春期叛逆不是祸

一、您的孩子"叛逆"吗？

教育家查普曼指出，不断增加的推理知识和批判性思考问题的能力，伴随着青少年走向独立和自我认同，让他们开始质疑父母的判断，并且选择不服从。叛逆是青春期的一种独特现象，几乎每个孩子的青春期都是在叛逆中度过的。

马克思也曾经是个叛逆青年。17岁的马克思进入大学后，一度生活散漫，花钱无节制。他热衷社团活动，经常参加聚会，在酒馆里饮酒高歌，闹到深夜才罢休，马克思为此被学校罚关一天的禁闭。马克思还曾和一个贵族少爷决斗，击败了对手，自己也受了伤。

可见，即使是杰出的领袖，也有叛逆期。青春期叛逆的孩子常见的表现有：喜欢和父母、老师唱反调，不让他做的事偏要做，要他做的事却不肯做；不喜欢被人管，听不进父母的教导，长辈说他一句，他就顶回十句；什么事情都喜欢自己做主，有时候会自说自话、我行我素、目中无人；做事冲动，不愿意与他人商量，而且不计后果，脾气火暴，容易和人起冲突；有厌学情绪，受不了学习压力和学校束缚，时常旷课、逃学，沉迷于网络游戏等。

二、青春期叛逆是孩子建立自我同一性的重要途径

精神病医师埃里克森提出了人格发展八阶段理论，他认为人的自我意识发展持续一生，他把自我意识的形成和发展过程划分为八个阶段，危机是划分每个发展阶段的特征。其中，青春期（12~18岁）的危机是"自我同一性和角色混乱的冲突"。

在埃里克森的理论体系中，"自我同一性"是一个核心词汇，包含的意义很宽广，主要是指个体在寻求自我发展时，对自我的确认和对有关自我发展的一些重大问

题，如理想、职业、价值观等的思考和选择，对"我是谁""我将来的发展方向"以及"我如何适应社会"等问题的连贯统一的认识。我们可以将其简单理解为"自我认同"。而孩子在青春期最重要的任务就是建立自我同一性。

心理学家玛西亚根据青少年自我探索及同一性获得的不同状态，将自我同一性分成了四种状态类型：

同一性扩散：未进行自我探索，未获得同一性。孩子对"我是谁"等问题没有明确答案，不知道未来要做什么。心理学研究显示，长期处于同一性扩散状态的孩子，自尊感较低，自私且贪图享乐，不愿意接受新事物，对社会适应不良。

同一性延缓：正在进行自我探索，未获得同一性。孩子对未来有些憧憬，例如当老师、工程师，但还没有想好选择哪一个，还没有达成明确的"自我认同"。同一性延缓是青春期最普遍的状态，而"叛逆"是这一状态的典型标志。有研究发现，青春期前期孩子表现的叛逆越多，就越容易在青春期后期建立同一性。

同一性早闭：未通过自我探索就获得同一性。孩子很乖、不叛逆、不惹事，被动接受他人提供的选项。这类孩子与家庭的情感联结很紧密，但对家庭的依赖性也很强，缺乏主见，容易盲从。

同一性达成：通过自我探索，获得同一性。这是孩子经过探索和反思，对自己有了清晰认识，对未来有了明确目标后，形成自我认同的一种理想状态。但很多孩子不能在青春期做到这一点，有的要推迟到大学阶段，甚至更晚。

受身心变化、思维能力提升等因素的影响，青春期的孩子内心总处在矛盾、冲突状态，有时觉得自己很聪明，有时又觉得自己一无是处；有时憧憬以后成为成功人士，有时又陷入对前途的迷茫；有时呼朋引伴，好不热闹，有时却一个人躲在角落里品尝孤独。青春期的孩子一直在认知与角色混乱中摸索前进，所以他们常常表现得固执己见、咄咄逼人，像定时炸弹一样，到处"引爆"冲突。

从父母的角度来说，叛逆是父母人为地给孩子贴上的一个"负面标签"，其中隐含着父母对孩子不平等、不尊重的态度，意思是说，大人的话都是对的，如果不按照大人的话来做，就是"叛逆"。

从孩子的角度来说，叛逆代表着孩子想做一个独立的人，自由表达自己的观点，自主控制自己的行动。所以，孩子很反感父母把自己当小孩来管，也把对父母的依从当作一种压力和束缚。

平心而论，孩子做的很多所谓"叛逆"的事情并不是什么错事、坏事，他们只是按照自己的想法做自己想做的事而已。这是孩子从幼稚走向成熟，从依赖走向独立的必然选择，是一个正常的成长过程。父母如果简单粗暴地把孩子所有"不听话"的言行都归为"叛逆"，加以抨击和压制，那就是人为地阻断孩子走向心理成熟与人格完善的必经之路。

"叛逆"是孩子生理成熟和思维能力提高的表现，是孩子探索自我，建立自我同一性的一种重要途径。一旦孩子出现叛逆行为，父母就应该意识到，孩子"长大了"。同时，也应理解孩子内心的挣扎、抗争，孩子只有通过各种尝试和探索，经历自我怀疑、自我混乱的危机，努力澄清自我认知，才能在社会中找准自己的位置，明确"我是谁"，建立清晰的价值观，形成自我认同，未来才能发展得更好。

另外，青春期叛逆是孩子发泄不良情绪、保持心理健康的一种重要方式，能够让孩子把各种负面情绪一吐为快，避免堆积大量负能量，引发各种心理问题。青春期叛逆还对孩子顺利摆脱对父母的依恋，建立良好的同伴关系起到积极作用，有利于孩子完成依赖到自主的转变，提升孩子的人际交往能力和社会适应性。

三、父母不能对孩子的叛逆放任自流

适度的青春期叛逆是正常现象，父母不必过分紧张，但也要警惕"叛逆"的消极一面。孩子反复、过激的叛逆行为，可能加剧亲子冲突、师生矛盾，严重的还会出现打架、离家出走、自残、自杀等问题，会使孩子长期深陷冷漠、孤僻、偏执、多疑等不良情绪中，不利于孩子的身心健康。因此，父母要正视孩子的叛逆问题，既不过分紧张，也不能放任自流。而是要妥善处理孩子的叛逆行为，这样孩子才能在叛逆中成长。

一般来说，青春期孩子的叛逆行为，主要有三种类型：

暴躁型——剧烈反抗父母的要求，经常跟父母吵架或发脾气，有时跟父母冷战。

沉默型——不愿跟父母沟通，对事情漠不关心。

阳奉阴违型——父母说什么都表面答应，但是私下里依旧我行我素。

父母要通过观察、沟通等方式，了解孩子的叛逆类型，对症下药。例如，针对暴躁型叛逆的孩子，父母不要硬碰硬，要尝试以柔克刚；针对沉默型叛逆的孩子，父母要耐心等待，慢慢沟通；针对阳奉阴违型叛逆的孩子，父母要真诚以待，让孩子感受到父母的诚意。

孩子的逆反心大多源于父母的控制欲。父母应调整自己的教养角色和方式，从孩子的教育主导者转变为孩子的陪伴者，以一种平等、包容的态度，陪伴孩子度过这段孤独难熬的时光。孩子终究会突破困局，完成自我蜕变，也终会明白父母无条件的爱和良苦用心。

当代小说家麦家小时候因为父亲打他而产生叛逆心理，17岁那年，他离开了家。35岁之前，麦家一直把父亲当仇人看待，直到父亲去世后，麦家忏悔了与父亲的对抗，还写了《致父信》发表在《南方周末》上，感动了很多人。

麦家当了父亲以后，也和父亲一样面临儿子的叛逆问题。但这一次，他理解了儿子的那份孤独和迷茫。儿子留学时，麦家给儿子写了一封信，并附上2000美元。

等到儿子的飞机落地后，麦家忐忑地发信息问儿子是否收到钱，儿子回答"有"。隔了很久，麦家又小心翼翼地问儿子还有看到别的东西吗？沉默许久后，儿子发回来两个流泪的表情。麦家当即落泪了，儿子终究懂得了父亲的爱。

四、有距离的爱才是美

孩子一直对父母说"你不要管我"，看似在把父母推离自己的身边，实际上他们抗拒的不是关心和爱自己的父母，而是喋喋不休唠叨的父母、只知道让他写作业的父母、强制要求他乖乖听话的父母、听不进他心声的父母。经历身心剧烈动荡，深感不安和焦虑的孩子对父母有着天然的信任，他们希望得到父母的关注和陪伴，想要向自己最亲近的人寻求支持和帮助，但强烈的自我意识又让孩子难以接受父母"爱"他们的方式。这是孩子和父母频频爆发冲突，显得叛逆、不听话的根源之一。

心理学家奥苏伯尔提出了关于亲子关系的"卫星理论"。他认为子女如同一颗卫星，在自己独立之前，围绕着父母绕行；进入青春期后，子女逐渐与父母保持距离，呈现"脱卫星化"状态，直到子女充分自主。

父母必须清醒地认识到，与父母分离是孩子成长的必经阶段，父母对孩子的养育和教导都是为了他今后能独立生活，从容立世。即使再不舍，父母都必须坦然面对孩子渐行渐远的背影。如果父母对孩子过度干涉，孩子就会选择叛逆，比如顶嘴、离家出走，父母越紧逼，孩子反抗得越剧烈。

在孩子经历青春期蜕变的过程中，父母要及时跟上孩子成长的脚步，改变过去那种对孩子"什么都要管"的"亲密无间"的相处方式，形成"亲密而有距"的新的亲子关系。既要维持亲子关系的紧密、和谐，又要给予孩子一个独立思考与成长的空间，让父母和孩子的关系有爱又有度。

父母要把孩子当作一个独立个体，平等以待，改变命令式、威胁式、唠叨式等不合时宜的交流方式，学会倾听他的想法，学会用包容和欣赏的眼光看待孩子特立独行的想法和做法。允许孩子有不同的观点和价值观，毫不吝啬地向孩子传递自己对他的理解、信任和赞许等情感，积极将"亲密而有距"的亲子关系落到实处。

五、巧妙化解亲子冲突

孩子叛逆最容易引发的问题是亲子冲突。当孩子和父母发生冲突时，父母作为更理性、更成熟的成年人，应该率先按下暂停键，为化解冲突争取喘息时间。家庭教育专家考拉·马卡姆创立了"和平式教育法"。她建议父母采取三个步骤及时终止与孩子的冲突：

第一步：停止。父母先停下来，不再和孩子争执。

第二步：放下。父母暂时不考虑、不讨论与争吵相关的事情，先去做其他事。

第三步：呼吸。父母深呼吸，放松紧绷的神经，缓解自己的情绪。

通过冷处理，父母和孩子之间的冲突暂时得到缓解，但并没有真正解决，引发矛盾的问题依然存在。这时候，仍需要父母主动迈出促成关系和解与解决问题的一步。因为青春期的孩子情绪冲动，而且缺乏调控情绪的有效方法，他们习惯用逃避、冷战、敌对等方式应对冲突，很难做到冷静面对和解决问题。

父母可以主动和孩子交谈，先就自己不好的态度或不当的言辞跟孩子道歉。如果是孩子的错，也不必逼迫孩子道歉，而是表达对孩子的理解和包容，例如，"我知道你心情不太好，有什么事可以说说看吗？""我看你老是一个人闷在房间里，怕你憋坏了，不如出去找朋友玩，或者我们去打场球？"

这里有一个亲子交谈的语言技巧，可供父母参考。父母在和孩子交流时，可以尝试用"我"开头的句子来描述自己的感受，更容易让孩子感到被关心、被尊重。如果用"你"开头的句子，容易变成命令式的语气，引起孩子反感。例如，把"你怎么天天熬夜玩电脑，眼睛会使用过度的"换成"我看到你经常玩电脑到深夜，我很担心你白天没精神，而且这样可能对眼睛、对身体不好"。

当父母用温和的语气表达关切、包容的情感时，孩子更容易缓和态度，放下心防。这时候，父母再鼓励孩子说出自己内心真实的想法，并根据情况谨慎地回应他，或者是支持他的意见，或者是用平静的语气说出自己的想法，和孩子一起有商有量地解决问题，让孩子感受到被理解、被尊重、被信任。这不失为帮助孩子调节情绪的好办法，也有利于化解矛盾，避免因为类似的问题再次发生冲突。

第四节
网络成瘾，戒的不是"网络"而是"瘾"

一、网络是把双刃剑

随着信息技术的发展，智能手机、平板电脑等电子产品进入千家万户，互联网已经广泛融入社会和家庭，极大地改变了人们的生产和生活方式，为人们的学习、工作和生活提供了诸多便利，成为人们日常生活中不可或缺的一部分。

网络是智能化的学习工具。无论是古今中外浩如烟海的文化知识，还是最新、最热、最潮的信息资讯，人们都可以通过网络轻松获取。近年来，在线教育发展迅速，特别是新冠肺炎疫情暴发后，网络课程成为人们获取知识的重要渠道和常规手段。网络，为人们自主学习与发展提供了更为广阔的空间。

网络是高效率的生活工具。网上购物、线上支付、在线预约、外卖订餐等功能，极大地方便了人们的生活。超市巨头"大润发"被收购后，其创始人黄明端感叹道："赢了所有的竞争对手，却输给了时代！"

网络是社交娱乐的体验工具。网络突破了时间和空间的限制，让远隔千里的人可以进行实时语音和视频对话，实现了同住"地球村"的零距离交流。而游戏社交、音乐社交、直播社交等多样化社交平台，拓宽了人们的人际沟通渠道，让人们在紧张的学习、工作之余，能体验到游戏、音乐、影视等丰富的休闲娱乐方式。而且，健康益智类的网络游戏，对提高人们的思维力、注意力、想象力、反应速度等也有积极的促进作用。

然而，凡事都有两面性，网络也是一把双刃剑，有其积极的一面，也有其消极的一面。网络的普及加深了人们对其的依赖，不管是成年人还是未成年人，都有不同程度的沉迷网络的现象，常见的"低头族"就是典型代表。特别是对于生活经验不足、辨别能力不强、自制力较弱的青少年来说，他们很容易被网络上的不良信息侵害，沉迷网络、过度消费的现象时有发生。

2012 年 11 月，南昌市的一名少年因为沉迷于网络游戏被母亲责骂，和母亲吵了一架后离家出走，幸好被民警寻回。2016年，莆田市一名12岁男孩每天守在电脑前打游戏，一打就是十几个小时。7月15日，他连续打了5个小时后，突然头痛，意外猝死。2020年10月，南通一名15岁的男孩给网络主播打赏，花光了给外婆看病的8万元钱。

关于孩子上网的问题，父母要一分为二地看待，既不能因噎废食，完全不让孩子用网络，也不能一味地放任不管。父母要谨防孩子网络"成瘾"，而不是把网络视为毒品一般深恶痛绝，严防死守。网络本身没有对错，就像吗啡，它本身是一种强效镇痛剂，不是毒品，因过度吸食成瘾，对人、对社会造成危害才称之为"毒品"。父母防治孩子网络成瘾，要帮助孩子戒的是对网络的"瘾"，而不是戒掉网络本身。

二、不是网络带坏孩子，是孩子寻求网络庇护

并非所有人都会上网成瘾，父母有必要认真分析青少年网络成瘾的特点和原因，以便有针对性地采取措施，有效预防和处理孩子沉迷网络的问题。

（一）哪些孩子容易沉迷网络

中国青少年研究中心少年儿童研究所所长孙宏艳女士曾组织科研团队对全国5000多名学生及他们的家长进行调研，发现有10类学生易成为网瘾高危人群，包括：初二至高二、生活在城乡接合部的学生；经常到网吧上网或用手机上网的学生；把网络当玩具而不是工具的学生；学业失败、没有学习乐趣的学生；对生活不满意、对未来缺乏信心的学生；休闲内容单调的学生；缺乏伙伴没有朋友的学生；与父母关系不好的学生；没有人说知心话的学生；经常感到孤独、缺乏交往技能的学生。

（二）青少年网络成瘾的原因分析

青少年沉迷网络，有其活动空间减少、家庭教育缺位或不当、政府对网络平台监管力度不足等外部原因，更主要的原因是孩子在现实生活中承受的压力过大，或成就感、认同感、人际交往等方面的心理需求得不到满足，转而寻求网络的庇护，沉迷于虚拟世界带来的满足感难以自拔。

1. 外部原因

（1）城市化进程减少了孩子的活动和游戏空间

城市化进程的加快、钢筋水泥建筑的增多导致孩子们的活动、游戏空间不断

缩减，其玩耍的天性得不到满足，只能从虚拟网络中寻找新的活动空间。这是很多孩子沉迷网络的现实原因。

（2）家庭教育缺位或方法不当

很多家庭存在教育缺位或方法不当问题，催化了孩子沉迷网络的恶习。有的父母工作忙，忽略了对孩子的陪伴和平等沟通，被忽略的孩子更容易沉迷网络；有的父母教育方式不当，习惯用命令式、高压式态度对待孩子，致使亲子关系紧张，孩子自我封闭，不爱与人打交道，有的孩子甚至产生"你不让我上网，我偏要上"的逆反心理；有的父母为了让孩子听话或认真学习，把上网当作奖励，长此以往，孩子就把上网当作理所当然的事，觉得只要学习好、听话，我怎么上网都行等。

（3）青少年网络权益法律体系和网络成瘾预防干预体系有待完善

目前，我国关于保护青少年网络权益的法律体系还不是很健全。2021年6月，新修订的《中华人民共和国未成年人保护法》正式施行，该法律增加了"网络保护"专章，并针对未成年人"沉迷网络"进行专项条款规定。这一法律条款的实施，在一定程度上填补了青少年网络权益保护法律层面的空白。

另外，我国青少年网络成瘾预防干预体系有待完善，缺乏网络成瘾监测判定、受理、处理一体化平台，缺乏网瘾治疗专门机构，专业人才队伍建设不足。2019年，国家网信办牵头发起"网络平台青少年模式"，该模式下，弹幕评论、私信聊天、充值打赏等功能被关闭，用户使用时段受限，只能访问青少年专属内容等。目前，青少年模式已经成为主要短视频平台的标配。2021年"六一"节前夕，不少视频、直播、游戏等平台进一步升级青少年防沉迷系统，优化青少年模式。抖音宣布14岁以下实名认证用户将直接进入青少年模式，14~18岁实名认证用户使用抖音时将获得更多保护。但是不少平台的青少年模式还有很大漏洞，并未充分发挥其作用。比如，进入视频号分区没有青少年模式的自动弹窗提示，内容过滤上主要依赖家长监管等。

2. 内部原因

（1）孩子把上网当作摆脱现实压力的避风港

孩子每天有做不完的题、考不完的试，让孩子的生活单调乏味且压力重重。特别是一部分学习成绩不太理想的孩子，经常面对父母恨铁不成钢的失望表情以及步步紧逼的学习要求，这给他们造成巨大的心理压力。而新鲜好玩的网络游戏、短视频等成为他们缓解学习压力的重要手段，网络也成为他们暂时摆脱现实烦恼的避风港。

（2）孩子从虚拟世界中寻求成功体验和心理平衡

心理学家班杜拉认为，在自由选择的情况下，人们更倾向于选择那些让他们感到自信的任务，而回避那些他们觉得没有信心的任务。很多在现实生活中经历失败和挫折的孩子都转而在虚拟的网络游戏中寻找成就感和认同感，在一次次打怪升级的过程中，他们有机会享受到现实中难以获得的成功，看到另一个强大的而非弱小的自己，从而获得精神的快感，冲淡现实生活带来的失意和迷茫，以求得内心的平衡和补偿。

（3）孩子用网络逃避人际交往的失败

沉迷网络的孩子课余时间大多是一个人待着，因为没有朋友，或者在人际交往方面遇到障碍，感到孤单无助，只能寄情于网络。特别是一些性格孤僻、不合群的孩子，他们不愿意在现实中与人交往，却在网络世界如鱼得水，并沉溺其中，以致离现实的亲朋好友越来越远，变得更加孤僻。

山东一位13岁的网瘾少年说："没上网以前，我心里压抑得很，在班里没朋友，大家都瞧不起我，觉得我是从农村来的，见识少。有一次，老师要求同学们自由组合社会实践小组，谁也不跟我一组，当时我觉得特别没面子。开始时我还努力想和大家成为朋友，但后来我也害怕了，见到人不敢开口说话。那时候每天到学校去简直像受刑一样，晚上睡不着就害怕第二天上学。有一天我心里苦闷，到家附近的网吧上网，这才发现网上真好，网上什么都有。我变得爱说话了，在网上和人说啊说，什么都敢说……"

三、防治网瘾，家庭教育是关键

2019年，中国青少年研究中心进行了"中小学学生及其家长网络游戏认知与态度研究"，本次研究对象为小学四年级到高中三年级的在校生。报告显示，家庭教养模式对孩子影响巨大，孩子沉迷还是不沉迷网络游戏，家庭教育是关键。父母越关爱孩子，孩子越不会沉迷于网络游戏。

孩子沉迷网络，恰恰是家庭生态与家庭教育存在突出问题的集中反映。如果不从根本上改善家庭教育环境和方法，孩子在虚拟网络寻求解脱的土壤就始终存在。即使暂时限制了孩子接触网络，但孩子对网络的渴望依然如野草般春风吹又生。"家有一个网瘾少年，几乎足以毁掉一个家庭的正常生活。"父母要客观承认网络有利有弊的现实，从提高自己和孩子的网络素养开始，从改善家庭氛围和教育方法做起，引导孩子科学地、有节制地上网，增强网络免疫力。

1. 父母以身作则，提高自己和孩子的网络素养

父母对孩子的影响是方方面面、随时随地的。当父母在痛批网络害惨了自己的孩子时，有没有发现自己可能就是个"低头族"？父母的用网习惯和网络素养很可能也是孩子网络成瘾的推手之一。因此，父母首先要规范自己的上网行为，做到自律、自控，不要给孩子留下"爸爸妈妈一天到晚都抱着手机"的印象，这样是没办法说服孩子远离网络的。父母不妨放下手机，拿起书籍来阅读，或者陪孩子下盘棋、做手工、到户外做运动等。在父母的带动下，孩子慢慢也会放下手机，远离电脑。父母的躬亲示范永远是最直接、有效的教育。

其次，父母要自觉学习网络相关知识，不盲目地拒绝网络，而是正确认识网络的实用性和工具性，让孩子正常使用网络。教育专家研究表明，让孩子从儿童时期开始接触网络，从小养成平常心态，可以有效避免网络成瘾的发生。

此外，父母要从小培养孩子的网络素养，引导孩子掌握网络信息检索与甄别的技能，懂得科学利用网络来学习知识、获取有用信息，自觉抵制暴力、色情等低级的网络资源，提高孩子的辨别能力和自制力，有效规避网络风险。

从孩子初次"触网"，父母就要严格规定孩子的上网时间，比如单次上网不超过 30 分钟，让孩子从小养成上网有度、有节的习惯。并要求孩子在家里的公共区域上网，如客厅、书房、父母房间等，便于父母监督，切忌把电脑安放在孩子房间。

2. 父母坚持陪伴和交流，为孩子营造和睦、愉快的家庭环境

父母无论多忙，都要预留出时间来陪伴孩子，让孩子真切感受到来自亲人的关爱。父母在和孩子交流时，要学会弯下腰，耐心倾听孩子心声，并积极给予回应。父母陪孩子参加活动或做游戏时，要抓住机会向孩子传递自己对他的关注与支持，在孩子表现抢眼的时候鼓掌喝彩，在孩子不服输时竖起大拇指表示支持，在孩子失利时摸摸他的头告诉他没关系，让孩子在民主、和谐、愉快的家庭氛围中成长。当孩子在线下获得足够多的幸福感和安全感时，就不会再执着于网络的精神刺激。

有时候，为了准确地了解孩子的所思所想，以便对症下药，达到更好的教育效果，父母不妨借助网络工具加强与孩子的交流互动，例如微信、QQ、微博等。

"知心姐姐"卢勤曾讲过这样一个故事：有一个女孩整天沉迷网络，不爱和父母说话。为了了解女儿的内心世界，搞清楚为什么网络对年轻人有这么大的吸引力，女孩的母亲便化身为一名陌生网友，在社交平台主动找女孩聊天，渐渐和女孩成了"知心网友"。高中三年里，女孩一直向这位"知心网友"倾诉心事，

从网友那里得到安慰和鼓励。女孩拿到大学录取通知书后，第一个想到的就是和她的"知心网友"分享好消息。这时候，女孩的母亲走进她的房间，告诉她"这个网友就是我！"

网络时代为父母创造了更多和孩子亲密交流的机会，父母可以不拘形式，根据孩子的情况选择适合的交流方法。即使没有面对面，父母依然能够贴近孩子的心，向孩子传递最真挚的爱。

3.培养孩子的兴趣爱好，丰富孩子的精神世界

很多孩子上网的初衷是无聊、打发时间。父母要积极发现孩子的优点和长处，加强孩子的兴趣培养，如运动锻炼、手工制作、艺术表演、植物观察等，为孩子的精神世界提供丰富的养料。当孩子投身于自己喜欢的、擅长的事情里，自然无暇顾及网络世界了。

条件允许的话，父母可以多带孩子去看看外面的世界，露营、远足、旅行等，让孩子接触大自然，体验异域风情和民俗，让孩子看到现实世界远比网络世界更广阔、更精彩，那么网络世界对孩子的吸引力也就没那么大了。

需要提醒父母的是，不要从小把手机、平板电脑当作"定娃神器"，这样就是人为地把孩子推向网络世界，也不利于孩子探索世界、开发兴趣。

有一位母亲曾分享她的经历：有一次，这对父母带孩子出去聚餐，吃完饭后，父亲还在和朋友说话，孩子吃饱后就觉得无聊了。有的父母在这种时候会拿出手机或 iPad 给孩子打发时间，但这位母亲没有这样做。她带着孩子到饭店门口去看路边盛开的炮仗花，观察蜜蜂采蜜的过程。孩子看得津津有味，一点也不无聊。回家后，他还主动和母亲一起阅读有关蜜蜂采蜜的绘本。

这位母亲每次带孩子出门，都会在包里放一本孩子喜欢的书，让他闲暇时阅读。或者在无聊时和他一起观察周围的事物，时刻注意激发孩子的探索欲和兴趣。久而久之，孩子养成了自己寻找乐趣的习惯，自然不会有沉迷网络的隐忧。

4.培养孩子的人际交往能力，让孩子在现实中找朋友

随着年龄增长，孩子对友谊的渴望越来越强烈。在孩子心里，缺少朋友比成绩不好更让他们难受。有的孩子性格内向，不太善于和同学相处，有的孩子缺乏正确的交友方法，总是和伙伴起冲突，受到同学嘲讽，被孤立。这些孩子在现实中交友受挫，却可能在网上结交很多朋友，因为网络具有可匿名性的特点，能够让孩子突破心理防线和障碍，对着陌生人畅所欲言，他们交友的心理需求也能得到很好的满足。

网络上的朋友再多、再好，却很难转变为孩子现实中的朋友，也很难对孩子的现实生活产生助益，反而会使孩子的孤独感增强，变得更加孤僻、不合群，不利于他在现实中构建健康、和谐的人际关系。父母要密切关注孩子的人际交往情况，积极为孩子创造各种交友机会，例如经常去邻居家串门、组织家庭聚会等。

有一位父亲，每年都会组织他在大学时同寝室的几位室友及其家庭成员一起外出旅行、户外活动或家庭聚会，像大年初五到这位父亲家包饺子，就是这几个家庭十多年未变的传统活动。这样的家庭聚会坚持了十多年，这位父亲的女儿和其他几个家庭的孩子因此结下了深厚友情。高中阶段，她每次从境外学习回来，都会给她的小伙伴们精心准备小礼物。上大学后，女儿就从父亲手里接过了组织家庭聚会的工作，每一年她都会把家庭聚会安排妥当，将这种维系友谊、增进情感的活动坚持下去。

这样的家庭聚会、亲子活动对孩子来说，是难得的交友平台。父母要多花心思，多组织类似的活动，鼓励孩子走出家门交朋友，并亲自示范，引导孩子掌握有效的交友技巧以及解决人际冲突的方法，增强孩子人际交往的勇气和信心，让孩子在实践中学会更好地处理人际关系，在现实生活中拥有属于自己的知己好友。

请扫描书上二维码
亲子共读
▼
《我帮儿子戒网瘾
（节选）》

第五章

爱他，就让他自由地飞

一位作家在送留学的儿子登机后这样写道："我慢慢地、慢慢地了解到，所谓父女母子一场，只不过意味着，你和他的缘分就是今生今世不断地在目送他的背影渐行渐远。你站立在小路的这一端，看着他逐渐消失在小路转弯的地方，而且，他用背影默默告诉你：不必追。"

父母对孩子最深沉的爱，是放手。当孩子渐渐长大，父母要逐渐从孩子生活的掌控者身份中剥离，慢慢放手，徐徐退出，给予孩子最大的自由与信任，培养孩子的独立意识和自理能力，并学会倾听孩子的心声，尊重孩子的个性，训练孩子的时间管理能力，让孩子学会珍惜和利用有限的时间，收获尽可能丰盛的生命价值，创造属于自己的一片天地。

父母从容得体地放手，将换来孩子真正的成长。

第节
放手，是家长给予孩子最体贴的呵护

一、父母不放手，孩子难成才

现在社会上有一类人叫作"啃老族"，大多年纪轻轻但不工作，不仅经济上靠父母养，生活上也事事依赖父母。针对这种现象，社会上批评的声音很多，几乎都将矛头指向年轻人，指责他们懒惰、不思进取、毫无责任感、不体谅父母、不知感恩与回报等。当人们站在道德制高点痛批年轻人时，是否想过：如果自己会走路，谁愿意被人用轮椅推着走，天南海北任我行不更轻快吗？如果自己能独立，谁愿意被困在父母身边，山高水阔任我闯不更恣意吗？"啃老族"现象的根源，不仅仅是年轻人的惰性和不上进，啃老族的受害者——父母可能才是造成年轻人精神堕落的始作俑者。

据了解，很多"啃老族"都有相似的成长经历。

他们的父母从小对他们的事情过度包办，不肯让他们真正独立。同时又对他们在学业、事业、生活等方面的失败充满抱怨和鄙夷。这些年轻人在父母"不肯放手"又"不甘平庸"的矛盾的磋磨下，渐渐出现自尊缺乏症和精神侏儒症，产生了破罐子破摔的想法："你们那么喜欢包办我的一切，那就包办到底吧。我乐得轻松！"

很多父母是"操心的命"，喜欢什么事都帮孩子想到、做好，小到早上起床穿什么衣服、吃什么早饭，大到今后考什么学校、学什么专业、选什么职业，甚至孩子长大后找什么样的对象、生几个宝宝都要替孩子拿主意，想方设法让孩子按照他们设定好的成长轨道走。这样的父母，曾被称为"直升机父母"，这个比喻来自1969年的一本畅销书《家长与青少年》，书中一名少年如此描述他的母亲："我妈妈就像一架直升机在我头顶上不停盘旋……"如今还有升级版的"铲雪车父母"：他们向前飞奔，想要为孩子清除通向成功路上的任何障碍。

父母如此无微不至、劳心劳力，孩子却未必会心怀感恩地领受。因为喜欢包办一切的父母，带给孩子的从来不是事事顺心的轻松状态，反而是处处被侵犯的窒息感。

教育学者尹建莉曾收到过一位读者的信，写信的是一位署名"一个绝望的人"的女孩子。她在信中讲述了自己的母亲过度干预她的事情带给她的痛苦，并把她写给母亲的一封信附上。信中是这样写的：

"从小到大，无论什么事你总是冲在我前面，那些我应该自己去做，或者我应该学着去做的事情，你全部包办了，却又总是挑剔我，说我自理能力很差，甚至在别人面前说我这个做不好那个不会干。这导致我做什么都没有自信，结果确实是什么也做不好，于是你就更有理由冲在我前面。你一直用这样极其残忍甚至残酷的方式对待我，我怎么可能不自卑？怎么可能有自理能力？怎么能学会和别人打交道？你为什么老是要冲到我前面？后果只有两种：要么，我终于有一天不堪忍受，自杀了。要么，将来你老了，先我而去了，留下我一个人，不会烧饭、不会自己买衣服、不会讨价还价、不会和人打交道、不会保护自己……最后悲惨地死去。总之，你就是在往绝路上逼我！"

每一个失败的孩子背后，都有一双不肯放开的手。泛滥成灾的母爱、父爱，淹没了孩子成长的空间，禁锢了孩子前进的脚步，甚至把孩子往绝路上逼。"不肯放手"的父母，在关爱孩子的路上不知不觉把路走歪了，他们与其说是在尽心尽力地教养孩子，不如说是打着"为你好"的旗号，满足自己对孩子的占有欲、掌控欲和表现欲。

二、孩子的成功必须以离开父母为代价

"父母之爱子，则为之计深远。"父母都对自家孩子的人生寄予厚望，可在行动上却屡屡为孩子的成长设限，一会不许这个，一会不许那个，真真应了那句老话："捧在手里怕碎了，含在嘴里怕化了。"父母的过度干涉、过分保护表面上是让孩子免遭挫折、免受伤害，实际上是在孩子面前矗立了一道又高又厚的栅栏，挡住各种潜在风险的同时，更把孩子所有历练与成长的机会拒之门外。

父母不放手，孩子的探索和体验空间将大大缩小。父母常常对孩子尝试新事物感到紧张、不安，怕孩子有危险、做不好、帮倒忙等，想方设法把孩子留在"安全领域"，很少给予他自由探索的空间。还会把自己的恐惧感反复灌输给孩子，让孩子顾忌、害怕的事越来越多，孩子的好奇心、求知欲也逐渐泯灭。孩子没有

了求知欲，又缺乏探索与发展的机会，他怎么可能有出色的表现？

父母不放手，孩子无法在试错、纠错中成长。对于孩子来说，成长是一个不断试错、纠错的过程，孩子自己从错误中找到答案，远比父母直接给出答案更有意义。他能够从"知错就改"的经历中不断自我修正与完善。可是，父母的过度保护让孩子犯错的机会越来越少，没有犯错，何来领悟，又何来成长？

一个男孩要到山里去参加为期两天的野营。妈妈问他是否做好了准备、是否需要帮忙。男孩表示，我会照顾自己。妈妈就不再说什么了。

过了两天，男孩回来了，他的表情有些沮丧。妈妈问："这次玩得开心吗？"男孩说："我的衣服带少了，而且由于我没有带手电筒，每天晚上都要向别人借手电筒才能走出去。这两件事情搞得我有点狼狈。"妈妈又问："为什么衣服带少了呢？"男孩说："我以为那里的天气会和这里的一样，没想到山里会比这边冷。下次我会先了解一下当地的天气情况，再做决定。"妈妈又问："手电筒是怎么回事呢？"男孩说："我想到要带手电筒的，而且老师也提醒了我们。可忙来忙去，我就把这事给忘了。下次野营时我应该先列一个单子，这样就不会忘记东西了。"

男孩在亲身经历了挫折并深刻反思后，积累了关于野营的重要经验，他的独立能力也得到了快速提高。

很多父母觉得孩子现在还小，有事父母代办就好，等他长大了这些事自然就会了。这种想法是错误的。没有一种能力是与生俱来的，一个人就算有再好的天赋，都需要经过刻苦训练才能真正将其变成自己的优势。同样的道理，孩子的独立自主能力也需要从小训练和实践。如果孩子从小缺乏独立思考、独立决策、独立做事的机会，凡事只想着靠父母。那么，"遇事找父母"会逐渐成为孩子的思维惯性和处事准则，并且随着孩子年龄的增长而变得根深蒂固。长此以往，父母如何指望孩子长大后"自然就会"独立自主，他早已被养成温室里的娇花，哪来的能力和勇气独自承担人生的风雨？恐怕成为无法独立的巨婴才是他最终的结局。

三、学会放手，是父母对孩子最体贴的呵护

为人父母，有两项重要的任务，一是学会怎样更好地爱孩子，二是学会怎样与孩子分离。哲学家弗洛伊德曾对母子关系作出精辟解析：母爱的真正本质是关

心孩子的成长，也就是说，希望孩子与自己分离。这里体现了母爱与性爱的根本区别。在性爱中，本是分离的两个人成为一体；在母爱中，本是一体的两个人分离为二。检验一个母亲是否真正具有爱的能力，就看她是否愿意分离，并且在分离后继续爱着孩子。

成长的标志之一是独立。拥有独立意识和能力的人，才是一个真正成长、成熟的人。一个孩子想要健康成长、立足于世，必然要从温暖无忧的家庭走出来，独自面对未来的挑战和压力，学会为自己的人生做选择、负责任，用自己的智慧和双手创造属于自己的人生。如果父母剥夺了孩子独立自主的权利和能力，把孩子圈进自己的羽翼下，看似为他遮挡了一切凄风苦雨，实则折断了孩子振翅高飞的翅膀。

放手不易，父母有多爱孩子，就有多难舍。但同样，父母有多爱孩子，就该有多果决。当孩子还年幼时，父母要教会孩子"自己的事自己做"，为孩子今后的独立做准备。当孩子长大了，自己有了拒绝父母牵着走的念头时，父母要懂得，该放手了。学会放手，让孩子自己走、自由飞，这是父母对孩子最体贴的呵护。

如果学不会放手，父母替孩子走过的沟沟坎坎，终将成为他翻越不了的高山险峰；父母替孩子遮住的风风雨雨，终将成为他抵挡不了的狂风海啸。

20多年前，一个叫魏永康的13岁少年考取了湘潭大学物理系，被誉为"东方神童"。大学毕业后，他又考入中科院高能物理研究所。但不久他被劝退了，理由是"生活自理能力太差，知识结构不适应中科院的研究模式。"原来，魏永康的母亲为了让孩子专心读书，从来不让他干家务活，他洗脸洗澡也要母亲帮忙，甚至到了高中还要母亲喂饭。平时，母亲很少让他出门，也不让他和同学出去玩，只要求他专心学习。进入中科院后，脱离了母亲照顾的魏永康生活全乱套了，他的房间凌乱，衣着邋遢，上课常常迟到，不会和老师、同学交流，连考试、写论文也不记得，学业根本达不到要求。

看着被退学后一蹶不振的儿子，母亲痛定思痛，决定重新带着儿子"成长"。母亲手把手教魏永康洗衣做饭、照顾瘫痪的父亲，还请同龄人来家做客，让魏永康学习如何待人接物。慢慢地，魏永康一度缺失的独立意识、自理能力得到了有效提升，他重新融入了社会。后来，他成为一名普通的程序员，成家立业，生活得平淡幸福。

魏永康的经历让人唏嘘，他的母亲为他包办一切，看似要为他铺平道路，免除后顾之忧，实则把他推进了人生的"深渊"，让他的前路倍添坎坷。但值得庆幸的是，母亲用那双把他推进深渊的手再次把他拉了起来。这一次，母亲学会了放手，而魏永康也获得了新生。

四、父母放手，但不撒手

父母要学会放手，但也要警惕另一种极端的教育方式——放任式教育，不能做个甩手掌柜，对孩子的成长完全放任不管。父母要逐渐地从掌控孩子的位置上退出，将成长的主导权还给孩子，把孩子培养成为生活自理、学习自主、思想自立的人，并且始终要站在孩子身后，给予孩子足够的安全感和必要的引领。

1. 培养孩子的生活自理能力

教育家蒙台梭利提出了"独立成长理论"，她认为，父母想让孩子成长为一个独立的人，必须先让孩子在生理上独立起来，之后才能走向心理独立。

父母应从生活小事做起，培养孩子的生活自理能力，让孩子学会自己的事情自己做，早上自己按时起床、自己选择和搭配衣服、自己收拾书包和整理房间等，让孩子在力所能及的范围内照顾好自己。孩子能做的事情，父母尽量不要插手。比如，父母觉得孩子的服饰穿搭有些夸张奇怪，可以利用平时买衣服、看电视节目等机会，对孩子的穿衣搭配和审美能力进行引导和示范，但尽量不要在孩子决定穿什么的时候横加干涉。

另外，父母应从小培养孩子的劳动习惯，让孩子在劳动中训练自理能力、生存技能，培养认真负责、吃苦耐劳的品质，形成服务他人与社会的情怀。父母应鼓励孩子承担固定的家务劳动，但不要强制要求孩子做某项劳动，而是根据孩子的年龄特点，提出几项合适的家务供孩子选择，让孩子对自己的工作更有掌控感和主动性。例如，针对学龄前儿童，可以让他们从扫地、拖地、洗菜、叠衣服等家务中选择，培养他们的生活自理能力；针对学龄儿童，可以让他们从烹饪早餐、整理自己的房间、管理家庭一周开支、拟订周末家庭出游计划等家庭事务中选择，培养他们的自理能力和社会实践能力。

2. 培养孩子独立思考、自主规划的能力

有一位父亲分享自己的育儿经验时说，他经常给孩子一个问题让孩子自己找答案。例如，孩子问父亲某个字怎么写，父亲虽然认识，但不直接告诉孩子，而是让孩子自己查字典。以后再有不认识的字，孩子也不问父亲了，会自己去查字典。

这位父亲的经验值得借鉴。当孩子遇到问题或犯错时，父母不要急着帮他想办法或直接给答案，这时候做个"懒家长""笨家长"没什么不好的。要让孩子自己去思考、想办法、找答案，即使连连失误、屡屡犯错，对孩子来说，也是宝贵的独立思考与总结经验的机会。

纽约时报家庭专栏作家布鲁斯·费勒曾与沃伦·巴菲特的经纪人谈话，经纪人嘲笑费勒不敢让孩子用零花钱来学习投资，不敢让孩子犯错。费勒问，万一孩子拿零花钱投资输得很惨怎么办？经纪人回答，让孩子们用 6 美元零用钱去试错，总比以后拿 6 万美元年薪或 600 万美元遗产去犯错来得好吧？让孩子多一些独立思考、独立试错的机会，实际上是让孩子用幼年时的小问题、小错误，为其成年后可能犯的大错买单，何乐而不为。

另外，父母应把属于孩子的时间交给他自己管理。例如，放学回家后孩子什么时候写作业、什么时候吃饭、什么时候看课外书，这些时间都是属于孩子的，不妨让他自己计划。父母只需要教会孩子一些合理安排时间的技巧，比如 20/80 法则或番茄工作法等，剩下的可以交给孩子自己安排。当孩子学会罗列自己的任务清单，学会制订自己的每日、每周时间表，甚至能合理制订寒暑假等长假计划时，他对自己学习和生活的掌控力将大大提升，这正是孩子具备良好的独立自主能力的体现。当孩子把自己的学习和生活安排得妥妥当当时，父母需要做的就是监督孩子按计划执行，将目标落到实处。

3. 在保护孩子安全感的前提下培养孩子的独立能力

父母要培养孩子的独立自主能力，但不是要把孩子培养成为孤胆英雄，凭着一腔热血与孤勇前进，力有不逮之时也不会向他人求助。人是社会的一分子，不可能靠自己一个人活下去，学会向他人求助、与他人合作，才能让自己的人生拥有更多的选择、更广的平台。

在孩子的成长过程中，由于能力、经验受限，孩子一方面盼望着独立，另一方面也需要从父母身上汲取安全感，从而支持他勇敢地迈出独立成长的步伐。因此，父母在培养孩子独立能力时，不能只顾着把孩子推开，为了独立而独立，却无视孩子求助的目光。这会破坏孩子的安全感，以至于孩子还没培养起独立能力，反倒先产生了孤立无援的感觉。孩子在反复经历成长的失败和父母的拒绝后，容易产生"习得性无助"，即因为重复的失败或惩罚，而形成的一种对现实无望或无可奈何的行为、心理状态。严重时，还会让孩子一生都处在极度缺乏安全感的状态。

父母要从小向孩子传递两个信念：第一，自己能做的事情，自己做；第二，在你需要帮助时，学会向他人求助、与他人合作。

对于孩子的求助，父母要及时回应。如果父母判断孩子求助的事情他自己可以完成，决定不予帮助时，可以给孩子一个鼓励的亲吻或拥抱，告诉孩子"你能行"，支持孩子再努力尝试。如果父母判断孩子求助的事确实超出他的能力范围，父母应及时伸出援手，给予孩子必要的指点和帮助。无论父母决定帮或不帮，都要向孩子传递一个清晰的信号：我就在你身边，只要你求助，我就看得见。你永远不是一个人，你是安全的！

第二节
亲子沟通，从倾听开始

一、倾听是父母对孩子最基本的尊重

教育家魏书生曾讲过一个故事：一个女孩子在学校和同学起冲突，受到了老师批评，她觉得责任不在自己，心里委屈极了。回家后，女孩忍不住向妈妈倾诉自己的委屈。妈妈听着，觉得女孩不对，想批评她，可这时她正病着，喉咙肿得说不出话来。女孩见妈妈没说话，以为妈妈理解自己，说得更起劲了。妈妈听着女孩的话，心里有很多不赞成的意见，几次张嘴想说话都说不出来。女孩痛痛快快地倾诉完委屈，而妈妈自始至终都没能说出批评的话。

第二天放学后，女孩回家时一脸高兴，她跟妈妈说："妈妈，我太高兴了！昨天您能理解我，听我说完委屈，我心情好多了。后来我静下心来想想，自己跟老师生气是不对的，今天我跟老师承认了错误，老师还表扬我了。要是昨天您不等我说完就训我，我可能越想越委屈，越钻牛角尖越不痛快。妈妈您真是太好了，太理解我了。"

这个故事的结局可谓是"有心栽花花不开，无心插柳柳成荫"。母亲"耐心"倾听的举动，无意中打开了女孩的心门，可以预见，以后女儿有什么事也一定愿意第一时间和母亲分享。因为在她心里，母亲是那个尊重她、愿意听她说话、最理解她的人。这个故事提醒了广大父母，想和孩子好好沟通，要先做到"倾听"孩子的声音。

"知心姐姐"卢勤认为，"沟通＝倾听＋倾诉"。她把"倾听"放在首位，因为倾听是父母对孩子最基本的尊重。父母在孩子成长过程中倾注了大量心血，但很多父母并不知道如何与孩子进行有效沟通，也意识不到倾听孩子心声的重要性，常常以长辈自居，不愿意给孩子倾诉、解释、辩白的机会。试想一下，我们和别人说话时，如果话说一半就被对方粗鲁打断，或被对方不分青红皂白地训斥一通，我们是不是很生气、很委屈？"己所不欲，勿施于人"，这句话也适用于

孩子和父母的沟通过程。

父母不妨对照下表，看看自己平时倾向于哪种类型的"倾听"，看看自己是否善于倾听，是否真正在用心听孩子讲话。

倾听类型表

类型 A	很少认真听孩子讲话，甚至压根儿不听孩子讲话，都是自己在讲。
类型 B	一心二用，假装自己在听，用"嗯""啊""知道了"敷衍孩子。
类型 C	有选择地听，只听自己想听的，与自己意见不符的自动过滤掉。
类型 D	认真地听，但会在心里对对方的话进行评价或否定，坚持自己的观念和想法。
类型 E	同理心倾听，专注地、抱着理解的心态去听，尽量与孩子"共情"，不进行任何主观评价。

二、倾听是有效沟通的大前提

在与孩子沟通时，父母习惯于边听孩子说话，边根据自己的生活经验、主观偏见、价值取向等，在心里对孩子的话做出评判——这是对的，那是错的。尤其是当孩子犯错时，父母往往没听完孩子的解释就妄下评判，强行插话，对孩子噼里啪啦一顿数落，重则打骂、体罚，让对话氛围瞬间降至冰点。孩子可能再也没有说话的机会，他们只能耷拉着脑袋，沉默地接受父母的训斥与责罚。这样的倾听与沟通均是无效的，而且无效沟通的次数多了，不仅达不到教育孩子的目的，还会让孩子关闭心门，抗拒与父母交流。因为，你不听我说，我就再也不说了。当孩子拒绝与父母沟通、交心，亲子关系也就日渐疏离、淡漠，家庭也不复往日的温馨与和谐。

父母学会倾听，是亲子沟通顺利进行的前提。先"听完"孩子说话，父母才能完整把握事情的来龙去脉；先"听清"孩子说话，父母才能给予孩子适当的回应和反馈；先"听懂"孩子说话，父母才能准确理解孩子的情感和思想，清楚孩子的需要和目的。能够做到听完、听清、听懂孩子的话，亲子沟通的目的也就达到了一半，智慧的父母都会做到有效倾听。

父母愿意倾听，能使孩子的情绪得到很好的宣泄。孩子在成长中难免遇到情绪不佳的时候，特别是青春期的孩子，烦恼多，情绪易变，负面情绪像洪水一样奔涌而来，孩子的心灵就像一个小水库，负能量淤积多了，必须有个出口排泄出去，否则会对孩子的心理造成很大负担。父母的耐心倾听恰好为孩子打开了一道情绪疏通口的闸门，让孩子得以痛痛快快地宣泄情感，把负能量通通释放掉，恢复平和、稳定的心理状态。

亲子沟通，从倾听开始。父母学会倾听孩子，如同手里握着一把打开孩子心灵之门的钥匙。父母将走进孩子的内心，听清孩子真实的声音，这个声音远胜一切天籁之音。

三、父母如何做到有效倾听

1. 让孩子把话说完

沟通学中有一个有意思的数据：当一个人听别人说话时，通常 3 秒内，人的大脑就已经开始思考该如何回应对方。越是亲近的人相互交流，越容易出现打断谈话、随意插话等情况。例如亲子沟通，因为关系亲近，所以父母和孩子谈话时没有太多顾忌，容易根据以往经验对孩子的话语妄下评判，等不及孩子把话说完，父母的说教就开始了。此时，被打断话语的孩子会感到不被尊重、不被接纳。毕竟，孩子愿意向父母倾诉，本身就说明孩子信任、依赖父母，可父母的粗暴打断、任意评判，让孩子有种信任被辜负、希望变失望的痛苦。如果父母愿意专注、耐心地听完孩子的话，让孩子完整地讲述整件事，并倾诉他内心的全部感受，那么无论父母是否赞同、支持孩子的想法，孩子都会感到被尊重、被接纳、被理解，这会成为亲子沟通的良好开端。

一个访谈节目曾采访一个名叫陈思睿的小女孩。她花了五年时间写了一部 30 万字的小说，而她爸爸却认为她数学成绩不好，还不务正业，非常反对女儿写小说，不但不听女儿的解释，还一气之下撕毁了女儿的小说。爸爸采取如此强硬的方式，不但没有达到让女儿把心思放回到学业上的目的，反而导致女儿产生厌学情绪，甚至还想离家出走。

幸运的是，后来这位爸爸幡然醒悟，认识到自己的错误，找了个机会和女儿进行了一次心平气和的谈话。爸爸说："孩子，我想听听你对这事的看法……"爸爸认真倾听了女儿的解释和内心的感受，也理解了女儿的想法，父女俩终于消除了隔阂，并一起商量如何提升女孩的数学成绩。在爸爸的帮助下，女儿树立了正确的时间统筹观念，制订了数学学习策略。

2. 父母应调动"五感"去倾听

研究表明，沟通的55%依靠肢体语言，38%依靠声调、语气、语调等嗓音线索，只有7%依靠言语。父母倾听孩子说话，应该是一个主动、积极的过程，用"耳朵"仔细听孩子说话，分辨孩子的话语、语调、语气、语速等；用"眼睛"注视着孩子，让孩子感受到父母一直在关注他，对他的话题感兴趣，增强孩子表达的愿望和信心，同时仔细观察孩子说话时的表情、举止、动作等；用"行动"传达父母对孩子的关注，包括端正坐好，身体微微前倾，与孩子保持较亲近的距离，适时采用点头、拍拍孩子的肩膀、给孩子一个拥抱等动作，向孩子传递理解、肯定、鼓励等态度；用"内心"去理解孩子话语的意思，判断孩子各种微表情、小动作的含义，并感受孩子的情绪变化，在情感上与孩子感同身受，更好地与孩子达到共情效果；用"嘴巴"去积极回应孩子，重复孩子的话、与孩子进行言语互动等。当父母调动全身感官去倾听，效果自然大大提高。

父母倾听孩子时，留心观察孩子的表情、语调、动作等，能更好地洞察孩子的内心。例如，心理研究表明，当孩子心中不安或恐慌时，他的语速会变快，借此转移话题，躲避父母的怀疑和追问。亲子沟通时，如果孩子的语速比平时快得多，说明孩子可能不愿谈当前的话题，想加快语速迅速带过这个话题，或者是孩子可能对父母的观点很感兴趣，大脑比较兴奋，不知不觉加快了语速，也可能是孩子希望通过当前话题得到父母表扬，内心有所期待，不自觉地加快了语速。又比如，孩子说："我不怕妈妈骂我。"可他说这话时拳头紧握，声音又轻又弱，眼睛朝下看，这表明他是在强撑镇定，心口不一。

3. 共情式倾听效果更佳

父母和孩子的沟通受阻很大程度上源于父母自以为"家长都是对的"的权威姿态。教育家苏霍姆林斯基曾告诫父母："时刻都不要忘记自己也曾是个孩子。"这是在提醒父母要从孩子的角度去看问题，站在孩子的立场去想问题，这就是父母之于孩子的"共情力"。亲子沟通时，父母能否进行共情式倾听，将直接关乎沟通的顺畅程度和最终结果。

一方面，父母想要和孩子达到共情，可以用"假如我是孩子，我会怎么想"的换位思考，来推测、解读孩子的情绪和情感，并用恰当的语言向孩子表达父母对他的理解和尊重。建议父母尝试使用"你感到……是因为……""听起来你有点……"等句式。例如：

孩子："妈妈，我很讨厌我们班的数学代课老师，一听到他上课我就烦。"

妈妈："听起来你对现在这位数学老师不太适应啊。他是不是讲课比较快，你没听明白？"

孩子："是啊，老师讲课速度太快了，我有点跟不上……"

善于共情的父母不仅能够理解、体谅孩子，更能用自己的态度、言语、行动来影响孩子，促使孩子做出积极、正向的改变，发掘孩子身上的闪光点，帮助孩子成长。

另一方面，善于共情的父母通常采用开放式问题，鼓励孩子去表达自己的想法，去思考解决问题的办法，而不是把自己的观点强加给孩子，或者直接给孩子下命令、出主意。例如，父母在听孩子讲述时，适时抛出一两个简短的问话，用"然后呢？""还有吗？""你当时为什么会做出这个决定？"引导孩子说得更清楚、更具体一些，也让孩子感受到父母的注意力始终在他身上，一直在认真听他说话。孩子受了鼓舞，会更愿意和父母交谈。

在了解完整件事情后，父母可以提出开放式问题引导孩子独立思考解决问题的方案。例如，父母可以这样问："你认为这件事该怎么解决？""让我们一起想办法解决好吗？""如果这样做……你觉得效果怎么样？"采用开放式问题，能够有效避免孩子的抵触情绪。如果父母对孩子提要求、下命令，比如"你应该……""你必须……"这样的话一出口，孩子下意识就会生出抵触情绪，特别是青春期的孩子，逆反心理更重，他会想"凭什么应该""凭什么必须"。很多时候，孩子需要的不是告知、要求，更不是命令，而是父母的理解和帮助。

父母通过开放式问题，调动孩子独立思考、主动解决问题的积极性，让孩子清晰地知道现在的状况是什么，未来可能有什么样的选择，鼓励孩子承担起责任，努力找到解决问题的办法，这对于成长中的孩子来说是大有益处的。而父母也应根据孩子的需要，向孩子提出一些合理建议或提供必要的帮助，让孩子感觉到无论事情成功还是失败，父母都在身边支持他。

4. 倾听方式不限于"让孩子说"

倾听孩子的方式不仅限于听孩子说话、与孩子面对面交谈。古时有鸿雁传书、飞鸽传信，现今有电子邮件、社交软件，父母可以不拘泥于时间、空间和形式，随时随地倾听孩子的声音，与孩子保持良好的沟通交流。

梁启超常年和几个子女保持书信往来，他在信中和孩子们谈学习、谈交友、谈政事，和孩子们做朋友。女儿梁思庄选大学专业时，梁启超建议她选生物学，认为生物学是国家真正需要的。梁思庄听从了父亲的建议，但学了一年后，梁思庄还是对生物学不感兴趣。她不停地给父亲写信，告诉父亲她想去美国，想转学图书馆学，虽然这个专业很冷门，却是她真正喜欢的专业。梁启超并没有因为女儿要换专业而勃然大怒，他回信支持和鼓励女儿选择自己喜欢的专业。他说："凡学问最好因自己性之所近，往往事半功倍，你离开我很久，你的思想近来发展方向我不知道……我所推荐的学科未必合你的适，你应该自己体察作主。"

后来，梁思庄如愿转入哥伦比亚大学图书馆专业。但因为她比别人晚读一年，成绩仅处于中游水平，她给父亲去信时，倾诉了自己惭愧、焦虑的心情。梁启超在回信中赞扬了女儿："我的小庄庄，你已经很棒了。你比别人晚一年，考出这个成绩，爸爸太为你骄傲了。"父亲的肯定、鼓励、怜爱之情透过薄薄的纸张漂洋过海传递到女儿心里，大大激励了梁思庄。后来，梁思庄成为一名著名的图书馆学家，担任北京大学图书馆副馆长。

书信是一种含蓄、独特的亲子沟通方式，"知心姐姐"卢勤的儿子20多岁了还经常给妈妈写信。现在科技发达，网络兴盛，各种社交软件已经渐渐替代了书信的功能和地位，成为亲子沟通的新媒介，尤其适合亲子之间的远距离沟通，或是传递一些难以宣之于口的隐秘心事、厚重情感。

5.父母会交流，让倾听更顺畅

亲子沟通一定是有来有往的互动过程，父母单方面听孩子说，自己一声不吭，孩子得不到回应，谈话氛围很容易陷入僵局。但是，如果父母在沟通中说出一些不合宜的话，伤害了孩子，或激起孩子的逆反心理，谈话也难以为继，父母和孩子只能不欢而散。因此，父母须掌握必要的说话艺术，营造和维持轻松、融洽的谈话氛围，让孩子能够顺利倾诉自己想要表达的全部内容和情感，也让倾听更顺畅、沟通更融洽。

父母宜用肯定的语言，少用否定的语言。心理学上有一种叫作"反弹效应"的心理效应，在孩子身上的主要表现是，父母越不让孩子做什么，孩子偏偏要和父母对着干。所以，父母在和孩子交流时，应多使用"要……""可以……"等正向引导的语句，少用"不要……""不行……""不许……"等否定语句。例如，父母希望孩子晚上早点回家，可以说："晚上你可以早点回来，太晚了外面不安全。"这比硬邦邦来一句"不许晚回家"效果更好。

父母宜用赞美的语言，少用挑剔的语言。如果父母总揪着孩子的缺点不放，对孩子使用"你怎么这么笨""太差劲了""你办不到的"等挑剔的语言，会强化孩子的弱点，最终让孩子自我否定，对自己丧失信心。父母应学会用欣赏的眼光去发掘和肯定孩子的优点，如"你是独一无二的""你的眼光真好""这次考试比上次进步很多啊，你很努力。"父母一句真诚的赞美、恰到好处的鼓励，会让孩子心花怒放，充满信心和斗志。

父母宜用简洁的语言，少用冗长的语言。一些父母习惯向孩子滔滔不绝地说大道理，可是无休止的唠叨、老掉牙的话语容易引起孩子的反感。父母应用就事论事的态度，简明扼要地说明自己对孩子想法的理解，以及自己的观点和建议，力求用最简洁的话语把话说清楚。简洁的语言往往更有力，更容易走进孩子的内心。

第三节
催，催，催，不如教会孩子管理时间

一、为什么孩子越催越慢？

"快起床了，要迟到了！"每天早上，很多孩子不是被闹钟的铃声唤醒的，而是在父母"声声不息"的催促声中醒来。不仅是早晨，几乎一整天，父母都在和孩子进行时间拉锯战。中午，"都一个小时了，你怎么还没吃完饭啊？"午睡后，"叫你多少遍都不起来，快点，快点，又迟到了。"晚上，"就这么点作业，怎么写了3个小时？"夜深了，"还不睡觉，明天该起不来了。"

类似的密集催促声循环在每一个日夜，但父母没有如愿"催"出一个学习高效率、做事麻溜利索的好孩子。相反，父母频繁的催促如同魔咒，不耐烦的叫骂像把尖刀，带给孩子无形的压力和伤害，让孩子陷入"越催越慢"的怪圈。

面对父母喋喋不休的催促，许多孩子心生不满，却无力反抗，只能消极应对。本来孩子想把事情做好，但父母习惯性的一通催促、怒吼，硬生生浇灭了孩子的做事热情。而且，父母在催促时产生的焦虑、烦躁情绪也会传递给孩子，加剧孩子的磨蹭问题。

演员孙茜曾在节目中分享自己小时候被母亲催促时的逆反行为。每次放学回家，妈妈就开启催促模式："写作业了没有？赶紧去！"孙茜原本正要写作业，被妈妈这么一催，逆反情绪上来了，反而不想写了。后来，孙茜总要等妈妈催，才慢吞吞地开始写作业。

由此可见，过多的言语刺激并不会让孩子变得自觉，反而会让孩子失去耐心，直至麻木。这在心理学上被称为"超限效应"。父母催得越紧，安排得越细，孩子越会产生"等父母催了再做"的心态，孩子的自我管理能力和自信心也会在不知不觉中被父母的催促和唠叨摧毁，最终彻底放弃自我管理。

另外，很多时候，孩子的"慢"是天性使然，父母不分缘由的无差别催促，自然达不到帮助孩子提速的目的。例如，年龄小的孩子，吃饭、做事自然比成人慢一些，父母如果以成人的标准来要求孩子，非要孩子和大人的生活节奏一致，那就有点强人所难了。而且会打乱孩子正常的生活节奏，阻碍孩子对时间规律的自主探索与感知。

有时候孩子看似磨蹭，实则在观察外界环境，探索新鲜事物。例如，孩子长时间蹲在树下看蚂蚁，不肯走了，这样"慢吞吞"的举动不但没必要改变，父母还应给足孩子时间，满足孩子的好奇心和求知欲。

有的孩子天生是"火烧房都不着急"的慢性子，做事往往有慢工出细活的特点，这种情况下，父母只要让孩子按自己的节奏来做事即可。一个从小做事就慢的"学霸"被问及考试的秘诀时，他说："慢慢想嘛，急着做题没用的。多想想老师为什么这么出题，再做同样的题就快了。"这类孩子习惯于慢慢思考，加深对题目的理解，做一题顶三题，达到举一反三、触类旁通的学习效果，对于这类孩子来说，"磨蹭"反而成为一种高效学习方法。

二、孩子管不好时间的原因分析

善于管理时间的好孩子不是催促出来的。想要提高孩子的做事效率，让孩子学会珍惜和利用时间，前提是了解孩子管不好时间的原因，以便对症下药。

除了做事拖拉磨蹭，孩子常见的时间管理问题如下：一是做事被动，注意力不集中，父母催一催，孩子才动一动。而且做事不够专注，比如写作业时，孩子一会口渴了要喝水，一会上厕所，一会找橡皮……注意力集中不过三分钟。二是做事没目标，没计划。孩子做事随心所欲，想一出是一出，缺乏计划性，特别是周末和寒暑假，常常不知道怎么安排，只顾玩耍、看电视，不爱学习，作息混乱，生活没规律。

孩子管不好时间，主要原因分为外部原因和内部原因。

常见的外部原因有以下几个方面：

一是任务量和任务难度太大，孩子很难在规定时间内完成，导致了时间的拖延。

二是孩子受外界环境干扰和诱惑，如嘈杂的声音、有趣的游戏、美味的食物、好看的电视等，以至于孩子无法集中精力按时完成任务。

三是所要完成的任务不是孩子愿意做的，甚至是讨厌做的事，比如孩子要完成自己讨厌的数学习题，完成任务的效率就会大打折扣。

四是父母对孩子的时间把控过严、过细，没有训练孩子自主管理时间的能力，致使孩子在行动上缺乏时间观念，做事缺乏条理。

常见的内部原因有以下几个方面：

一是孩子的大脑先天发育不良，天生反应较慢，要依靠医生对孩子进行专业治疗和训练。

二是孩子从小养成做事拖拉的习惯，无论遇到大事小事，都喜欢拖一拖再说。

三是孩子面对强势、唠叨的父母产生逆反心理，故意用拖延、磨蹭的行为方式对抗父母，逐渐形成做事拖拉磨蹭的习惯。

四是孩子的个性是慢性子，做什么事都是慢吞吞、不慌不忙的节奏。

五是孩子自我设限，从内心说服自己不那么着急完成任务，如"我不行，我没办法在那么短的时间内把这个任务完成。""我就是个拖延的人，做得慢很正常。"即使是能快速解决的简单任务，孩子也会因为自我设限导致任务被拖延，迟迟无法完成。

三、教会孩子做时间的主人

每一天，每个孩子都会得到 24 小时，不多也不少，这是属于孩子最宝贵的财富。孩子能够利用这笔时间财富创造怎样的价值，完全取决于他自己的计划和行动。父母的责任是教会孩子做时间的主人，珍惜和利用自己拥有的时间，在有限的时间里摘取尽可能丰盛的果实。

1. 根据孩子的生物钟安排时间

生物学家根据人的生物钟，把人（包括成人和孩子）大致分为两种类型：一种是百灵鸟型，属于这一类型的孩子一般早睡早起，上午精力充沛，思维活跃，学习效率高，整个白天的状态都比较好，晚上 9 点左右能顺利入睡，睡眠状况良好。

另一种类型是猫头鹰型，属于这一类型的孩子习惯晚睡晚起，一到晚上孩子的大脑就比较兴奋，思维敏捷，通常会比同龄孩子晚睡 1~2 个小时，白天学习容易犯困。

另外，根据生理学家的研究，人的大脑在一天中有四个时段最为清醒，是学习的黄金时段。第一个时间段是早晨 6:00—8:00，孩子的大脑经过一晚上休息已经消除了疲劳，记忆力最好，父母可以引导孩子利用这段时间记忆一些难记的知识，如英语单词和短语、数学公式、古诗词等。

第二个时间段是上午 8:00—10:00，这段时间孩子的精力充沛，大脑容易兴奋，思维敏捷，父母可以安排孩子把需要进行缜密、复杂思考的数学题、物理题等放在这个时段去攻克。

第三个时间段是下午 6:00—8:00，这也是用脑的黄金时段，适合孩子进行学科复习、复杂计算、笔记整理等学习。

第四个时间段是晚上睡前一个小时，适合长期记忆，父母可以引导孩子利用这段时间回顾所学知识点，复习一些难记的知识，加深印象，不易忘记。

父母应根据孩子的生物钟，结合人的大脑活动规律，协助孩子合理安排他一天的学习任务，把重要的、有一定难度的学习任务放在大脑的黄金时段去完成，学习效果会更佳。

当然，每个孩子的生物钟情况有一定的差异性，父母应留心记录孩子一段时间（如一周）的生物钟特点，分析孩子在一天的哪个时段学习效果最好，哪个时段精神状态比较差，哪个时间段注意力很难集中等，引导孩子发现和利用好自己的最佳学习时段。

2. 按重要程度给各项事务排序

美国管理学家柯维提出了著名的"时间管理四象限法则"，它将个人手头上的事务按照轻重缓急划分为四个象限（见下图）：重要且紧急、重要但不紧急、紧急但不重要、不重要不紧急。

"时间管理四象限法"坐标体系图

A类：重要且紧急的事，必须马上做，例如完成当天的作业、复习明天的考试科目等。

B类：重要但不紧急的事，往往和人们的人生目标有关，需要有计划地做、坚持做，例如锻炼身体、课外阅读等。

C类：紧急但不重要的事，如果可以，交给别人做。如果要自己做，应在短时间内完成，例如取快递、打电话。

D类：不重要不紧急的事务，尽量少做或不做，例如玩游戏、漫无目的地浏览网页等。

研究表明，成功人士通常会花费60%~80%的时间来处理重要但不紧急的事务。父母应引导孩子减少做紧急但不重要的事，把更多时间放在重要而不紧急的事情上，有计划、有规律地为自己的成长和发展做好准备，这是让孩子未雨绸缪、保持领先的重要方法。

3. 鼓励孩子每天多摘几个"番茄"

风靡全球的"番茄工作法"适用于自律能力较弱，无法长时间集中注意力的中小学生。

"番茄工作法"的基本流程是：孩子选择一个待完成的任务，将番茄时间设为20~25分钟。在这个"番茄时钟"里全神贯注地完成该任务，中途不允许做任何与该任务无关的事，直到番茄时钟响起，进行短暂休息（5分钟）。然后再开始下一个"番茄时钟"，每4个"番茄时钟"多休息一会儿（15~30分钟）。

需要注意的是，在一个"番茄时钟"里，孩子不能做任何与任务无关的事，如果中途分心了，如上厕所、打电话、看手机等，就代表这个"番茄时钟"无效，孩子必须从头再来。这时候，孩子可能耍赖、不乐意，父母要严格要求孩子，立即终止这个"番茄时钟"的计时。然后等孩子准备好了，再开始一个新的"番茄时钟"。父母要鼓励孩子每天多摘几个"番茄"，如果孩子每天能保证一定的"番茄"数，或不断增加"番茄"数，意味着孩子的时间利用效率越来越高。

4. 教会孩子制订寒暑假计划

每逢寒暑假，学生欢呼雀跃，父母却发愁该怎么安排他们长达一两个月的居家生活，担心孩子在假期疯狂看电视、玩游戏，无心学习，养成坏习惯，心也玩野了。假期来临前，父母应引导孩子科学安排假期时间，明确假期里的重要目标，兼顾好学习与娱乐，不至于虚度时光。

建议父母把孩子的假期事务分为几大类：休闲娱乐类、学习拓展类、社会实践类、预习调整类等。

休闲娱乐类，包括去爷爷奶奶家探亲、国内外旅游、参加各种主题夏令营等。这些活动可以集中在假期第一、二周进行，让孩子好好放松一下，还能丰富阅历、增长见识。

学习拓展类，包括完成假期作业，复习功课，参加托福考试集训、物理竞赛集训等学科能力提升训练，参加艺术、体育兴趣班等，让孩子坚持学习，查漏补缺，坚持每日阅读，培养良好的阅读习惯，并鼓励孩子经常运动，劳逸结合。这些活动可以安排在假期中段进行。

社会实践类，包括爱心公益、参观考察、探究性学习等实践活动，这些活动可以穿插在假期中进行，为孩子创造了解社会、服务他人的机会，提升孩子的综合素质。

预习调整类，包括预习下学期新课、检查假期作业、调整作息时间等，利用假期最后一周，让孩子提前了解新学期主要科目的大致知识脉络，不打无准备之仗，并把孩子的作息时间、生活习惯、情绪状态等慢慢调整到上学时的状态。

假期开始前父母可以让孩子写出自己假期最想做的几件事，作为假期的重点目标，比如最想读的书、最想去的地方、最想学的才艺等，然后参考上述几项活动类别，制订具体的假期计划表和每日作息时间表，协助孩子把假期时间安排得井井有条、张弛有度。以下是《人民日报》推荐的假期学习生活计划表和假期作息时间表模板，仅供家长参考。

假期学习生活计划表

周次	日期	项目（完成情况评价：☆为优秀，○为良好，√为一般）								写日记	背诵古诗（每周1首）
		暑假作业（每天1页）			数学算式（每天10道）	读课外书1小时	跳绳（运动）1小时	做家务（自由发挥）	练字（5个汉字）		
		语文	数学	英语							
	月　日										
	月　日										
	月　日										
	月　日										
	月　日										
	月　日										
	月　日										
	月　日										
	月　日										
	月　日										
	月　日										
	月　日										
	月　日										
	月　日										
	月　日										
	月　日										
	月　日										
	月　日										
	月　日										
	月　日										

假期作息时间表

时间	活动安排	备注
7:00—7:20	起床、上卫生间、洗漱	
7:20—7:30	吃早餐	
7:30—8:00	早读	
8:00—8:30	休息、适当运动	
8:30—9:30	写暑假作业（要求准确率）	
9:30—10:30	自由活动（看电视或玩游戏）	
10:30—11:30	练习画画或书法	
11:30—12:30	午餐（做家务）	
12:30—14:30	午休	
14:30—15:30	看课外书	
15:30—16:00	休息、眼睛远眺、自由锻炼	
16:00—17:00	背诵一篇作品（古诗、诗歌、小故事、小短文等）	
17:00—18:30	户外体育运动	
18:30—19:30	吃晚餐（做家务）	
19:30—20:30	做作业或写日记	
20:30—21:00	听从大人安排（亲子交流）	
21:00—21:30	写数学公式	
21:30	刷牙、睡觉	

四、训练孩子的计划执行力

很多父母在抱怨，孩子每天都做计划表，可是要么不执行，要么只执行了一部分，效果并不好。孩子计划执行力不强的主要原因有：一是觉得任务太难，怕自己做不到要被批评，所以就拖着不做。二是任务太多，怕做不完，心里着急，注意力不集中，影响了做事效率。

针对比较难的任务，父母可以协助孩子把任务分解成若干个相对简单的小任务，降低任务难度，提高孩子完成任务的信心和积极性。例如，完成"写一篇 800 字作文"的任务看似比较困难，父母可以把它分解成几个小任务：收集素材和列提纲、写 200 字的开头、写 500 字的正文、写 100 字的结尾、检查全文。这样把一个大任务拆分成几个小任务，一次做一部分，对孩子来说就简单许多。

另外，父母也不必因为孩子完不成计划表而过分忧心。儿童时间管理专家何小英曾采访过多位高分考生、北大清华等名校学霸，询问他们是否能百分百完成自己的学习计划表。他们回答："我们制订的计划只能完成 70% 左右，状态不好的时候可能只有 50% 左右。"同时，他们强调，即使只是完成 50%，也比没有计划的人完成得更多。

为了让这个无法百分百执行的计划表发挥最大作用，学霸们的做法是从最重要的事情开始执行。这与"四象限法则"按轻重缓急来安排事情的原则是一致的。时间管理大师博恩·崔西提出的"吞青蛙"理论，也建议人们每天先吞掉"最大、最丑的那只青蛙"，也就是先完成最重要、最复杂的任务，一旦攻克了最难的任务，其他的任务就好解决多了。

1985 年 5 月，《童话大王》杂志创刊。该杂志只刊登童话大王郑渊洁一人的作品，也就是说，整本杂志将由郑渊洁一人写稿，工作量很大，他需要每天写作数千字，才能保证杂志正常出版。起初，郑渊洁计划在每天上午写作，但他很快发现，每天上午写作时，他总会被其他事情干扰，难以顺利完成每日的写作计划。于是，从 1986 年开始，他改成每天晚上 8:30 睡觉，清晨 4:30 起床，写作两小时。这个时间安排，郑渊洁持续了三十多年，从无间断，确保了每一期《童话大王》月刊按时交稿。

郑渊洁的儿子见到父亲每天早上那么早起床，好奇地问父亲为什么。郑渊洁告诉儿子，他每天清晨把一天最重要的非做不可的事情做完，全天都心情大好。

如果最重要的事没做完，做其他的事情就会不踏实，心不在焉。在郑渊洁的影响下，儿子懂得了先把重要的事做完的好处，每天放学回到家，他二话不说先写完作业，然后再痛快地玩耍。

父母要教会孩子每天先做重要的任务，再做次要的和不重要的任务，即使无法百分百执行计划表，也要把力气用在刀刃上。

另外，父母要加强监督，鼓励孩子按计划执行，并引导孩子每天晚上总结当天的计划完成率及效果。对于按时完成的任务，父母要及时给予肯定、赞扬和奖励，通过正向激励，提高孩子的计划执行力。对孩子的奖励应以精神鼓舞为主，物质奖励的频率不宜太高。

如果孩子的计划表没有全部完成，父母要协助孩子分析计划没有完成的原因，是任务太难，不易完成？还是时间定得太死，不能随机应变？还是临时有事，打乱了原计划？然后和孩子一起根据实际情况调整时间计划表。

请扫描书上二维码
亲子共读
▼

《论孩子》

第六章

健康筑基，
上好孩子的生命教育课

没有生命，没有健康，何谈教育？

在社会高速发展的今天，更多的升学压力、就业压力往往让父母忘记了教育的初心——关爱生命、呵护生命。父母重视孩子的学习成绩，狠抓孩子的特长培养，却常常忽略了看似不那么显眼、不那么紧迫的健康与安全。教育家顾明远先生认为，"生命教育"是一切教育的基础。生命是原点，健康是基石，一切教育都应从呵护健康、珍爱生命开始。

家庭是守护孩子健康与生命的堡垒，父母在日常生活中应随时随地做好孩子的健康管理和生命教育工作，抓住孩子的生长发育关键期，培养孩子的健康生活习惯，保障孩子身心健康；合理安排孩子的课余时间，让孩子既能珍惜全力追求理想和前途的高光时刻，又能享受闲庭信步、眺望诗和远方的闲暇时光；增强孩子的自我保护意识，守护孩子的生命尊严与生命安全；引领孩子探索生命的要义，感知生活的美好，追求生命的价值，让每个孩子的生命健康阳光、立体丰盈。

第❶节
不一样的"三好学生"

一、体质健康是青少年成长的第一要务

马克思在念大学时收到过父亲的一封信："身体是智慧的永恒伴侣，整个机器的状况好坏都取决于它。一个体弱多病的学者是世界上最不幸的人。"父亲在信中对马克思最大的祝福是"祝你健康"。

世界卫生组织给"健康"下的定义为"身体、精神以及社会活动中的完美状态。"现代人的健康内容包括躯体健康、心理健康、心灵健康、社会健康、智力健康、道德健康、环境健康等。本节提到的健康主要指人的躯体健康。

一个人的身体健康与否，直接关系着人的生命延续和生活质量。一个体弱多病的人，不仅要饱受病痛折磨，而且不得不耗费比健康的人更多的时间和代价去追求人生幸福。可以说，健康高于一切，没有健康，什么幸福人生、美满家庭都无从谈起，任何远大理想、雄心壮志都只能是空谈。

对于正处在生长发育关键阶段的青少年来说，促进体质健康是其成长的首要任务，而且对其一生的健康起到奠基作用。如果孩子幼年时身体发育不佳，会为其成年后的身体埋下隐患。研究表明，肥胖儿童成年后继续肥胖的概率远高于正常体重儿童。因为，儿童时期的肥胖会促进脂肪细胞增殖，成年后，有较多脂肪细胞的人自然更容易发胖。心肺功能较弱的孩子，成年后患心脏病、糖尿病、高血压的风险较高。

保障孩子的体质健康，对开发孩子智力、提高孩子学习效率大有益处。北京体育大学张一民教授表示，经过研究发现，体质健康水平高的孩子，不仅表现出良好的协调、灵敏、快速反应等运动能力，而且其智力、脑力等发展也获得积极效应。体质状况良好的孩子往往精力充沛，大脑活跃，有较强的记忆力、注意力和思维力，能够为高效学习提供有力支持。

保障孩子的体质健康，还有利于促进孩子的心理健康。教育部有官员表示：

"如果一个人久坐不动，而且课业负担过重，没有充分的体育锻炼时间，他（她）不仅身体会出问题，精神上也会出问题。所以，增加体育课和体育锻炼时间，增强学生艺术实践活动和劳动教育，对提高学生的心理健康水平非常重要。"

二、中小学生处在生长发育关键期

中小学阶段，孩子处在生长发育的黄金时期，孩子的骨骼、肌肉、新陈代谢系统、呼吸系统、心肺功能等机能平稳、快速发展。在孩子的整个成长阶段，有三次身高发育的关键期。

一是婴幼儿时期（出生~3岁），即孩子的第一个生长快速期，这三年孩子可长高 37~45 厘米。

二是儿童时期（3岁~青春期前），孩子的体格发育平稳，身高平均每年长高 5~7 厘米，体重平均每年增长 2~3.5 千克。

三是青春期（11~16岁），孩子的身高突增，年增长速度可达到 7~8 厘米，最快可达到 10~12 厘米。

在国家卫生健康委员会发布的《7岁~18岁儿童青少年身高发育等级评价》中，将孩子的身高发育分为了 5 个等级：下等：身高 < –2SD；中下等：身高 ≥ –2SD 且 < –1SD；中等：身高 ≥ –1SD 且 ≤ +1SD；中上等：身高 > +1SD 且 ≤ +2SD；上等：身高 > +2SD。父母可以参考下表，看看自己孩子的身高是否达标。

7岁～18岁儿童青少年身高发育等级界值点
男生身高发育等级划分标准

年龄 / 岁	–2SD	–1SD	中位数	+1SD	+2SD
7	113.51	119.49	125.48	131.47	137.46
8	118.35	124.53	130.72	136.90	143.08
9	122.74	129.27	135.81	142.35	148.88
10	126.79	133.77	140.76	147.75	154.74
11	130.39	138.20	146.01	153.82	161.64
12	134.48	143.33	152.18	161.03	169.89
13	143.01	151.60	160.19	168.78	177.38
14	150.22	157.93	165.63	173.34	181.05
15	155.25	162.14	169.02	175.91	182.79
16	157.72	164.15	170.58	177.01	183.44
17	158.76	165.07	171.39	177.70	184.01
18	158.81	165.12	171.42	177.73	184.03

7岁～18岁儿童青少年身高发育等级界值点
女生身高发育等级划分标准

年龄 / 岁	–2SD	–1SD	中位数	+1SD	+2SD
7	112.29	118.21	124.13	130.05	135.97
8	116.83	123.09	129.34	135.59	141.84
9	121.31	128.11	134.91	141.71	148.51
10	126.38	133.78	141.18	148.57	155.97
11	132.09	139.72	147.36	154.99	16263
12	138.11	145.26	152.41	159.56	166.71
13	143.75	149.91	156.07	162.23	168.39
14	146.18	151.98	157.78	163.58	169.38
15	147.02	152.74	158.47	164.19	169.91
16	147.59	153.26	158.93	164.60	170.27
17	147.82	153.50	159.18	164.86	170.54
18	148.54	154.28	160.01	165.74	171.48

三、青少年体质亚健康问题突出

近年来，我国青少年体质健康状况明显改善。根据教育部发布的数据，2018年，全国学生体质达标测试合格率为91.91%。2016—2018年，全国学生体质健康状况不及格率由12%下降至8.09%。截至2020年，全国学生体质健康不及格率，小学生为6.5%，初中生为14.5%，高中生为11.8%。但是，中小学生的速度、耐力、力量、肺活量等身体指标仍有待提升，在每年学校的体育测试中，时有出现学生晕倒、受伤、体育测试不达标等情况。

另一方面，我国学生肥胖、近视等问题比较突出。2020年，我国大学生肥胖率为5.5%，中小学生超过10%。2018年全国儿童青少年近视调查数据显示，全国儿童青少年总体近视率达到53.6%，其中小学生为36.0%，初中生为71.6%，高中生为81.0%。我国近视低龄化趋势明显，小学和初中阶段是我国近视防控的重点年龄段。

父母对孩子存在的健康问题有着不可推卸的责任。其一，不少父母受"重智力轻体育""唯分数论"等传统观念影响，过分重视孩子的学习，而忽略孩子健康生活习惯的培养。其二，虽然中小学校普遍实施了"减负"，但迫于升学和就业压力，很多父母给孩子报了大量辅导班、兴趣班，孩子的学习任务依然繁重，导致孩子运动量不足、用眼过度、睡眠不足。国家卫健委指出，73%的孩子每天睡眠时间不达标。其三，由于溺爱以及营养知识的缺乏，父母纵容孩子"想吃什么就吃什么"，吃成了一个个小胖墩。

目前，我国青少年体质亚健康问题突出，学生猝死现象时有发生。稚嫩生命的遗憾离世向人们敲响了警钟，父母必须把孩子的健康放在首位，帮助孩子养成健康生活方式，让孩子成为"吃得好、睡得好、运动好"的"三好学生"，为孩子一生的发展打下良好基础。

四、膳食均衡，保健康

随着国民生活水平提高，孩子营养过剩、挑食偏食、暴饮暴食等问题比较严重，孩子肥胖比例不断上升。很多父母由于缺乏基本的营养学知识，对于孩子每餐吃什么、吃多少、怎么吃不甚了解，认为孩子能吃是福，一味地给孩子补营养，却忽视了饮食结构的合理与均衡，很多孩子小小年纪就患上脂肪肝、高血压、高血糖等慢性病，都是"吃"出来的祸。《中国居民膳食指南（2022）》提出平衡膳食八准则，父母应从饮食结构到饮食方式进行合理调整，让孩子吃得健康、吃得均衡。

1. 三餐吃好，全天能量满满

研究表明，早餐有利于增进记忆力，提高学习效率。早餐不吃或少吃，会引起孩子大脑血糖不足，出现上课注意力不集中、思考问题迟钝等现象。父母要培养孩子吃早餐的习惯，掌握好孩子的起床时间，避免孩子因为匆忙上学，来不及吃早餐。

一些父母认为，早餐最好的搭配是"鸡蛋＋牛奶"，这两种食品虽然富含人体所需的蛋白质，但在身体里转化为糖类的速度较慢，大脑吸收不了。大脑得不到足够的能量供应，会使孩子疲劳、嗜睡，影响其学习效率。而大脑所需的能量主要来自米饭、粥、面包、面条等主食。因此，一顿营养均衡的早餐应包含谷薯类、肉蛋类、奶豆类、果蔬类等。例如"三明治＋牛奶""花卷＋豆浆＋小菜""鸡蛋饼＋牛奶"等组合，都是不错的早餐选择。

午餐要吃得营养、吃得饱。父母在制作午餐时，要为孩子补充足够的钙、蛋白质和维生素。含钙丰富的食物有：牛奶、鸡蛋、鱼类、贝类、豆制品、芝麻酱等。富含蛋白质的食物有：瘦肉、鱼、虾、动物内脏、鸡蛋、牛奶、豆制品等。富含微量元素和维生素的食品有：水果、蔬菜、海产品、坚果等。

晚餐八分饱即可，饭菜宜清淡，易于消化。主食可以吃米饭或杂粮粥，补充微量元素和膳食纤维。多吃时令蔬菜，补充海鱼等动物蛋白。如果孩子课业繁重，父母可以适当在夜间给孩子加一顿夜宵，选择易消化的食物，如面片汤、粥、银耳羹等。

2. 营养补充适量为宜，多补无益

一些父母怕孩子营养不够，天天给孩子吃大鱼大肉，炖滋补汤水，以至于很多孩子存在宏量营养素（如主食、肉类）超标、而微量营养素（如蔬菜）摄入不足的问题。还有的父母怕食物营养不够，经常给孩子吃钙片，补充营养制剂。

事实上，父母只要遵循基本的膳食搭配原则，让孩子"什么都吃一点"，荤素搭配，适量多样，孩子从日常饮食中摄入的营养是足够其身体所需的。因此，食量正常的孩子最好还是通过均衡膳食来获取营养。

而且，保健品服用不恰当，或长期超剂量服用，都对孩子的身体不利，轻则可能出现腹胀、便秘、食欲不振等问题，重则可能出现高钙血症，导致铁及

维生素吸收障碍。父母一定要带孩子到医院进行检查后，遵医嘱给孩子服用营养制剂。

3. 少吃零食，多吃健脑、明目的食品

零食几乎对每个孩子都有强大诱惑力，零食不是不可以吃，但要少吃。建议父母可以用健脑、明目类的零食，替代薯条、薯片、碳酸饮料、奶茶、果冻、方便面、蜜饯等高盐、高糖、油炸类零食。

健脑类食品包括开心果、核桃、腰果、松子、花生、杏仁等食品，它们富含维生素 E、磷脂、不饱和脂肪酸，以及钙、铁、镁、锌等矿物质，有利于促进大脑发育。

明目类食品包括胡萝卜、樱桃、海带、柑橘、柚子、蓝莓、猕猴桃、圣女果等，能够补充人体所需的维生素 A、胡萝卜素及其他营养元素，起到保护眼睛、预防眼病的作用。

当然，保护视力最重要的还是教会孩子正确用眼，养成良好的用眼习惯。例如，保持良好的坐姿、书写姿势和阅读姿势，学习时确保周围光线明亮，提醒孩子不在走路时、直射阳光下和动荡车厢内看书或看手机，连续用眼 30~40 分钟后，让眼睛休息 10 分钟。

4. 少喝果汁，多补水

《中国居民膳食指南（2022）》建议，每日最少饮水 1500~1700 毫升，按照普通杯子 200~250 毫升的大小来算，孩子每天应喝 7~8 杯水。天气炎热的时候，父母也可以为孩子准备绿豆汤、酸梅汤等消暑饮品。

建议父母尽量不要用果汁代替水，也不要误以为喝果汁就是吃水果。水果和果汁的营养排名是这样的：水果 > 果渣 > 果汁。也就是说，果渣都比果汁有营养。水果在压榨过程中，膳食纤维大量流失，维生素也被破坏，其营养价值远不如完整的水果。所以，补充维生素和膳食纤维最好的办法是直接吃水果。果汁只是饮料，喝多了反而增加龋齿和肥胖风险。

五、规律作息，好睡眠

2021 年，教育部印发《关于进一步加强中小学生睡眠管理工作的通知》，要求小学生每天睡眠时间应达到 10 小时，初中生应达到 9 小时，高中生应达到 8 小时。对于青少年来说，充足睡眠是帮助他们长高的最好办法之一，因为人体会在睡眠

中分泌生长激素。其中，人体生长激素分泌最旺盛的时段有两个：21:00—凌晨1:00，5:00—7:00。

需要强调的是，生长激素大量分泌的前提是孩子必须处于深度睡眠状态。而人通常在入睡后半小时到1小时，才能进入深度睡眠。因此，建议父母安排孩子晚上9点前上床，最晚不超过10点，早上7点起床，确保孩子得到充足睡眠，不错过生长激素分泌的高峰期。

1.协助孩子制订作息时间表，按时作息

父母应协助孩子制订作息时间表，监督孩子严格按照作息时间就寝，形成早睡早起的好习惯。一般来说，小学生晚上睡觉时间不晚于21:20，初中生不晚于22:00，高中生不晚于22:30。

孩子课后负担重、贪玩等，是其晚睡的主要原因。父母应根据孩子的学习情况，尽量减少课外辅导班的数量，最迟20:30必须结束课外培训，避免挤占孩子的休息时间。同时，引导孩子采用番茄工作法等时间管理办法，训练孩子写作业时的专注力和效率，改善孩子写作业拖拉、走神等情况，让孩子按时完成作业、按时就寝。如果遇到孩子经过努力，但到了就寝时间仍未完成作业的情况，父母应督促孩子放下未完成的作业，按时睡觉，保障充足睡眠。第二天，父母再和孩子分析作业未完成的原因，有针对性地解决作业问题。

此外，父母协助孩子制订每日计划表时，可以在学习任务后面单独安排一个娱乐时段，让孩子痛快玩耍。不过要事先明确娱乐结束时间，并对孩子严肃声明：如果超时，将会减少第二天晚上的娱乐时间作为惩罚。逐渐培养孩子对玩游戏、玩电子产品、看电视等欲望的自控力，保障孩子的睡眠时间。

2.为孩子营造温馨舒适的睡眠环境

良好的睡眠环境是保障孩子睡眠的基础。父母应为孩子布置一个温馨、舒适、安静的睡眠环境，选择软硬适中的床，被子不能太厚太重，青少年的枕头高度以6~8厘米为宜，床单被罩常换洗，保证床上用品干净、舒适；房间要通风透气，保证空气流通；室温以20~25度为宜，室内可开一盏小夜灯，睡前拉上房间的窗帘，营造良好的睡眠氛围；孩子睡觉的时候，父母的行动、交谈声音要放轻，电视声音要关小，尽量减少不必要的噪声，确保孩子能够安静、放松地享受睡眠时光。

3.采取辅助措施，提高孩子睡眠质量

如果孩子睡眠质量不高，容易出现迟迟难入睡、失眠、多梦、易惊醒等问题。

父母应采取一些辅助措施，帮助孩子改掉不良的睡前习惯，提高睡眠质量。

很多时候，父母要求孩子早睡，自己却很晚睡，孩子可能听着外面的动静，怎么也无法安心睡觉。这时候，建议父母放下手机，关掉电视，进房睡觉，以身作则是对孩子最有力的说服。如果父母还有事要忙，也请稍作忍耐，等孩子睡着了，再起来做事也不迟。

另外，父母应禁止孩子睡前玩手机，或做一些容易引起大脑兴奋的事情，例如做数学难题、看综艺节目、剧烈运动、打游戏、喝咖啡、喝浓茶等。孩子一旦出现过度兴奋的状态，短时间内难以平静下来，自然不易入睡，即使睡着了，大脑皮层仍处于兴奋状态，第二天孩子醒来仍会感觉很累。

此外，父母可以为孩子准备一些辅助睡眠的食物。例如喝一碗莲子大枣汤，吃一碗核桃芝麻糊，都有助眠功效。父母也可以在孩子床头放一个剥开皮的柑橘，柑橘的清香有镇静中枢神经、促进睡眠的作用。

六、坚持运动，强体魄

2020 年新冠肺炎疫情暴发，中国工程院院士钟南山临危受命，和无数年轻的医护人员一起奋战在抗疫的前线，此时的他已经 84 岁高龄，但他依旧精神焕发，健步如飞。这都要归功于他从年轻时起养成的运动习惯，常年坚持体育锻炼为他打下了良好的健康基础，让他受益一生。直到现在，他依然坚持每周至少锻炼 3 次，每次 1 个小时。

运动不仅是促进孩子长高的最好方式，同时能训练孩子养成成功者普遍具备的心理素质，包括顽强的意志力、百折不挠的抗挫能力、公平竞争意识、团队合作能力等。

清华大学李稻葵教授提倡培养孩子在体育上的一技之长，他指出："有体育特长的人在社会中容易脱颖而出，取得成功……如果在孩子成绩过得去的基础上，让孩子学一点符合身体特长的技能，适当多参加一些体育比赛，这将能够最大限度地拓展他们的心智禀赋，孩子会终身受益无穷。"

2020 年 10 月，中共中央办公厅、国务院办公厅印发《关于全面加强和改进新时代学校体育工作的意见》，提出体育中考将逐年增加分值，达到跟语数外同分值的水平。体育运动无论从现实升学还是未来发展的角度来说，都应该成为孩子长期坚持的生活方式。

　　父母对运动和健康的认知，会影响孩子运动习惯的养成。父母应从自己做起，坚持运动健身，积极参加社区体育活动，观看体育赛事，正确认识体育运动的重要性，用自身热爱运动的热情和坚持运动的行动来给孩子做示范，带动孩子一起运动，为孩子营造良好的家庭体育氛围。让孩子从心里觉得运动很重要，树立起强身健体的意识，自觉参与到家庭体育活动中来。同时，建议父母利用空余时间，坚持陪伴孩子运动，成为孩子的运动伙伴，彼此鼓励，相互监督，促使孩子保持对运动的兴趣，将体育运动作为一种生活方式长期坚持下去。

　　其次，父母应通过学校的家长会、家长学校、社区健康讲座、网络健康课程等渠道，认真学习与体育运动相关的知识，了解和遵循运动规律，掌握科学运动技能。包括如何进行热身运动和放松运动，常见运动项目的正确姿势和注意事项等，指导孩子科学健身，增强运动效果，有效预防孩子的运动损伤。

　　最后，父母应加强与学校班主任、体育老师的联系，及时对孩子的体质健康状况进行监控和评估，对孩子的体质水平和体育成绩做到心中有数。在此基础上，父母可结合孩子的兴趣，以及家庭成员数量等来选择运动方式，灵活安排运动时间和运动地点，必要时还可以聘请专业运动教练，培养孩子1~2项运动特长，有效弥补学校体育锻炼方式相对单一、运动时间较短等不足。

第二节
休闲教育，"会玩"的孩子更出彩

一、会玩的孩子更会学习

一提到玩，很多父母首先想到的是耽误学习、浪费时间。父母最怕的就是孩子把心玩野了，无心向学。父母和孩子分析不理想的考试成绩时最容易联想到的原因莫过于"贪玩"二字。"玩和学习是对立的"，这是许多家长的心理定式。

所以，父母总是以各种方式压缩孩子的闲暇时间，限制孩子玩耍，恨不得孩子"两耳不闻窗外事，一心只读圣贤书"。即使父母允许孩子参加闲暇活动，也会强行给孩子添加很多在他们看来"有价值的"活动，例如上兴趣班、参加学科竞赛、参加艺术等级考试等。很多孩子在休息日最主要的活动是写作业、上兴趣班、进行各种能力比拼。所谓的闲暇时间，却没有多少时间能够让孩子自由支配，他们要么被大量作业、习题集包围着，要么奔波于各种兴趣班之间。本来，发展个人兴趣是孩子闲暇时光里最大的乐趣，是件"好玩"的事。可实际情况是，很多兴趣班是父母盲目跟风给孩子报的，"强按牛头不喝水"，不是出自兴趣和自愿的兴趣班对孩子来说毫无乐趣可言。父母的这些安排实质上还是为成绩、为升学服务，孩子并没有真正"闲"下来，闲暇时间的价值也得不到真正体现。

事实证明，会玩的孩子更会学习。近几年高分考生的成长经历打破了人们对学霸的刻板印象，他们不是只会啃书本、做习题、不爱运动、性格木讷的书呆子，而是既会读书，又很会玩的全能选手。

2017年高考湖南理科生肖雨，以700分入读北京大学图灵班。他是个游戏迷，平时爱玩"炉石传说"和"风暴英雄"等游戏，对人工智能非常感兴趣。他认为"玩游戏是一种很好的放松方式，为什么不玩呢？"

2019年高考广西理科生杨晨熠刷新了广西理科总分的纪录，班主任对他的评价是"静若处子，动若脱兔"。他兴趣广泛，喜欢书法、羽毛球和足球，还负责班上的文字宣传工作。他从未参加过补习班，成绩都是他自己努力奋斗所得。家人也更注重他的平衡发展，经常鼓励他锻炼身体、提高文学素养等。

纵观古今中外，很多文明奇迹都是人们在闲暇时创造的。例如，天才物理学家爱因斯坦在瑞士伯恩专利局工作时，利用闲暇时间研究并发表了《论动体的电动力学》，进而阐述了"狭义相对论"；天文学家哥白尼在担任大主教的秘书以及医生职业期间，利用闲暇时间创立了"日心说"。

爱玩是孩子的天性，会玩是孩子的能力。小的时候，孩子把成人世界缩小到游戏中，例如扮演医生看病、司机开车、超市售货等，通过模仿来感知世界。当孩子渐渐长大，他们玩耍的触角延伸至更广阔的领域，他们玩耍的内容层次更高，更有选择性和目的性，有发展兴趣爱好的玩耍，有探索自然奥秘的玩耍，有热衷公益事业的玩耍，有承担社会责任的玩耍……孩子利用自己可自由支配的这部分时间，去放松紧绷的神经、享受生活的乐趣，也在玩耍中追求一个更真实、立体、完满的自我，玩出个性和趣味，玩出主动性和创造力，玩出理想追求和社会责任。这是闲暇活动的内涵所在，也是孩子合理利用闲暇时间的价值所在。

二、闲暇教育概述

1.闲暇教育的概念

闲暇教育的思想最早可追溯到古希腊罗马时期，思想家亚里士多德曾表示："我们全部生活的目的应该是操守闲暇。人生所以不惜繁忙，其目的正是获取闲暇。"

世界无产阶级革命家马克思提出：闲暇的增长，首先取决于劳动工作日的缩短。闲暇的来临和对闲暇时间的自由支配都有助于人们的自我发展。合理支配闲暇时间，将使人们沐浴在幸福的源泉之中。因此，从社会发展规律来看，闲暇是社会进步的特征。

国际上对闲暇教育已形成了比较统一的认识："闲暇教育旨在让学习者通过利用闲暇时间而获得某种变化。这些变化会表现在信念、情感态度、知识、技能和行为方面，并且它通常发生在儿童、青年和成人的正式与非正式的教育环境或娱乐环境之中。"

对于中小学生而言，闲暇是指学生完成学校课程计划的各项目标、任务以外的可供自己自由支配和有效掌握的时间。简单来说，闲暇是学生紧张学习之余的一段休憩时光，但闲暇不仅限于休息，它既满足孩子休息、放松、释放压力的需要，还代表着孩子追求真我个性、实现自主成长的更高层次的诉求。

2. 闲暇活动的分类

美国学者纳什（Jay.B.Nash）把人的闲暇利用分为6个层次，由低到高排列的顺序是：

反社会型：如打架斗殴、吸毒偷盗等；

空耗型：如沉迷玩手游、网络聊天等；

娱乐型：如打球、跑步、唱歌、跳舞等；

发展型：如读书、思考、写作、社交、特长学习等；

参与型：如参与高品质的竞赛、演出、志愿者活动等；

创造型：如探究性学习、发明创作等。

娱乐型闲暇活动有利于孩子放松身心，养精蓄锐，是必要的。但父母应鼓励和支持孩子把更多闲暇时间投入发展型、参与型和创造型活动，并减少空耗型活动，拒绝参与反社会型活动。

3. 闲暇教育为孩子的成长提供重要的精神养分

闲暇活动不是家长狭隘认知里的"玩物丧志"，它对孩子的成长具有重要价值。它就像人体所需的维生素一般，不是最重要的，却不可或缺。没有它，孩子的身心会不健康，孩子的生活会缺少色彩，孩子的未来会留下缺憾。

（1）闲暇教育有利于保护孩子天真无邪、探索未知的天性

卢梭曾在《爱弥儿》中写道："大自然希望孩子在成人以前就像儿童的样子。如果我们打乱这个秩序，我们就造成了一些早熟的果实，他们既不丰满也不甜美，而且很快就会腐烂。"如果孩子连玩都不会，那就是教育的失败。

闲暇教育为孩子打开一片色彩斑斓、自由奔跑的天地，让孩子尽情享受无忧无虑的童年，并注入探索、想象的内涵，让孩子自由探索未知世界，极大地满足孩子的好奇心和想象力，有效保护孩子热情、灵性的生命活力。

（2）闲暇教育是孩子生活的润滑剂、学习的缓冲器

脑科学研究表明，一个人学习时间过长，血液中的二氧化碳浓度会提高，大脑供氧不足，人会感到疲劳，思维变得迟钝，学习效率就会下降。这时候，轻松有趣的闲暇活动是一种很好的调剂品，能让孩子的大脑得到适当休息，补充所需能量，迅速恢复活跃状态。闲暇活动让孩子从繁重的学习中得到片刻喘息，缓解压力和焦虑，让孩子保持一种劳逸结合、张弛有度的健康状态，更有利于孩子的

高效学习和身心健康。

（3）闲暇教育有利于发展孩子的情商

对于孩子来说，闲暇活动往往以集体形式开展，例如一场足球赛、一次露营活动、一次博物馆参观活动等。孩子在活动中得到大量与人交往的机会，结交各种类型的伙伴，学习与人相处的技巧，提高对社会生活、对人与人之间关系的领悟力，不断丰富内心情感，学会换位思考和情绪调控，积极发展良好的人际关系，包括亲子关系、师生关系、朋辈关系等。

（4）闲暇活动让孩子的个性得到自由而全面的发展

新高考改革强调尊重学生的个性，要求考查学生的综合素质评价。而孩子的个性特点和综合素质大多是在课余时间，也就是闲暇时间培养起来的。在闲暇时间，孩子能够按照自己的喜好、需要来安排活动，在很大程度上突破了规范化学校教育对孩子个性化发展的限制。

英国哲学家罗素曾说："如果一个人一生中没有充分的闲暇，就接触不到许多美好的事物。"闲暇时间是孩子接触一切美好事物和高尚思想的绝佳时机。孩子得以从课堂、书本、作业的狭小空间走出来，亲近自然，接触社会，拥抱生活。在各种校内与校外、社区与社会的实践活动中拓展眼界格局，培养生存能力和社会适应力，形成对他人、对社会的高远情怀和责任感，也能在更广阔的世界里探索未知奥秘，激发思维的创意与活力，提高发现问题和解决问题的能力。孩子参与的活动越丰富，他所发展起来的个性越鲜明、素质越全面、思想越丰满、人格越健全。

三、提高孩子闲暇生活质量是家长的责任

自我国实行双休日起，学生的闲暇时间大大增加。加上素质教育和新课改等政策的推进，中小学生每年的闲暇时间多达170天，接近全年的一半，闲暇时间很可观。而孩子的闲暇时间大部分是在家中度过。如何帮助孩子合理利用闲暇时间，安排适宜的闲暇活动内容，让孩子玩得有趣味、有品位，玩得有智慧、有节制，这已经成为新时代家庭教育的一项重要课题。赵忠心教授提出："家庭是青少年闲暇生活的第一场所，家长则是进行闲暇教育的第一责任人。引导孩子从事科学、文明、道德、有益的闲暇活动，是当今家庭教育的一个重要任务。"

1. 更新家长的闲暇观念，把闲暇时间还给孩子

父母应通过家长学校、网络课程等渠道，学习闲暇教育相关知识，提升自己的闲暇素质，充分认识到闲暇教育对孩子成长的重大意义，树立正确的闲暇教育观和闲暇价值观。既不能把闲暇时间当作孩子加班加点学习的"补课时间"，也不能代替孩子行使闲暇生活的主导权，不顾孩子意愿，把孩子的闲暇时间安排得满满当当，过度干涉孩子的闲暇生活。

父母要正视和尊重孩子自由支配闲暇时间的权利，把闲暇时间还给孩子，让孩子自主选择和安排闲暇活动，提高孩子闲暇生活的主动性和创造性。同时，父母要以欣赏的眼光去看待和评价孩子所选择的闲暇活动以及在活动中的表现，促使孩子获得积极的情感体验和丰富的实践经验，形成健康的闲暇价值观，自觉养成受益终身的闲暇生活习惯。

2. 引导孩子规划闲暇时间，培养孩子稳定的闲暇习惯

相比过度干涉孩子闲暇生活的父母，有一部分父母则对孩子的闲暇生活采取放任不管的态度，忽视对孩子闲暇时间的合理规划，使得孩子的闲暇生活没有方向、没有目标，其价值和功能也得不到充分发挥。

另外，由于认知能力、思维能力发展的局限性，孩子还不能完全独立自主地对自己的闲暇生活做出科学判断，容易养成不健康的闲暇习惯。而且，互联网时代带来的多元文化和冗杂信息，容易对孩子的价值观造成冲击，让孩子养成庸俗消极的闲暇价值观，选择不文明、不正当的闲暇活动，最终可能导致孩子的闲暇活动单调乏味，精神世界贫乏萧索，甚至可能走向犯罪的深渊。例如，没有父母的引导和约束，很多孩子在闲暇时间只知道玩手机、打游戏，很少参与培养文化修养、实践创新等类型的活动，孩子的闲暇内容单一，孩子的个性和创造性得不到有效开发。还有的孩子长时间沉迷于某项闲暇活动，对闲暇时间毫无掌控力和节制力，严重影响其身心健康和正常的学习生活。

父母应协助孩子科学规划自己的闲暇时间，特别是周末、节假日时间，选择适合的闲暇内容和方式，让孩子合理地安排闲暇时长，理性地参加闲暇活动，提高孩子对自己闲暇生活的掌控度和协调力。

同时，父母应引导孩子广泛参与娱乐、求知、探索、交往、体验、实践等门类丰富的活动，深度开发闲暇教育助人成长成才的内隐力量，让孩子在闲暇活动中发现兴趣、体验兴趣，从兴趣中获益，在获益中强化兴趣。一个人从闲暇活动中获益越多，就越能维持对这一闲暇活动的兴趣。这一获益可能是物质奖励，也

可能是精神上的成就感、意义感、尊重感等。孩子在闲暇活动中不断强化兴趣程度，逐渐培养起乐此不疲、稳定持久的兴趣爱好，继而发展成为相对稳固的闲暇习惯。

"少成若天性，习惯成自然"，建议父母帮助孩子培养若干项闲暇兴趣和习惯，孩子一旦形成了稳固的闲暇习惯，那么无须父母监督，也无须耗费多少意志力，孩子自然而然会利用好每次闲暇时间来持续发展自己的兴趣、培养自己的能力，形成有价值、有节制地利用闲暇时间的习惯，真正实现闲暇生活的育人价值。

3. 为孩子营造健康的家庭闲暇氛围，创造有利的闲暇教育条件

基于家庭对孩子潜移默化、经久渗透的影响力，父母想要培养孩子健康文明的闲暇习惯，应改变、优化大人自身的闲暇生活方式。如果一个家庭的闲暇生活内容健康、形式多样、情趣高雅，将有利于孩子形成健康向上的闲暇生活方式，提高孩子的闲暇生活品质。反之，如果一个家庭的闲暇生活方式低俗、单一、乏味，缺乏知识性和趣味性，则会对孩子闲暇生活造成不利影响。

在日常生活中，很多成年人自己都找不到有意义的休闲方式，他们闲下来就喜欢打打麻将、刷刷剧，或者主张享乐至上，铺张浪费，甚至有的人沉迷于抽烟、酗酒、赌博、暴力等不良乃至危险的行为。这些庸俗化、消极化的家庭闲暇方式会潜移默化地影响孩子，让孩子过早学会成人行为，选择错误的或不当的闲暇活动，养成不良习性。因此，父母必须以身作则，积极参与具有健康性、知识性、文化性的闲暇活动，如阅读名著、运动健身、养护花草、绘画书法、饲养小动物等，营造健康、清明、愉悦、舒心的家庭闲暇氛围，让孩子远离不良风气的侵蚀，让闲暇时光真正成为孩子自我成长、自我超越的良机。

当孩子出现某些不良闲暇生活方式时，如沉迷网络、打游戏、赌博等，父母首先要从自己身上找原因，看是不是自己不恰当的闲暇方式带给孩子负面的示范效应，从改变自己做起，影响和带动孩子纠正不良行为，重新养成良好的闲暇生活方式。

另外，父母应充分挖掘和整合闲暇教育资源，为孩子参与闲暇活动创造有利条件，提供必要的物质资源和文化载体。

一是父母利用家庭现有的资源，创造健康向上的家庭环境，让孩子在家庭活动中锻炼能力，陶冶情操。例如，让孩子参与制订家庭周末出游的方案，管理出游的各项事宜，包括规划出行路线、确定出行的交通工具、预订酒店、安排三餐等，

让孩子以自己喜欢的方式出游，更好地享受休闲时光，并有效激发孩子的潜能，锻炼孩子的能力。

二是借助学校和社会资源，如图书馆、少年宫、博物馆等，为孩子参与丰富的社会实践活动提供有力支持，利用丰富多彩的活动培养孩子多方面的兴趣和才能，提高孩子对闲暇生活的参与度和满意度。

第三节
告诉孩子："生命高于一切"

一、引导孩子正视死亡，敬畏生命

2020 年全球新冠肺炎疫情给人们上了一堂最真实也最残酷的生命教育课。据世界卫生组织估算，2020 年新冠肺炎导致的全球死亡人数至少为 300 万。世界卫生组织还表示，这一数据很可能被低估了，实际死亡人数至少高出 2 至 3 倍，也就是说，可能有上千万人失去了鲜活的生命。多少人在这一年经历了从未有过的生离死别，一场灾祸让他们直面死亡，真切感受到人类的渺小、生命的脆弱，也开始重新思考生命的内涵和意义。

什么是生命教育？人力资源与社会保障部中国就业培训技术指导中心于 2012 年 5 月推出的职业培训课程《生命教育导师》指出：生命教育，即直面生命和人的生死问题的教育，其目标在于使人们学会尊重生命、理解生命的意义以及生命与天人物我之间的关系，学会积极的生存、健康的生活与独立的发展，并通过彼此间对生命的呵护、记录、感恩和分享，由此达到身心和谐、事业成功、生活幸福，从而实现自我生命的最大价值。

生命教育要求孩子直面生与死的关系。在我国传统文化中，人们对于"死亡"二字讳莫如深，也不愿意让孩子接触死亡。可是，不理解死亡，孩子就难以真正理解生命、敬畏生命。

有的孩子在面对学习的压力、生活的困境时，容易迷失自我，甚至采取自残、自杀等极端行为；有的孩子枉顾他人生命，肆意对他人施暴，残害他人生命；有的孩子缺乏自我保护意识，容易在溺水、触电、交通意外等安全事故中受伤，甚至丧生。孩子心理的脆弱和对生命的漠视，很大程度上是因为他们没有感受过死亡的恐惧和无奈，没有正视过生命的有限与无常，因为对死亡的无知或不以为意而轻视生命，缺乏正确的生死观，也就不懂得珍惜这仅有一次的生命。

著名教育家蒙特梭利说："只有正确认识了死亡，才能更好地理解生命的意义，更加尊重生命，热爱生活。"所谓"向死而生"，意义便在于此。人们知道了生命有尽头，前路有终点，才能明白生命的可贵，学会珍惜当下的生活，对自己和他人的生命心怀敬畏，珍之重之。

父母应采用正确的方式和恰当的态度对孩子进行死亡教育，告诉孩子"什么是死亡""怎样看待生与死"。心理学家建议，父母可以带孩子去观察大树的生长、开花、结果、落叶，落叶枯萎即代表了死亡，但落叶腐烂后又会化成养料去滋养树根，让大树长得更壮实，这就是生与死的循环、生生不息的力量。

父母应抓住生活中一切合适的时机对孩子进行生死观的教育。例如，清明带孩子给先人扫墓、参加家族祭祀活动等，借机为孩子讲述家族传统文化、先人的生平事迹以及为后人所做的贡献，让孩子感受先人生命的精彩和价值，并建立起与家族的精神联系。使其认识到死亡不是终点，而是另一种形式的新生，自己的生命就是先人血脉与文化的延续，懂得生命代代传承的使命，增强孩子的家族归属感和责任感，为孩子的生命赋能。

如果遇到亲人去世，父母也不要将孩子隔绝在外，可以告诉孩子亲人真实的死亡原因，带孩子参加葬礼和追悼会，让孩子感受到生命和死亡的真实与庄严，也让孩子充分宣泄悲伤，学会坦然面对死亡，带着对亲人的怀念和爱更好地生活。

当孩子接受生老病死是生命的自然进程，就能更深刻地体会活着的美好，明白如果人死了就什么都没有了，生命高于一切。不管是自己的生命，还是他人的生命，都"仅有一次"，非常珍贵，我们没有任何理由不珍惜自己的生命，也没有任何权利伤害他人的生命。

死亡教育还会告诉孩子：生命分秒递减，来日并不方长。我们永远不会知道，意外和明天哪个先来，生命如此脆弱和无常，我们必须珍惜生命的分分秒秒，努力过好每一天，不要给自己的人生留下太多遗憾。

二、引导孩子远离危险，守护生命

2020年，复旦大学附属儿科医院公布了一组数据：在我国，每年有超过5.4万名儿童死于意外伤害，平均每天148名儿童。加强孩子的安全教育，守护孩子的生命，是父母的重要责任。

（一）安全教育的主要内容

父母可参考"新生命教育课程"的研究成果，从居家安全、校园安全、社会安全、身心健康等方面加强孩子的安全教育。安全教育的六个方面内容如下：

居家安全方面，掌握防电防火、防盗防抢、安全上网等技能；

校园安全方面，确保游戏与运动安全，学会应对校园暴力、疾病传染及其他意外；

社会安全方面，学会应对交通事故、野外危险、自然灾害、暴力恐怖事件等；

身体健康方面，掌握营养、运动、药物使用等健康知识；

心理健康方面，掌握情绪管理、环境适应、压力疏解等方法；

两性健康方面，掌握生命孕育、青春发育、异性交往、应对性骚扰与性侵害等知识。

当然，仅是了解安全知识还不够，孩子必须通过实践和练习，熟练掌握和运用安全防护技能，以便在真正遭遇危险时迅速做出正确判断和恰当的应对行为，更好地保护自己。

父母应为孩子创造大量安全教育实践机会，例如，父母自己设计着火、触电、溺水等模拟场景，指导孩子练习自我保护的方法和步骤；父母带孩子参加学校或社会机构组织的安全演练活动，如科技馆组织的抗震训练、消防局组织的消防安全训练、红十字会组织的安全训练营等，让孩子在体验与练习中增强安全防护意识，提高安全自救能力。

（二）防范溺水

中国疾病控制中心表示，溺水是我国儿童意外致死的第一大原因。暑假是儿童溺水的高发期，父母要不怕啰唆地反复向孩子强调预防溺水的原则，要求孩子牢记溺水自救的方法。

1. 防溺水"六不"原则

不私自下水游泳；不擅自与他人结伴游泳；不在无家长带领的情况下游泳；不到无安全设施、无救援人员的水域游泳；不到不熟悉的水域游泳；不盲目下水施救。

2. 溺水自救方法

①保持冷静，不要因为惊慌失措而手脚乱蹬。

②仰头露出口鼻，屏住呼吸，放松肢体让头向后仰，尽量使口鼻露出水面。

③吸气要深，呼气要浅，放松四肢让身体浮起，保存体力，然后呼救。

3. 父母的有效看护最关键

调查发现，很多儿童发生溺水事件时，父母就在旁边，却因为看手机、和他人聊天等原因对孩子疏于看护，以至于迟迟没有察觉孩子陷入险境，错过了挽救孩子的黄金时间。一般来说，溺水的致命时间是4分钟，一个人溺水4~6分钟，其神经系统就会发生不可逆转的损伤。因此，预防孩子溺水，父母的有效看护、及时施救最重要。

在孩子游泳时，父母要做到近距离看护，一旦危险发生，父母可以及时施救。同时，父母不要分心做其他事情，如看手机、打电话、聊天等，要做到专心、耐心地看护孩子。

（三）警惕校园暴力

近年来，校园暴力事件时有发生，严重损害孩子的身心健康。校园暴力是指在教室内外、学校周边、上下学途中、网络上，以及在其他所有与校园环境有关的情境下发生的暴力行为。校园暴力常见的表现形式包括身体暴力、情感或心理暴力（包括言语暴力）、性暴力（包括强奸和骚扰）以及欺凌（包括网络欺凌）。

根据2019年联合国教科文组织发布的《数字背后：结束校园暴力和欺凌》报告显示：全球有32%的学生近一个月内，至少被学校的同龄人欺凌1次，每3个学生中就有1个曾遭受同学的欺凌。根据央视新闻发布的研究报告：校园欺凌致死占比高达11.59%，遭受校园欺凌的孩子中，31%受重伤，38%受轻伤。

1. 校园暴力，预防为主

（1）关注校内外治安情况

父母要经常和班主任联系，了解学校内外的治安状况，以及孩子在校安全情况。父母也要多和孩子沟通，甚至可以找机会和孩子的同学聊聊天，询问孩子在学校的人际交往情况，了解孩子的学校或班级是否有打架、欺凌等现象。

（2）预防校园暴力，从家庭做起

校园暴力很大程度上根源于家庭，例如家庭成员素质低，道德败坏；家庭成员关系不和睦，甚至有家暴现象，孩子长期感受不到家庭温暖；家庭教育方式不合理，父母对孩子管教过严、溺爱或疏于管教等。这些情况都不利于孩子形成正确的是非观，容易让孩子养成处理问题简单粗暴的思维和行为模式，导致孩子出现人格障碍，诱发校园暴力行为。

因此，父母要积极向孩子传递宽容、友爱等情感，为孩子营造温馨和睦、充满安全感的家庭氛围，杜绝孩子的暴力思想和行为，并鼓励孩子不畏暴力与强权，逐渐塑造孩子健康、阳光、勇敢、坚强的个性。

2. 教会孩子预防校园暴力的方法

①父母应教会孩子一些实用的人际交往技巧，让孩子保持良好的人际关系。一个拥有良好人际关系的孩子，不容易成为被欺负的对象。

②提醒孩子谨慎交友，多结交品行端正、和善友好的朋友，远离那些游手好闲、言行举止粗暴的人。

③提醒孩子上下学尽可能结伴而行，不要走僻静、人少的地方，要按时回家。

④提醒孩子在威胁与暴力来临之时，尽量保持镇静，机智应对，优先保护自己的安全。例如顺从对方的话去说，缓解气氛，分散对方注意力，为自己争取时间；抓住机会向路人呼救，采用异常动作引起周围人的注意等。

⑤提醒孩子尽量记下施暴者的人数、体貌特征等，以便事后告知老师或警察，帮助他们尽快抓住和惩处施暴者。

⑥告诫孩子如果受到暴力伤害，一定要及时告诉老师和家长，或者直接报警，这样才能有效避免再次遭遇暴力威胁。

3. 鼓励孩子勇敢反击

有的父母怕孩子惹麻烦或受伤害，一味地让孩子在暴力威胁面前隐忍、退让。而中国公安大学犯罪心理学专家李玫瑾给出的回答是："打回去。"

李玫瑾教授想要表达的是一种应对校园暴力的积极态度，那就是鼓励孩子勇敢说"不"，让孩子懂得：面对超越底线的侮辱和侵害，不能一味地畏缩退让，而应勇敢反抗。这样能够释放出一种强大的威慑力，让施暴者明白自己的底线，不敢贸然攻击，也可以把施暴者的恶意试探扼杀在摇篮里，有效避免更多的伤害。毕竟，欺软怕硬、恃强凌弱是人的劣根性，如果孩子在施暴者面前表现得畏首畏尾、一退再退，反而会助长施暴者的嚣张气焰，孩子就会陷入无休止的被欺负的噩梦。

三、引导孩子追求价值，成就生命

任何一种教育，都是为了让受教育者更好地活着，享受生命带来的一切，创造属于自己的精彩人生。而每个人来到这个世界上最大的使命，就是成就自己的生命。爱因斯坦曾说："我们一来到世间，社会就在我们面前树起了一个巨大的问号，你怎样度过自己的一生？我从来不把安逸和享乐看作生命的目的本身。"

有价值的生命并没有标准的模板，每个人的生命都有其独特的价值。例如身先士卒、救死扶伤的医生，惩奸除恶、匡扶正义的警察，清扫街道、美化城市的清洁工，穿梭城际、送餐送货的快递员，无论工作贵贱、财富多少、贡献大小，只要人们对自己的生活全力以赴，对他人和社会有责任有担当，就是有意义、有价值的人生。

父母要充分重视孩子的生命教育，启发和帮助孩子完整理解生命的意义，积极追求有意义的人生。父母不应盲目要求孩子复刻他人的人生，应让孩子按照自己的个性、能力和意愿，过属于自己的生活，追求属于自己的生命价值和幸福人生。

2020 新冠肺炎疫情期间发生的故事是父母对孩子进行生命教育的最好案例。新冠肺炎疫情让人们直面死亡的残酷与无奈，也让人们亲眼见证一个个平凡而又伟大的生命。

湖北省武汉市中心医院眼科医生李文亮是最早一批洞察新型冠状肺炎的"吹哨人"，他在疫情初期就及时向外界发出了防护预警，并始终坚守在抗疫最前线，最终不幸被病毒感染，经抢救无效去世，年仅 34 岁。

武汉一家餐馆的老板为了让奋斗在一线的医护人员吃上一口热乎的饭菜，他表示自己愿意 24 小时为医护人员送餐。虽然店里面只有 5 个人，做出的饭菜分量也是有限的，但是他们愿意一直坚持下去。他说："我们不发国难财，我们就想出点力。"

这样的故事还有很多很多，父母可以收集抗疫期间的感人故事，一个个讲给孩子听，让孩子知道，正是无数坚守岗位、甘于奉献的人们为疫情防控撑起了一片天。他们将自己的绵薄之力汇聚成抗击疫情的"洪荒之力"，用生命守护生命，用生命延续生命，谱写出一曲曲生命的赞歌。他们是"最美逆行者"，在帮助别人的过程中成就了自己生命的价值。父母还要让孩子知道，与疾病和灾祸作斗争，不能空喊口号，而是需要扎实的专业技能和无私奉献的精神，因此，成就生命最好的办法就是好好学习，成为一个对他人、对社会有用的人。

另外，生命的价值往往诞生于逆境。当孩子在生活和学习中遭遇困难和失败时，正是父母对其进行生命教育的好时机。父母可以给孩子列举古今中外名人历经磨难、最终成就精彩人生的故事，鼓励孩子勇敢坚强、永不放弃，鞭策孩子从困境中学习与成长，重新思考生命的意义和价值，改变生活的方式和习惯，拓展生命的智慧与能力，坚定前行的目标和信念，以一种更健康、更从容、更坚定的姿态继续踏上生命旅途。

第四节
别等孩子受伤了，再来谈性教育

一、性教育缺失，让孩子陷入成长困境

在一则关于"你接受过性教育吗？"的网络调查中，超 6 万人参与投票，其中约 80% 的网民表示没有接受过性教育。在问及获取性知识的渠道时，不少年轻人表示主要来自网络视频和小说。我国大多数省份到初中才开始正规教授孩子生理卫生知识，很多孩子上了大学以后才知道使用安全套预防性病。性教育姗姗来迟，致使很多孩子因为性知识匮乏，在出现乳房发育、月经初潮、变声、遗精等生理变化时被吓得六神无主，出现难为情、羞耻、自卑等不良情绪；在面对性侵害时懵懂无知，不会、不敢抗拒，给了性侵犯者可乘之机。

作为与孩子成长关系最紧密的父母，在孩子日常的性启蒙、性保护，以及培养孩子正确的性观念等方面发挥的作用远远大于学校。孩子在遇到与性相关的问题时，通常第一个求助对象就是父母，因此，父母是孩子性知识的最佳传授者。

然而实际上，很多父母受传统观念的影响，对"性"这一话题避而不谈，觉得难以启齿。更有甚者谈"性"色变，把性视为羞耻、罪恶的象征。父母扭扭捏捏、躲闪回避的态度，反而会激起孩子的好奇心，让孩子对"性"这一话题穷追不舍。而且，父母以为他们不提及"性"话题，孩子就不会知道，他们就会更安全，这完全是掩耳盗铃的做法。在信息技术普及的当下，孩子获取知识的渠道何其丰富，他们从小就能够通过各种渠道或多或少知道一些关于性的知识。只是由于学习渠道的不可控，信息资源的庞杂和不加甄选，孩子很容易受到外界信息的诱惑和错误引导而对"性"形成片面、扭曲的理解，继而做出错误的尝试。当孩子一天天长大，性教育滞后甚至缺失对孩子造成的负面效应越发凸显。近年来，青少年性行为迅速增加，青少年早恋、感染艾滋病、未婚先孕、堕胎等问题日益严重。

与其让孩子通过网络、色情视频、黄色书刊等非正规渠道获取一些杂乱、片面，甚至错误的性知识，父母不如坦坦荡荡地为孩子打开性教育的大门，主动将

正确的性知识、性观念、自我保护技能等相关知识教给孩子。让孩子从小对自己的身体有一个正确认识，掌握与异性交往的正确方法，具备自我保护的基本能力，这样更有利于孩子的身心健康发展。

二、别等孩子受伤了，再来谈性教育

根据中国少年儿童文化艺术基金会女童保护基金（简称"女童保护"）统计，2015—2018年，全国法院审结的猥亵儿童案件有11519起。也就是说，检察机关平均每天收到6起猥亵儿童的案件，法院平均每天审结超过7起猥亵儿童的案件。犯罪心理学专家、中国人民公安大学教授王大伟表示，性侵害案件，尤其是针对中小学生的性侵害，其隐案比例是1∶7。也就是说，1起儿童性侵案曝光的背后，很可能意味着有7起性侵案已经发生。更多的儿童性侵案因为受到主客观因素限制而难以被揭发，实际上受到伤害的儿童远比人们看到的、听到的多得多。

2021年6月1日，新修订的《中华人民共和国未成年人保护法》（下简称《未保法》）正式实施，"学校保护"一章新增一条内容：学校、幼儿园应当对未成年人开展适合其年龄的性教育，提高未成年人防范性侵害、性骚扰的自我保护意识和能力。《未保法》为保护孩子的性健康与性安全筑起了法律屏障，为未成年人性侵害设置了底线。

但仅靠法律撑起的保护伞还不足以彻底阻断伸向孩子的罪恶之手，预防未成年人性侵害最大的难点在于如何及时发现性侵害问题。北京师范大学教授、儿童性教育课题组负责人刘文利分析说："对很多人来说，性是不能公开谈论的话题。家庭性教育缺失与学校性教育缺位，导致孩子自护能力不足，遭遇性侵害后可能不自知。"国内外多项研究显示，大部分孩子都是到成年才意识到自己曾遭遇性侵害。因为无知而无法及时远离性侵害，是孩子生命中永远的痛，更是父母教育的严重失职。

26岁女作家林奕含以自己为原型写下了小说《房思琪的初恋乐园》，书中描写了一个被老师诱奸后长期饱受自责、抑郁等情绪折磨，甚至用爱上诱奸犯的方式来逃避痛苦的女孩房思琪。在小说里，房思琪曾几次想和父母谈谈性侵问题以及自己的遭遇，但每次都还未提出就被父母打断了。小说中有这样一段描述：

在饭桌上，思琪用面包涂奶油的口气对妈妈说："我们的家教好像什么都有，就是没有性教育。"妈妈诧异地看着她，回答："什么是性教育？性教育是给那些需要性的人。所谓教育不就是这样吗？"思琪一时间明白了，在这个故事中父母将永远缺席。做父母的，什么都可以和孩子谈，唯独性不可以。

小说出版后不久，林奕含自杀身亡，她最终无法走出童年性侵害带来的阴影和伤痛。林奕含的悲剧深刻揭示出一个道理：永远不要嫌性教育太早，恶魔不会嫌孩子太小。孩子因为无知而无法辨别潜在危险，无法及时远离伤害，由此造成的悲剧是孩子和大人都难以承受的。性教育是预防青少年性侵害的重要防线，为了更好地保护孩子，性教育不容忽视，越早越好。

三、父母应成为孩子性教育的最佳导师

（一）更新父母对性教育的认知

国际上大量性教育研究表明，性教育可以让孩子对自己的身体有更积极的认知，帮助孩子顺利度过身心变化剧烈的青春期；可以让孩子对性行为采取更负责任的态度，推迟孩子第一次性行为的时间；可以提高孩子使用避孕措施的几率，减少艾滋病病毒的感染率等。

父母必须更新性教育认知，对"性"问题进行脱敏，不再把性当作敏感、禁忌话题，而是学会用科学、开放、包容的态度去面对它、认识它、谈论它，把性教育看作和其他诸如语文、数学等学科一样的常识教育、科学教育，并纠正自身对性教育的一些错误认知，例如：

误区一：性教育会导致孩子过早发生性行为。

通过正确的性教育，让孩子从小把"性"当作一种"人人都有"的正常生理现象，淡化孩子对性的好奇，才能最大限度避免孩子的盲目尝试。世界各地的研究都显示，性教育不仅不会导致性行为过早发生，反而能推迟性行为，有效避免贸然冲动、不负责任的性行为。很多少女未婚先孕，不是因为她们对性了解太多，而是了解太少。

误区二：性教育剥夺了孩子的纯真。

获得与年龄相适应的、科学完整的性知识，是所有儿童和青少年的权利。避免谈性不能真正保护孩子的天真无邪，也不能让孩子变得更安全，反而可能让孩子因为无知而对即将到来的危险毫无知觉，更增加了孩子受伤害的风险。

误区三：学校有性教育课程，家长不方便和孩子谈性。

最好的性教育应该是见缝插针、因势利导的机会教育，这样的教育机会大多出现在日常家庭生活中。例如，妈妈经期来时，让女儿帮忙拿一下卫生巾，顺势可以告诉她"月经"是女孩子长大了的一种标志，当女孩月经初潮时就不会惊慌失措了。因此，孩子的性教育，学校和家庭都有不可推卸的责任，而父母的性教育作用更突出。

（二）抓住性教育的几个重要阶段

1. 3~6岁学前阶段

心理学研究表明，人在3岁左右就有性别意识了。这一阶段，孩子开始意识到男女有别，并对生命的来源问题很感兴趣。很多孩子会向父母追问"我是从哪里来的"。这时候，父母切勿用"从垃圾堆里捡来的""充话费送的"之类的玩笑话搪塞孩子，应大方、坦率地回答孩子："你是从妈妈肚子里出来的。"

根据这个年龄段孩子童真童趣的特点，父母可以采用3D立体图片、彩色绘本、童话寓言、动画视频等生动形象的媒介来介绍男生和女生的生殖器官差异。"性"是一个人基本的生理特征，性器官和眼睛、鼻子、嘴巴一样，都是人身上最普通的器官。父母完全没有必要人为地给"性"蒙上一层神秘面纱，只需要像介绍其他器官一样，坦荡自然地介绍性器官的名称、功能，孩子自然会像接受其他器官知识一样接受性器官的存在。父母要着重教导孩子学会遮挡和保护自己的生殖器官，不要让除了父母以外的人随便触摸自己的生殖器官，也不偷看和触摸他人的生殖器官。

另外，建议父母不要给生殖器官取一些昵称或外号，这容易让孩子对生殖器官的概念产生混淆。从性教育的初始阶段，父母就应使用专业术语来称呼各个性器官，如阴道、阴茎等，这样孩子才能形成对待身体各个器官的正确态度。

2. 6~12岁学龄期阶段

这一阶段，父母要抓住日常生活中的一切机会来对孩子进行性知识普及，引导孩子进一步了解生殖器官的构造与功能、生命的诞生过程等性知识。例如，带孩子到公园散步，借由观察花朵授粉的机会，跟孩子解释生物是如何繁衍生息的。

父母要为孩子营造一个温暖、安全的环境，让孩子自然而然地获取性知识，消除对"性"的羞耻感和神秘感。特别是在青春期来临前，提前告知孩子身体可能发生的变化，如胸部发育、月经初潮、长胡子、遗精等。当青春期到来时，孩子就不会对自己生理上的各种剧烈变化感到迷茫和害怕了，这对于孩子的身心健康发展大有益处。

同时，父母要引导孩子注意生理卫生，养成良好的卫生习惯。特别是让孩子明白性骚扰、性侵犯、性虐待等行为是错误、危险的，提醒孩子要懂得拒绝他人对自己隐私部位的碰触，教会孩子一些辨别危险的方法，提高孩子的自我保护意识与能力。

3.12~18 岁青春期阶段

这一阶段，父母要着重关注孩子因为生理变化引起的心理变化，想办法淡化孩子对性器官的过度关注，例如安排孩子参加丰富的户外运动、集体活动，帮助孩子有效纾解性冲动，减轻孩子因为性幻想、手淫等产生的羞耻感和罪恶感，并告诫孩子少接触色情网站或书刊，防止孩子过度沉迷于感官刺激。

数据显示，在有性行为的青少年中，超过半数的青少年在首次性行为时没有使用任何避孕措施。父母应引导孩子了解过早发生性行为可能导致的危害，了解生殖系统疾病、艾滋病等性病的危害以及如何正确使用各类避孕措施等。父母可以针对社会时事，如少女流产、未成年妈妈、艾滋病人的生活困境等问题，和孩子进行坦诚、深入的交流，也可以选择一些相关书籍、影片推荐给孩子看，促使孩子形成对异性交往的正确态度。

此外，父母要引导孩子加强防范性骚扰、性伤害，学会在遇到危险时如何自救与求助、受到伤害后如何自我调节。

（三）性教育不仅是器官教育，也是孩子道德与人格完善的多维教育

性教育的内容非常丰富，除了性器官、性交、生育等生理知识，性价值观确立、性心理健康、人际交往、家庭和睦、婚姻关系等方面也属于性教育范畴。性教育的多维特点，要求父母不仅要做好孩子的性生理教育，还要重视孩子的性道德教育，让孩子能够正确认识自我与世界的关系，与外界形成一个健康良性的互动。

一是让孩子清楚地认识到性行为要受到社会道德和法律制约，提高孩子的性决策能力，帮助孩子在性诱惑面前学会谨慎小心，做出不触犯法律、不违逆道德公约的性决策。

二是鼓励孩子学会自尊自爱，积极发挥自己的性别优势和独特魅力。例如，培养男生阳刚、坚韧、勇敢等特质，培养女生善解人意、细心周到等特质，并鼓励孩子向异性学习，克服自己在心理、性格等方面的弱项，促进孩子的人格完善和全面发展。

三是强调男女平等与责任，引导孩子从小形成尊重异性的品质，不随意侵犯、伤害异性，学会正确处理异性关系。而父母之间呈现出来的两性关系是孩子学习异性相处之道的最佳范本，例如父母如何交流互动、如何分工协作、如何拥抱亲近、如何不吝赞美对方等，让孩子初步懂得什么是爱，什么是责任。

四是向孩子传达对"性"的积极态度和价值观，引导孩子形成性别平等、开放包容、自由民主的价值观，减少孩子对同性恋、艾滋病患者等的歧视态度。鼓励孩子清晰地表达自己对性的想法和愿望，对于不愿意发生的性行为可以果断拒绝，提高孩子与人沟通、协商的能力，促进孩子的人际关系更加和谐，培养孩子成为能够感知幸福、表达情感的完整的人。

（四）引导孩子妥善处理对异性的懵懂情感

很多家长对青春期的孩子最大的担忧是"早恋"。事实上，孩子对异性的关注更多是出于对异性的好奇、对人际交往的渴望，以及希望证明自己对他人的吸引力等。如果父母看到孩子与异性之间有比较亲密的关系，就认定孩子早恋，粗暴地限制孩子与异性交往，那只会激起孩子的逆反心理，也许本来不是在恋爱的孩子真的会谈起恋爱来。

通常情况下，"早恋"问题有这样几种类型：一是误解型，即误将对异性的好感当作恋爱。这种情况下，父母可以现身说法，用自己年少时的异性交往经验告诉孩子，十几岁时对异性的好感大多只是青春期生理成熟造成的一点心理萌动，会随着年龄的增长慢慢淡化。鼓励孩子把有好感的异性视为惺惺相惜的朋友，把更多精力转向和朋友一起努力学习，齐头并进。

二是寻求替代型，孩子往往因为从父母那里得不到足够的爱与重视，就从异性交往中寻求安慰和补偿。针对这一类型的孩子，父母要做的是给予孩子高质量的陪伴，让孩子感觉到满满的亲情温暖和安全感。

三是寻求地位型，即为了满足虚荣心，证明或炫耀自己的魅力而与异性交往。父母要让孩子明白一个人的外在形象对他人的吸引力是不长久的，只有出色的气质修养、才华能力才会令他人真正折服，鼓励孩子努力学习，让自己成长为真正有个性、有才华、有魅力的人。

四是情窦初开型，孩子对异性真的产生了爱情，也就是"初恋"。父母不必过分担心，更不宜强行阻止。父母不妨从新的角度切入，指导孩子正确、理性地与异性交往，对孩子交往的时间、地点、肢体接触、交流话题等方面提出一定的要求，提醒孩子懂得保护自己，也要懂得尊重和保护对方。

性教育专家陈一筠启发父母："我们要跟孩子讲，种果树要有夏季的耕耘、除草，才能有秋季的收获。如果夏天就摘下果子来吃，味道肯定很涩。"父母要让孩子了解到，初恋是青春年少时绽放的最纯洁的花朵，美好而珍贵。但爱情是秋收的果实，不宜过早采摘，提醒孩子如果真正喜欢一个人，应该努力让自己变得更出色，今后才能有足够的能力去承担照顾伴侣和家庭的责任，给予对方一个美好的未来。

四、教会孩子有效防范性侵害

在所有的侵害类型中，性侵害带给人的伤害是最严重的。遭受过猥亵和性侵的孩子，其受伤的不仅是肉体，还有心理。身体的创伤可以愈合，心理的创伤和恐惧的阴影却难以释怀、无处倾诉，他们不断自我否定、自我厌弃，拒绝与人交往，严重的还会患上抑郁症、狂躁症，甚至自杀。这种心理上的折磨甚至可能终生如影随形，毁掉他们的一生。即使有的孩子幸运地迈过了这道坎，性侵害的阴影也可能对他们形成正确的性观念和性行为造成不良影响。他们可能厌恶与他人的身体接触，难以建立正常的异性亲密关系，甚至改变性取向。因此，保护孩子远离性侵的危险，家长责无旁贷。

1. 做好孩子的性安全预警工作

无论孩子年龄多小，只要孩子听得懂，父母就要利用一切机会对孩子进行性教育。明确告诉孩子身体的哪些部位是隐私部位，谁可以触摸、谁不可以触摸、什么情况下可以触摸、什么情况下不可以触摸等，让孩子清楚知道身体触碰的界限在哪里。

同时，父母要开诚布公地告诉孩子什么是性侵害，以及如何保护自己不受性侵。这样孩子在遇到潜在危险时才会有所警觉，懂得应对，及时远离危险。

一是教会孩子辨别性侵害行为，包括：触摸孩子的隐私部位；让孩子看或摸他/她的裸体及隐私部位；给孩子看有很多成人裸体镜头的视频；给孩子讲色情故事或开有色情内容的玩笑；强迫、诱骗孩子与他/她发生性行为等。

二是要求孩子牢记预防性侵的几个重要事项：

①凡是背心、短裤或泳衣覆盖的地方，不许别人碰。

②任何人的任何行为，只要让你感到痛或不舒服，就立刻反抗。

③外出时，尽量在安全路线行走，避开偏僻、荒凉和陌生的地方。尤其是年

幼女孩外出，父母一定要接送，未得父母允许，孩子不可在他人家中留宿。

④不理会陌生人的搭讪，不随便吃陌生人给的饮料或食品。

⑤应该避免单独和他人尤其是男子，在家里或是宁静、封闭的环境中会面。

⑥独自在家注意关门、关窗，拒绝陌生人进屋。

父母也要告诉孩子，学习这些技能是为了让他更好地保护自己，不需要过分恐慌和不安，世界上大多数人都是善良的、喜爱孩子的，伤害孩子的只是极少数的人。

2. 警惕熟人作案

"女童保护"组织统计发现，2018 年媒体报道的 317 起儿童性侵案例中，熟人作案 210 起，占比 66.25%。而 210 起案件中，师生关系的案例 71 起，占比 33.80%，比例最高。其次是网友关系，案例 39 起，占比 18.57%。这样的数据让人震惊，罪恶之手可能就在身边！犯罪嫌疑人利用"熟人"身份，更容易接近孩子并获取孩子的信任，案件发生后也更容易通过诱哄、胁迫等方式来掩盖犯罪事实。所以，父母一定要加强对孩子的监护，尽量不要把孩子单独托付给不了解、不熟悉的人，不要让孩子单独和其他异性相处。父母也要提醒孩子，必须牢记、谨守预防性侵的原则，即使是熟悉的人也要明确拒绝对方对自己隐私部位的触碰。

3. 教会孩子"不该保守的秘密一定不能保守"

很多孩子遭到猥亵和侵犯，却不作声。除了因为年纪小，意识不到自己受到了侵犯，还有几个重要的原因：孩子受到侵犯者的诱哄、欺骗或威胁，不敢透露这个秘密；孩子觉得自己做错了事，是个坏孩子，害怕父母不相信自己，不再爱自己。

父母一定要让孩子明白，有些秘密是一定不能保守的，例如有人触摸自己的隐私部位这件事。更重要的是，父母要向孩子传达这样一个信息：遇到这样的事不是你的错，一定要告诉爸爸妈妈，我们会保护你不再受伤，我们永远爱你，永远保护你、支持你。

日常生活中，父母应给予孩子充分关注，多和孩子交流，鼓励孩子分享自己的见闻、想法和感受，让孩子相信父母是自己最可靠的保护者，不需要向父母隐瞒任何不该隐瞒的秘密。

如果孩子不幸遭遇性侵却不愿告诉父母，父母可以通过孩子的一些反常举动发现端倪。例如，孩子突然说不想再和某位叔叔/阿姨一起玩；孩子开始频繁锁门，夜晚怕黑，总是失眠或做噩梦；孩子长时间情绪低落，极度紧张，爱哭，不爱说话；

孩子出现外阴或肛门瘙痒、疼痛、出血，要求频繁清洗；孩子突然对"性"很感兴趣，会说与性、怀孕相关的词语和话题等。一旦发现孩子的异常表现，父母就要提高警觉，鼓励孩子说出事情真相，并立即报警。然后带孩子到医院检查，必要时向心理医生寻求专业的心理疏导，保护孩子免受更大伤害。

4. 教会孩子在遭遇性侵时自救与求助

父母要教会孩子，一旦遭遇性侵害，可以尝试以下方法自救或求助：

①随身携带尖叫报警器、防狼喷雾等自我防卫工具，对他人的触碰保持警觉，一旦感觉不舒服、不对劲，要大声拒绝或呼救。

②如果大声拒绝无效，不要激烈反抗和大声哭闹，以免激怒侵犯者，可以假装顺从，再想办法逃脱，最好是向人多的地方逃跑。

③如果力量无法与侵害者抗衡，也没有机会逃离，在万般无奈的情况下先顺从罪犯，不要以自残、跳楼等伤害自己生命的方式来抗争，优先保护好自己的生命。

④如果不幸被侵害，要立即告诉父母并报警，然后到医院检查身体情况。

必要时，父母可以让孩子学一些简单的防身术，如跆拳道、散打等，增强孩子对抗侵犯者的武力值。

请扫描书上二维码
亲子共读
▼
《下棋》

第七章

好品行，成就好未来

　　必须承认，智力超群的天才是凤毛麟角，大多数孩子的智力差距并不大。真正拉开孩子差距的往往不是智商，而是其他的非智力因素，例如，愉快的情绪、丰富的情感、对挫折的忍受力和意志力、积极正向的价值观等。只有智力、非智力因素齐头并进、相辅相成，才能成就真正的"聪明人"。

　　因此，父母培养孩子应注重"多商并举"：培养孩子的高情商，让孩子具备对自我情绪、他人情绪、人际关系等方面的掌控力；培养孩子的高逆商，增强孩子的抗挫力和意志力，输得起的孩子，未来才能赢得漂亮；培养孩子的高财商，培养孩子正确的金钱观，掌握基本的理财方法，激发孩子创造财富的潜力；培养孩子的高美商，用"美"浸润孩子的心灵，完善孩子的人格，丰富孩子的精神世界，让孩子更好地享受生活，创造未来。

第一节
培养高情商的孩子

一、高情商的人更易成功

心理学家普遍认为，情商水平的高低对一个人能否取得成功有着重大影响，有时其作用甚至超过智力水平。"情商之父"丹尼尔·戈尔曼则表示，在智商相差无几的情况下，情商才是决定人生成功与否的核心因素。

丹尼尔·戈尔曼在其代表作《情商》一书中分析了情商与智商对人的影响：高智商高情商的人往往春风得意，低智商高情商的人常有贵人相助，高智商低情商的人常常怀才不遇，低智商低情商的人多半一事无成。从中不难看出，空有智商没有情商的人，有才华也难以施展，而情商高的人，即使智商平平，也总能在关键时候得到贵人相助。这并不是说情商高的人比情商低的人运气好，而是情商高的人通常具备情绪稳定、乐观坚强、善于交际、共情力强等特质，其强韧的个性和好人缘，常常能在关键时刻助其力挽狂澜、反败为胜。

在"好运北京"国际乒联年终总决赛后的新闻发布会上，一位美国记者尖刻地问中国男乒名将马琳："在美国，人们最熟悉的中国运动员是姚明和刘翔，但你在中国的影响力似乎不比他们差。为什么你对中国人和外国人的吸引力有这么大的反差呢？"马琳笑容不变，从容地解释道："姚明和刘翔，一个代表了'高度'，一个代表了'速度'，这决定了他们受世界瞩目的程度更高、更强。而我受欢迎是因为乒乓球是中国的国球，中国人喜爱乒乓球就像美国人喜爱 NBA 一样……"马琳的回答立刻引来了热烈的欢呼，一位外国人还由衷地赞美道："中国的运动员很幽默。"

马琳用自己的机智应变和幽默谈吐，巧妙维护了中国运动员的尊严和名誉，也向世人展示了中华民族的大国气度。情商体现了一种强大的心理韧性，是个人对自己情绪的清醒把握和有效调控，是对他人情绪的敏锐洞察和积极反馈，也是良好人际关系网的智慧建构。

二、情商概述

"情商"这一概念最初是由心理学家约翰·梅耶和彼得·萨洛维于1990年提出。情商（Emotional Intelligence），即情绪商数，是一种自我情绪控制能力的指数，是人认识、了解、控制情绪能力的综合评价指标。"情商"的内涵包括五个领域：

①自我情绪认知：即自我情绪觉察能力，能第一时间觉察自己的情绪状态。

②自我情绪管理：调控自己的情绪，使之适时适度地表现出来。

③自我激励：能够依据活动的某种目标，调动、指挥情绪的能力，它能够使人走出生命中的低潮，重新出发。

④他人情绪认知：根据他人的言谈举止来判断和分析他人的情绪状态，这是与他人正常交往的基础。

⑤人际关系管理：处理人际关系，调控自己与他人的情绪反应的技巧。

在这五个领域中，前三个领域是个人与自己的情绪的对话，后两个领域是个人处理与他人关系的能力。

三、高情商的父母，更容易养育高情商的孩子

当父母在学习、工作、生活中遇到困难、压力，出现各种不良情绪时，是否能够做到主动冷静、妥善应对？如果父母都做不到，孩子也很难学会控制自己的情绪。很多父母在教育孩子时，也时常处在情绪失控状态：孩子写作业磨蹭，就厉声训斥；孩子早上赖床不起，就板起脸连声催促；孩子不按自己的要求做，就恨不得抽他一顿……

株洲一位妈妈，因为孩子不肯写作业，只顾玩游戏，气得怒吼了孩子几句，竟然气断了肋骨。还有一位更极端的妈妈，因为女儿上网课不认真，妈妈气得把女儿拽到海里。女儿吓得大哭，可妈妈正在气头上，完全不顾海边风浪大，非要给孩子一个教训。幸好路人及时报警，民警赶到后把母女俩带上岸，才结束了这场危险的闹剧。

诸如上述案例的家庭闹剧时常见诸报端。父母情绪失控，和孩子闹得鸡飞狗跳，不仅不利于问题的解决，反而会刺激、催化孩子的不良情绪，让孩子背负内疚感或产生逆反心理。有的父母甚至把孩子当作"出气筒"，将自己对工作、生活的

不满，迁怒到孩子身上，这对孩子的精神伤害是巨大的。

父母的不良情绪反应会给孩子树立一个情绪管理的反面教材。父母自己都是情绪管理的失败者，哪来的底气和能力培养孩子的情绪调控能力？父母的情绪有很强的感染性和示范性，如果父母总是处在一种暴躁易怒、消极悲观的状态，孩子很难有机会体验到积极正向的情绪是怎样的美好，而且他们会在内心深处认为这样负面的情绪状态是正确的、被允许的。久而久之，孩子也会变成一个冲动易怒、情绪不稳的人，并在潜移默化中降低标准，难以培养出较高水平的情商。

孩子能否培养出良好的情绪管理和人际交往能力，很大程度上取决于父母。父母如何应对情绪，孩子就如何应对情绪。正如《高情商养育》一书指出："教育孩子，就是首先从提高父母的情商开始。控制自己的坏情绪，倾听和觉察孩子的情绪，将我们的爱表达成孩子可以理解的语言和行动。"

四、教孩子做情绪的主人

（一）教孩子认识、体察自己的情绪

人类有八种最常见的情绪，它们分别是害怕、愤怒、高兴、哀伤、信任、厌恶、好奇和惊讶。从孩子小时候开始，父母就应教会孩子识别这几种最常出现的情绪，告诉孩子每一种情绪都是人类的自然反应，没有好坏之分。

接着，父母要引导孩子探索、觉察自己的情绪状态，寻找情绪爆发的原点。例如，引导孩子写"情绪日记"，把自己每天的情绪反应记录下来，具体内容包括情绪类型、时间、地点、行为反应、原因、影响等。并让孩子每周做一次"情绪总结"，反思自己一周里面最常出现的情绪是什么，通常在什么情况下出现这种情绪，自己的情绪反应是否得当，这样的情绪造成了怎样的后果，自己想要改变吗？自己打算如何更好地应对类似的情绪反应等？例如：

情绪类型：愤怒。

行为反应：摔门、争吵。

情绪产生的原因：明天是周末，我想多玩一会儿手游，可妈妈不同意，还没收了我的手机，我觉得妈妈管太多了。

影响：和妈妈冷战了几天，家里气氛紧张。

合理的反应方式：告诉对方自己很生气，以及自己生气的原因，寻求妈妈的理解和帮助。

父母应引导孩子坚持进行情绪探索，帮助孩子比较清晰地找到情绪产生的源头，为孩子有效调控情绪提供重要依据。

（二）教孩子接纳、表达自己的情绪

一些孩子觉得"生气""自卑""沮丧"等情绪是不好的，本能地抗拒这些情绪，不愿意接受它们的存在。不仅孩子会这样，很多家长也对孩子的负面情绪采取压制、回避或忽视的态度，这些都是错误的。如果连父母都不愿意理解、接纳孩子的不良情绪，孩子自己更加无法正确看待自己的情绪变化。而且情绪是有自我保护机制的，如果孩子选择去抗拒、排斥它，它反而会愈演愈烈，情绪的负面效应不断叠加，孩子更受情绪所苦。

因此，父母要懂得接纳孩子的情绪，理解孩子的心情和想法，告诉孩子无论他处在怎样的情绪状态，父母都会尊重、理解他，也永远爱他。

同时，父母要鼓励孩子学会平静地接纳自己的情绪，包括正面的情绪和负面的情绪。特别是当负面情绪来临时，父母应鼓励孩子像见到老朋友一样，淡淡地说一句："我知道你来了。"让它在自己的脑海里自由行走，不抱怨、不排斥，而是感知它、安抚它，让负面情绪逐渐变得温顺。接纳情绪是为了让孩子和自己达成和解，这是孩子改变情绪状态的前提，只有接纳情绪，才能为后续的情绪调控留出空间，孩子才能最终真正放下它。

但需要强调的是，接纳不等于容忍或认可。有的父母为了让孩子尽快消除负面情绪，会讨好孩子、向其妥协。例如，父母看到孩子为了和别人一样穿新球鞋而大哭大闹，就赶紧答应给孩子买新球鞋。这往往会让孩子产生"这种情绪是被容忍的"错误认知，继而为达到某种目标，变本加厉地重复同样的情绪反应。这就是为什么有的家长想方设法满足了孩子的要求，孩子却变得越来越任性，越来越难管。

另外，父母要积极尝试向孩子表达自己的真实情绪，继而让孩子学会表达自己的情绪。例如，妈妈感到很生气时，可以对孩子说："宝贝儿，我现在感到很生气，想自己安静地待一会儿，你能先回自己房间吗？"孩子听完后就知道妈妈心情不好，自觉地回到自己房间，给妈妈留出独处的时间和空间，等妈妈心情好一些，再来找妈妈。这样做能有效避免一场由于妈妈情绪失控引发的"亲子大战"。而父母也能通过这样的示范，教会孩子说出自己的情绪，让父母更好地理解、尊重孩子的情绪反应。

（三）教孩子调节、掌控自己的情绪

当孩子能够体察、接纳和表达自己的情绪，他就已经做好了情绪调控的第一步。接下来，父母要教会孩子一些科学实用的情绪调控方法，帮助孩子有效疏导、释放不良情绪。常见的方法有：转移注意法，让孩子把注意力转移到他感兴趣的事情上；运动法，父母带孩子去做运动，畅快淋漓地流汗，抛开一切烦恼；适度宣泄法，鼓励孩子把心里的烦恼和委屈向父母、好友倾诉出来，或痛快哭一场，为自己的负面情绪找一个宣泄的出口等。下面列举几种情绪调控方法，供家长参考。

1. 善用情绪管理小工具

亲子教育专家黄静洁向家长和孩子推荐过一个控制情绪的小工具，操作简单，非常实用，而且便于携带，因为这个工具就是孩子的五根手指头。每根手指代表情绪管理的一个步骤，黄老师给这个小工具取了一个响亮的名字，叫"12345"。

当孩子感到自己的情绪要失控时，伸出自己的一只手，看着大拇指，提醒自己不要做出伤害他人的事情；看着食指，深呼吸或默默数数，让沟通暂停，给自己留出缓冲时间；看着中指，向父母或他人说出自己内心的感受；看着无名指，请求父母或他人的帮助；看着小指，告诉自己，我要坐下来冷静一下。

黄老师还为"12345"小工具总结了一段简易口诀：1（拇指）我不伤人；2（食指）我做深呼吸/我在心里数数；3（中指）我讲出自己的感受；4（无名指）我找人帮助我；5（小指）我想安静一下。

父母可以带着孩子模拟愤怒、悲伤等情绪失控的场景，和孩子一起从拇指到小指一步步反复操练口诀，直至熟练运用情绪管理小工具。当孩子出现情绪问题时，就可以利用这个小工具来调控自己的情绪。

2. 理性调控法

当孩子具备一定的逻辑思维能力后，父母应教会孩子调动"理性"的力量去控制自己的不良情绪，尽力保持情绪的平稳、愉悦。

很多负面情绪是由于个人对事情缺乏了解，或因为个人思想的狭隘、偏激而被强化的。例如，孩子考试考砸了，一味地把原因归咎于自己的无能、蠢笨，深陷沮丧、悲观情绪。这时候，父母要引导孩子冷静、理智地分析考试失利的真正原因，让孩子了解到决定考试成败的主要原因在于努力程度和科学方法，只要自己肯下功夫，找到适合自己的学习方法，提高考试成绩不是难事。当孩子发现事情并不像自己认为的那样糟糕时，负面情绪自然会得到缓解并逐渐消失。

另外，父母要教会孩子运用辩证思维多角度地思考问题，发现事情的积极意义，淡化事情的消极影响，促使孩子的情绪由消极转向积极，实现情绪的转化与思想的升华。例如，孩子失恋了，内心苦不堪言，父母要让孩子意识到现在并不是谈恋爱的好时机，这段感情结束了，正好可以有更多时间去努力学习，让自己成长为更优秀的人，以后追求更美好的感情。从而帮助孩子暂时放下痛苦和烦恼，转而将精力放到学业、事业等其他重要的事情上来。

五、培养孩子良好的人际关系

每个人都需要朋友，找到认同自己、志趣相投的友谊是孩子建立自我同一性、获得自我肯定和心理满足的内在需求。而提高孩子的人际交往能力，也是帮助孩子建立高质量的学习圈和人脉关系网的重要渠道。

1. 建立良好的亲子关系

培养孩子良好的人际关系，父母首先要重视建立自己和孩子的良好关系，因为孩子与人相处的方式，大部分是从父母身上学来的，孩子从父母身上学会如何待人接物，如何尊重他人、关爱他人。从小和父母关系融洽的孩子，未来与人相处时就会轻松许多。

因此，父母对孩子最好的教育，就是跟孩子好好说话。在和孩子交流时，父母要始终秉持一种真诚、平等、宽容的态度来倾听孩子，发现孩子的亮点和长处，经常给予孩子鼓励、肯定和欣赏。让孩子在安全、温暖、充满信任的亲子关系下成长，让孩子感受到：父母愿意听我说话，我可以自由表达我的观点和情感。父母对孩子提出的建议以及所做的事情，会让孩子觉得自己很重要、很有价值。

当父母用爱和信任来滋养这段亲子关系，坚持为孩子营造"好好说话"的语言环境，将会对孩子与他人建立良好人际关系产生春风化雨、润物无声的积极影响。

2. 引导孩子正确择友，掌握基本的交友原则

在孩子交友过程中，父母最担心的是孩子没有判断力，误交"损友"。建议父母不要以学习成绩、身份、财富等为择友标准，而要以品行、兴趣、习惯、进取心等为择友标准，尽早和孩子一起制订交友的基本原则，让孩子对结交什么样的朋友、远离什么样的人有一个清晰的认识。一般来说，值得结交的朋友应该具备以下特质。

志趣相投，能够彼此传递成长的正能量；彼此倾听和理解，会为彼此取得的

进步而高兴，会在对方失落时陪伴与支持；善良正直，品德端正，愿意帮助他人；心态乐观，积极进取，有良好的学习和生活习惯；没有抽烟、喝酒、骂人、打架、逃学、沉迷网络等不良习惯。

此外，父母要从小教会孩子掌握基本的交友原则，这是孩子建立和保持良好人际关系，有效解决人际冲突的基本准则。

一是真诚待人。告诉孩子，你希望别人怎么待你，你首先要怎样对待别人。你以真诚待人，必定换来他人的真诚以待。如果你对朋友缺乏真诚和尊重，就永远结交不到真正的朋友。

二是学会洞察他人情绪。鼓励孩子和朋友相处时，多观察朋友的面部表情、肢体语言，以便更准确地理解对方想要传达的想法和情感，更好地与对方互动。例如，鼻孔外翻、嘴巴紧闭表示生气，眼光闪烁躲避表示心虚或说谎等。

三是学会换位思考。高情商的人善于站在对方的角度来思考问题，耐心倾听对方的真实想法，设身处地从对方的立场来进行思考和判断，体会对方的内心世界。从而实现彼此情感的有效连接，达成相互的谅解和包容，促使双方的交流顺利进行，有效解决人际冲突。

四是不吝赞美对方。没有人不喜欢听赞美的话。诚挚的赞美会让对方感到被欣赏、被认可，让对方觉得你是一个"懂我"的、值得结交的朋友。美国"钢铁大王"卡内基，曾付100万美元的超高年薪聘请一位执行长夏布。许多记者访问卡内基："为什么是他？"卡内基说："因为他最会赞美别人，这也是他最值钱的本事。"而卡内基为自己写的墓志铭是这样的："一个懂得跟比他聪明的人合作的人，安眠于此。"

3. 培养孩子的合作意识与能力

相比个人英雄主义，当今社会更看重一个人在团队中的沟通协调、协作共赢等能力。团队合作能力也是一个人高情商的重要表现。父母应重视培养孩子的合作意识和协作能力，鼓励孩子积极融入集体，在团队中磨炼和发展个人才能，避免孩子养成孤僻、不合群、以自我为中心等不良性格。

一方面，家庭本身就是一个小团队，家庭成员需要相互配合才能让家庭生活井然有序，过好每一天。父母可以利用日常生活的琐碎事务训练孩子的合作能力。例如，周末父母和孩子一起大扫除，让孩子分配每一位家庭成员的清扫区域和清扫任务，和家人分工合作来完成清洁任务。

另一方面，父母可以鼓励孩子多参加运动竞技、探究性学习、社会实践等团体活动，帮助孩子找准自己在团队中的角色定位，让孩子在团队活动中积极发挥自己的优势特长，认真完成团队分配给自己的任务，以便快速融入和适应集体，成为团队中不可或缺的一分子。

此外，父母要引导孩子看到团队中其他伙伴的优势和价值，让孩子懂得一个人的力量是有限的，与其孤军奋战，不如团结共进。只有和团队中的伙伴们合作、互助，充分发挥各自的优势，才能促使团队目标顺利实现。

第二节
培养高逆商的孩子

一、"输不起"的孩子，失去的不仅是一次胜利

综艺节目《奇葩说》第六季有一位备受瞩目的选手许吉如，她的成长历程可谓是顺风顺水，从小就是传说中的"别人家"的孩子：清华大学本科毕业，又是哈佛大学肯尼迪政府学院研究生。不承想，许吉如在节目中经历了大起大落，遗憾败北。

一年后，许吉如重回《奇葩说》。当观众以为她要重振旗鼓时，她的表现却让人大跌眼镜：眼神躲闪，充满了犹豫和不安，不敢看观众，似乎怕得不到认可。许吉如最终止步于海选，甚至无缘参加一场辩论赛。时隔一年，许吉如始终没有走出失败的阴影，这个在成长路上一路"开挂"的女孩，收获无数荣誉，却没有学会如何面对失败和挫折。

在我们周围，像许吉如这样"输不起"的孩子比比皆是。有的孩子一次考试没考好，就灰心丧气，无心学习；有的孩子输了比赛，就发脾气、耍赖、打人，或者陷入深深的自我怀疑；有的孩子和父母大吵一架，离家出走，甚至跳江自杀……

人生不是一场短跑，而是一场马拉松，不是看孩子是否跑得快，而是看孩子是否跑得久，笑到最后的人才是真正的胜利者。漫漫人生路，道阻且长，决定孩子最后能否到达人生巅峰的从来不是一场输赢、一次得失，而是孩子奔赴未来的执着和韧性。人生没有坦途，跌倒了不可怕，爬不起来才致命，因为孩子失去的将不仅仅是一次胜利，还有面对逆境的豁达与坚韧、追求梦想的热情与干劲，以及勇往直前的豪情与信念，这些品质和能力远比一次输赢重要得多。一旦停下前进的脚步，孩子将永远失去登顶的机会，孩子失去的可能是整个人生。

二、逆商，决定孩子的人生能走多远

那些"输不起"的孩子，缺的不是聪明的头脑、做事的方法，而是勇敢再战的韧性，也就是"逆商"（Adversity Quotient）。

逆商全称"逆境商数"，是由美国职业培训大师保罗·斯托茨提出的概念。"逆商"是指人们面对逆境时的反应方式，即面对挫折、摆脱困境和超越困难的能力。心理学家认为，一个人事业成功必须具备高智商、高情商和高逆商三个因素。智商反映的是个人的智力水平，情商强调个人对自我情绪和人际关系的掌控力，逆商则决定了个人在实现人生目标的道路上能承受多重的压力，走得了多远的路。

逆商不足的孩子往往经不起大风大浪，一旦遇到挫折，就容易半途而废，甚至一蹶不振。他们习惯于回避困难，在舒适圈里打转，做事畏首畏尾，后劲不足，也就与成功无缘了。

逆商高的孩子，把苦难当作人生的财富，把失败当作成功的垫脚石，他们对苦难心怀感恩，因为是苦难让他们看到自己的不足，让他们变得更加刚强、勇敢，让他们冲破障碍，超越自我，成就更优秀的自己。苦难如同熔炉里的烈火，把孩子淬炼成锋利的宝剑，劈开荆棘密布的道路，撕开乌云遮挡的天空，迎接风雨后的绚丽彩虹、登顶后的万丈阳光。

三、太顺遂的人生，培养不出高逆商的孩子

1. 没有经历风霜洗礼的孩子，大多一生平庸

为人父母者，都舍不得孩子受苦。很多父母会把孩子的生活打理得妥妥当当，让他们很少有机会经历挫折。实际上，人生太顺遂，未必是好事。

《傅雷家书》中，傅雷对儿子傅聪说："一个人太顺利，很容易于不知不觉中忘形的。"太顺利了，人难免滋生骄傲自满的情绪，更重要的是，一个人赢得多了，缺少面对失败的经验以及锤炼，一旦遭遇挫折，很可能无法承受。就像前面提到的哈佛女孩许吉如，顺遂的人生让她的内心变得无比脆弱，一场比赛就对她造成了如此大的打击，长达一年的时间都没能让她从失败的阴影中走出来。然而，人生的竞赛何止这一场，没有经历过生活风霜洗礼的孩子，未来的路更难走。

在自然界，毛毛虫要变成蝴蝶，必须竭尽全力破茧而出。有人心怀怜悯，不忍心让毛毛虫如此受罪，他用剪刀把茧的洞口剪大一点，毛毛虫不怎么费劲就钻出了茧洞，却再也飞不起来了。原来，那个狭窄的茧洞是帮助蝴蝶翅膀发育的关键所在，毛毛虫在用力挤压茧洞时，将血液输送到翅膀组织中，只有两翼充血，蝴蝶才得以高飞。人类"自作聪明"地剪开茧洞，导致蝴蝶的翅膀失去了充血的机会，蝴蝶也就失去了飞翔的能力。

孩子的成长也是一个破茧成蝶的过程，必须经历挫折的考验、痛苦的挣扎，才能练就刚强的意志、成熟的心智和优秀的才能，蜕变成为展翅高飞的雄鹰。没有经历过成长剧痛的孩子，就像双翼萎缩的蝴蝶，大多一生平庸。

2. 不要人为地给孩子制造挫折

虽然父母有必要从小让孩子直面生活的风雨，培养孩子的抗挫能力，但这和人为地给孩子"使绊子"是完全不同的概念。

很多家长知道挫折教育的重要性，故意给孩子的成长制造障碍，或引发一些挫折事件来考验和历练孩子。比如，从不表扬孩子的优秀表现，反而鸡蛋里挑骨头，故意严厉批评、贬低孩子。当孩子反复经受打击，他不但不会因此变得坚强，反而会形成一种"我是一个失败者""我什么都做不好"的认知，对自己丧失信心，这就是"习得性无助"。在人为的挫折教育下成长的孩子，容易产生深深的挫败感和自卑感，觉得自己不配得到表扬，不配得到父母的爱。以至于有的孩子为了得到父母的肯定，处处讨好父母，渐渐形成"讨好型"人格。

真正的抗挫教育，是让孩子正视生活的坎坷和外来的挑战，不回避、不退缩，积极和挫折建立正向连接，把每一次挫折变成成长的经验值，激发孩子的潜能，强化孩子克服困难的能力。同时，也要让孩子知道，父母会无条件接纳他不优秀的一面，他不必为此感到羞愧和自卑，鼓励孩子对自己的失败负责。

四、如何培养孩子的"高逆商"

"逆商"要靠个人后天习得与强化。父母要抓住每一次孩子遭遇挫折和困难的机会，陪伴孩子一起积极面对逆境，指导孩子理智应对成长难题，努力磨砺心志，历练品格，提高孩子抗摔打、抗强压的能力。

（一）培养孩子正确对待输赢的态度

1.孩子对待输赢的态度，源于父母

大多数人都会有胜负心，这很正常。但过分关注输赢，只肯赢不肯输，无法接受失败，这就不可取了。而导致孩子得失心过重的往往是父母对待得失的态度。很多时候，是父母对输赢过于看重的态度，给了孩子无形的压力，让孩子也产生了一种"非赢不可"的执拗心理。因此，培养孩子的逆商，让孩子在输赢面前保持平常心和豁达心，要从改变父母的得失心态开始。父母输得起，孩子才不怕输。

当孩子遇到挫折时，父母不妨大方地和孩子分享自己过往的失败经历，用自己的"丑事"博孩子一乐，也让孩子知道：人无完人，父母也不例外，不必为此耿耿于怀。例如，孩子考试失利，父母不要急着给孩子讲道理、分析错题，可以和孩子说说自己小时候"考砸了"的故事，告诉孩子：爸爸（妈妈）也有考差的时候，但我通过自己的努力，在后来的考试中取得了进步。父母用自己的亲身经历让孩子看到成功的希望，学习父母不做逃避困难的懦夫，要做迎难而上的勇士。

2.孩子正确对待挫折的态度，要从小教起

有的父母为了哄孩子高兴，玩游戏时总是故意输给孩子；有的父母看到孩子跌倒，忙不迭地跑过去扶起来，生怕孩子伤着。父母给孩子营造了一个只有赢没有输，只有坦途没有痛苦的虚假世界，孩子获得短暂的愉悦和满足，却也被生生养成了易碎的瓷娃娃、温室的娇花，经不起一点儿挫折。父母不可能一辈子为孩子遮挡风雨，以后真实世界的磨难会带给孩子加倍的挫败感和无力感，让孩子难以面对，甚至可能做出自暴自弃、自残自杀等极端行为。

父母要让孩子从小体验"输"的感觉，告诉孩子，任何一个游戏、一场比赛，都有输赢，让孩子从小懂得输赢规则，明白意外和挫折都是生活常态，跌倒了，爬起来就好；输了，总结经验，下次再战即可。

从玩游戏不装输、不退让开始，父母要改变对孩子过度保护的姿态，学做一个旁观者，让孩子自己去面对生活的种种难事，让孩子适度感受"求而不得""付出未必有收获"的挫败体验。用身边各种小事来强化孩子对失败、挫折的正确理解和坦然接纳，给予孩子独自面对风雨的勇气和能力，逐渐塑造孩子强韧的内心，避免孩子把一次小小的挫折看作无法逾越的人生低谷，让孩子在残酷现实中体会到：我们改变不了失败的事实，但我们可以改变自己对待失败的态度，可以改变自己。父母要相信，孩子可以用自己的智慧和意志来应对生活中的难题。每一次吃苦，都是孩子为未来迎接人生更大的风雨积蓄力量。

乒乓名将刘国梁的女儿刘宇婕参加高尔夫球 CJGT 精英赛，错失冠军。赛后，刘国梁在微博中写道："既然选择了竞技体育这条路，那就好好享受以后输输赢赢的人生吧。"在父母的教育下，刘宇婕从来没有因为打不好球而哭，她说："哭有什么用，打好第二杆不就行了。"此后不久，刘宇婕摘得了世界之星青少年高尔夫锦标赛冠军等多项荣誉。

在汇丰中国青少年高尔夫冠军赛总决赛首日，刘宇婕的比赛状态不是很好，刘国梁没有指责孩子，而是赛后平静地和孩子进行复盘，分析犯错的原因。经过爸爸的指点，第二天刘宇婕表现出色，成功夺冠。刘国梁说："不但要教会孩子怎么去赢，更要教会孩子如何面对失败，只有输得起的人，才能真正强大，并且在成功的路上走得更远。"

（二）培养孩子的成长型思维

1. 什么是成长型思维

斯坦福大学心理学家卡罗·德威克认为，一个人在面对困难挫折时存在两种思维方式：固定型思维和成长型思维。这两种思维模式最大的区别，在于孩子对待困难和失败的态度，是认为"我做不到"还是"我可以再试试"。

固定型思维的孩子认为，自己的智力和能力是一成不变的，他们往往害怕失败，拒绝接受挑战，觉得自己在改变现状上无能为力。

成长型思维的孩子相信，通过努力可以改变自己的智商和能力，他们相信自己潜力无限，认为挫折不是自己前进路上的阻力，而是动力，应对挫折能使自己的能力得到提升。

2. 关注孩子的行为过程，而不是行为结果

培养孩子的成长型思维模式，父母应多对孩子的表现过程进行表扬、鼓励，少夸赞其行为结果，特别是尽量不要夸孩子的智力，避免给孩子贴上"聪明""有天赋"等标签。因为，"你太聪明了！"这类夸奖会让孩子觉得自己被重视仅仅是因为智商。一旦孩子遭遇失败，他很容易联想到是自己"不够聪明"才把事情搞砸了。

例如，孩子花几个小时完成了一幅油画，拿给父母欣赏。父母通常会大力夸奖孩子："画得真棒。""你就是我们家的毕加索啊。"建议父母转换一种表扬的思路，从孩子绘画的努力、专注、坚持、创意等方面去鼓励和肯定孩子，让孩子知道自己通过努力可以做得越来越好。

比如，"妈妈看到你坐在画板前几个小时了，画画专注到连饭都顾不上吃，

这幅画凝聚了你很多的心思吧。""我看到你画这幅画的时候换了几种呈现方式，这是你最新的思路吗？你不但学会老师教的画法，还加上自己的理解和创意，很巧妙、很大胆，妈妈特别为你骄傲！"

3.教会孩子合理归因，让孩子相信自己越努力越优秀

当孩子遭遇失败时，父母要教会孩子合理归因，尽量从努力、能力等可控因素去分析。让孩子明白一时的失败不能说明什么，自己还有很大的进步空间，加倍努力提高自己的能力，下次一定能成功。

同时，父母要引导孩子详细分析这次失败经历中哪些是有价值的收获，这次失败对孩子今后的发展有什么启发等。让孩子学会更加理性、更加辩证地看待自己的失败，而不是一味地觉得失败很丢人，事情搞砸了就一无是处。任何失败的经历对于孩子的成长而言都是一笔宝贵财富，父母要鼓励孩子多一些正向思考，少一些自我否定。

通过"合理归因"的思维训练，父母能够有效转变孩子的固定型思维模式，让孩子逐渐不再害怕和父母谈论失败，而是积极地对失败进行反思、改进，相信自己只是暂时做不好，下次一定会做得更好，努力争取下一次的进步与成功。

（三）培养孩子顽强的意志力

1.意志力是战胜一切挫折的利器

龟兔赛跑的故事家喻户晓，很多人对这个故事的解读是骄傲使人落后，虚心使人进步。事实上，这个故事也可以从另一个角度去理解：一时的领先不代表最后的胜利，暂时的失利也不意味着最终的失败，只要坚持不懈、永不放弃，就有机会赢得真正的胜利。培养逆商，就是培养孩子的意志力。意志力是孩子战胜一切困难和挫折的利器。

辣目洋子，一个普通平凡的女孩，却从《演员请就位2》节目中脱颖而出，成为演艺圈的一匹黑马。她被尔冬升导演高度评价为"有机会当影后"的演员。辣目洋子本名叫李嘉琪，她相貌平平，却从小有一个演员梦。她从小到大遭受过各种对她外貌的攻击，但她自己对"美"有独到见解，她说："如果想找个女演员，随便一抓一大把。但想找个丑陋有特点、有自信、会搞笑的女人，就我一个。"辣目洋子从拍短视频开始，一步一个脚印地往前走，凭着一股韧劲杀入演艺圈，逐渐崭露头角。她凭借自信、坚毅的个性，幽默、精湛的演技赢得越来越多观众的喜爱和认可。辣目洋子坚毅不屈、不向命运低头的个性，让她在颠簸的人生中守住了自己的梦想。

2. 从点滴小事培养孩子的意志力

"不积跬步，无以至千里；不积小流，无以成江海。"孩子的意志力培养是一个积少成多、集腋成裘的过程。父母应通过日常生活中的点滴小事，循序渐进地训练孩子的意志力。例如，引导孩子认真完成每一天的作业，要求孩子每天坚持运动1小时，安排孩子每天协助父母做家务等。这些看似不起眼的小事，要求孩子坚持做、长期做，并不容易。一旦孩子坚持下来，并且每一次都认真对待、按时完成，这对磨炼孩子的意志力大有益处。孩子就是在一天天坚持完成一件件小事的过程中，逐渐成长为一个意志坚强、做事有始有终的人。

相反，如果父母不从日常生活琐事去规范、约束孩子，觉得一次作业不完成、一天没有运动不是什么大事，那么孩子的意志力就会被一点点削弱，孩子也会慢慢染上做事漫不经心、虎头蛇尾等不良习惯，最后导致孩子学习、生活上的"全线溃败"，到时候悔之晚矣。

3. 培养孩子吃苦耐劳的品质

梁启超的父亲从小就要求他不仅要刻苦读书，还要帮家里干农活，不许他"做游手好闲的人"。梁启超对自己的子女同样要求严格，当梁思成夫妇从美国留学归来后，他就建议他们去条件艰苦的东北大学任教。

"难得少年穷"，中原集团创始人施永青也有同样的教育理念。他早早就将自己持有的中原集团股份全部捐赠出去。他认为，中国人习惯把自己赚来的钱留给子女，但子女从小生活得太安逸未必是好事，他们会无心向学，不愿意自己奋斗了。施永青在大女儿很小的时候就告诉她，父母的钱都不会留给她，需要钱就必须自己去赚。施永青写过一篇文章叫《时下的年轻人是否还有求生的能力？》，他在文章中说道："我相信，生于忧患的人，才会对自己所处的环境特别关怀，他们知道危机四伏，必须打起精神留意身边发生的事，不然就会反应迟钝，或者选择错误，这些都是致命的。"

在人工智能崛起、职业竞争激烈的当下，孩子更需要有旺盛的求生意志。父母不妨"穷养"孩子，无论家境富裕还是普通，父母都应培养孩子勤俭节约、吃苦耐劳的品质，严禁奢侈浪费。不过度保护孩子，也不对孩子有求必应，让孩子保持敏锐的求生意识，以便更好地应对变幻莫测的未来世界。

第三节
培养高财商的孩子

一、家庭财商教育缺位，不利于孩子树立正确的金钱观

据调查，九成以上家长几乎不会对青少年时期的孩子进行理财培养。很多家庭缺少财商教育的意识和能力，孩子普遍过着衣来伸手、饭来张口的生活，主要体现在以下方面。

1. 父母对孩子花钱没有限制又缺乏监督

当下流行一个"全民富二代"的社会现象：富人家的孩子当富二代养，穷人家的孩子也当富二代养。很多父母的育儿思想是"再穷不能穷教育，再苦不能苦孩子"，对孩子几乎是有求必应。孩子完全没有金钱概念，也没有缺钱的危机感，仿佛只要父母往取款机前一站，或者打开支付宝、微信一刷，钱自然就有了。

重庆一个13岁的孩子偷拿家中21万元现金，在不到两个月的时间里统统花光，父母竟毫不知情。事后，在家长的追问下，孩子说他每次都会拿两沓钱即2万元外出，然后叫上自己的好朋友一起到周边比较有名的景区游玩，他包吃包住，2万元很快就用完了。为逃学出去玩，孩子还偷偷用爸爸的手机给班主任发短信，谎称自己生病了要休息几天。

上述这类让人啼笑皆非又痛心不已的案件早已屡见不鲜。这些孩子是任性妄为的"熊孩子"，可案件背后的问题更多还是出在父母身上。由于父母财商教育的缺失，孩子对金钱没有认知，不知道钱应该怎么花，也不知道钱对于整个家庭的意义。孩子不仅染上了乱花钱的恶习，甚至为了吃喝玩乐而偷钱、逃学，这对孩子的成长是极为不利的。

2. 父母对金钱管控过严，所有花钱的事情都由父母包办

许多父母怕孩子过早接触金钱，被金钱"腐蚀"，从不和孩子谈"钱"，要求孩子"好好读书就行了，其他的事情不用你操心"。孩子一直生活在"知识的殿堂"

里，成为一个远离铜臭味的"纯粹的人"。他们日后也许会读不错的学校，找到不错的工作，但由于财商不足，缺乏理财意识与能力，最后变成月光族、啃老族、卡奴族等，生活处处掣肘，更谈不上享受高品质的幸福生活。

在网上炒得沸沸扬扬的女大学生"裸贷"事件，以及学生因为校园贷债台高筑、被迫退学、跳楼自杀等事件，都是青少年财商教育匮乏、金钱观扭曲、理财能力不足的典型体现。

3. 父母的财商教育方法失当，习惯用金钱奖励或惩罚孩子

例如，"你考试100分，就奖励你100元钱。"父母经常以金钱为手段管束孩子，容易让孩子养成"金钱至上"的金钱观，凡事都用金钱来衡量。这在一定程度上弱化了孩子的责任感，把本来理应由孩子完成的事情，如学习、做家务等当成了必须付出回报才愿意做的事。

如果父母在对待金钱的教育问题上把握不好尺度，对孩子的引导产生偏差，孩子很难对金钱形成正确认识。再加上"拜金主义""享乐主义"等不良社会风气的过度渲染，孩子很容易养成花钱大手大脚、盲目攀比、好吃懒做等不良习惯，甚至形成错误的人生观和价值观。

《富爸爸穷爸爸》的作者罗伯特·清崎说过："如果你不教孩子金钱的知识，将会有其他人取代你。如果让债主、奸商、警方甚至骗子来代替你进行这项教育，各位家长一定会付出惨重的代价。"因此，父母要重视财商教育，把它作为孩子成长的一门必修课，从小抓起。

二、财商教育概述

（一）什么是财商

财商（Financial Quotient）一词，最早是美国企业家罗伯特·清崎在《富爸爸穷爸爸》一书中提出的。他对财商的阐述是：财商，是一个人与金钱打交道的能力，是理财的智慧。其主要包括两方面：正确认识金钱及其规律的能力，正确使用金钱的能力。

财商教育是普及财商知识、提高财商智慧和能力、培养财商素养的教育。青少年财商教育的目标在于促使青少年正确认识金钱的运动规律，树立正确的金钱观和价值观，科学合理地运用金钱实现人生梦想。

（二）财商教育对孩子成长的意义

1.财商教育让孩子明白金钱是从哪儿来的

通过财商教育，孩子懂得钱是父母通过智慧和劳动换来的。如果孩子想要拥有财富，也必须掌握创造财富的技能，并付出辛勤的劳动才能获得。当孩子明白金钱来之不易，在花钱时就会多一分珍视和谨慎，有效避免无度的挥霍。

2.财商教育让孩子懂得合理支配金钱

财商教育培养孩子对金钱的应用能力，让孩子学会买东西的时候货比三家，适度消费，理性区分"需要"和"不需要"的东西，避免冲动消费和盲目攀比，学会把钱花在刀刃上，用较少的金钱来实现自己物质和精神价值的最大化。

3.财商教育让孩子明白金钱不是万能的

财商教育引导孩子形成正确的金钱观，一方面，正确认识金钱的作用，知道生活离不开钱，金钱可以让生活更美好；另一方面，让孩子明白金钱只是一种工具，金钱不是万能的，有很多东西是金钱买不到的，也比金钱更重要，例如，健康、友谊、亲情、爱情、工作的乐趣、事业的成就、他人的认可等。我们需要钱，但不能过分看重钱，我们要驾驭金钱，而不是被金钱控制，否则会失去生活真正的乐趣，失去人生最宝贵的东西。

4.财商教育让孩子懂得如何创造财富

财商教育教给孩子基本的理财知识，提高孩子对经济的关注度和敏感度，激发孩子创造财富的潜能。

"股神"巴菲特从 6 岁时开启了赚钱之路，9 岁时，他把二手高尔夫球卖给邻居；14 岁时，他用攒下的钱从父亲手里买下了一个 40 英亩的农场，当上了"小地主"；高中时，他和朋友买了几台旧弹子球机，放到理发店按小时收费，收入和理发店老板五五分成……巴菲特在商业上眼光精准，逢战必胜，这与他从小培养起来的财商意识和能力分不开。

5.财商教育让孩子懂得感恩父母

财商教育让孩子有机会了解家庭的收支情况，深入体会父母赚钱和维持家庭开支的种种不易，懂得感恩和体贴父母，进而严格要求自己，努力学习，不辜负父母的一片苦心。当孩子学会感恩、学会知足、学会承担责任时，就不易滋生虚荣、懒惰、不学无术等恶习。

三、财商教育，来自生活，回归生活

大多数情况下，财商教育体现在孩子日常对金钱的运用与管理中，父母可以利用日常钱货交易、转账汇款等契机，对孩子进行财商知识与能力的指导。促使孩子形成正确的金钱观和良好的理财习惯，学会规划金钱、规划梦想，并学会体谅父母的辛劳，增强责任感，获得独立自尊、乐于助人、奉献社会等健全人格和良好品德。

1. 根据孩子的成长特点，分阶段培养孩子的财商

什么时候对孩子进行财商教育比较合适？国际上普遍认同 3~12 岁的孩子是接受财商教育的最佳年龄。

（1）3~6 岁，财商启蒙教育

父母可以通过玩超市购物游戏、带孩子逛商场等方式，为孩子搭建使用金钱的具体场景，让孩子体验购买物品、找兑零钱等过程，了解金钱是如何流通的，教会孩子一些基本的金钱概念，包括数字、大小、轻重的比较，钱币的种类和金额，商品货币交换的观念等。

如果孩子提出不合理的购物要求时，父母要温柔且坚定地拒绝，让孩子知道不是想买什么就能买什么，让孩子初步形成有选择地购买、节约、不浪费的财商意识。

条件允许的情况下，父母可以带孩子到自己工作的地方参观，告诉孩子自己每天做什么工作，工资是怎么发的。让孩子从小就知道家里的钱从哪里来，不是取款机里随意支取的，也不是支付宝里一刷就有的，而是父母辛苦工作赚取的。

（2）7~12 岁，财商成长教育

对于学龄阶段的孩子，父母可以适当给一些零花钱，例如，每周 10 元，让孩子拥有一笔自由支配的财富。然后引导孩子制订自己的零花钱开支计划，学会有计划地使用零花钱，知道在购买物品时要有所选择与取舍。

父母可以引导孩子准备三个账户，将压岁钱和零花钱分为三类：储蓄、消费和助人。

第一个是储蓄账户。父母带孩子到银行为他单独开设一个账户，让孩子把一部分压岁钱和零花钱存起来，并且让孩子参与办理一些基础的银行业务，如填写存单、给爷爷奶奶转账等。为孩子简单解释银行存款利率的作用，让孩子知道把

钱存在存钱罐和存进银行有什么区别，培养孩子的储蓄和理财意识。

第二个账户是消费账户。父母引导孩子准备一个存钱罐，定期往里面投入零花钱，积累财富购买他需要的或想要的东西，如喜欢的玩具、想看的电影的电影票等。这期间如果孩子因为其他的诱惑而支取了这个账户的钱，以至于他原来想买的东西没买到，那他就必须为自己的不合理消费负责。

第三个账户是助人账户。父母鼓励孩子准备一个存放"助人基金"的存钱罐，用来帮助有需要的人或支持家庭的集体活动，让孩子体验用金钱帮助他人的快乐和意义。

此外，父母要教会孩子记账，引导孩子记录自己每一笔钱的开销，并定期分析自己的收入和支出情况，比如哪些开支是合理的、哪些开支是不合理的、是否超支了等，帮助孩子学会合理消费。

有的父母可能自身理财知识有限，不知道该怎么教孩子，不妨借助互联网平台，例如，让孩子使用手机记账软件，按照软件提示做好自己的收支记录；借助理财知识App，父母和孩子一起上理财公开课，一起学习理财知识。

（3）13岁～高中毕业，财商发展教育

当孩子进入小学高年级或初中后，父母可以把家庭基本财务情况告诉孩子，让孩子清楚地知道家庭每月收入多少、支出多少、主要的消费支出是哪些方面等。这个时候，父母要用坚定的语气告诉孩子："爸爸妈妈一定会保证你上学、生活的费用，你不用担心。但长大了你就要通过自己的努力去创造财富。"这样的承诺可以在金钱方面给予孩子安全感，让孩子没有后顾之忧地成长。

同时，父母可以让孩子参与制订家庭开销计划，听取孩子在家庭财务大事上的意见，训练孩子的理财能力，让孩子体察父母维持家庭生活的不易，增进亲子感情，增强家庭责任感。

父母可以给孩子普及一些简单的金融、信贷知识，如银行利息、保险、基金等，熟悉投资的家长可以带领孩子参加一些简单的投资活动，如购买理财产品、基金、股票等，陪孩子一起关注投资账户的变动和资本市场的信息，引导孩子掌握基本的投资原则和方法。

父母可以将信贷知识渗透到生活中，例如，当孩子有很想买的东西，但自己的"消费账户"余额不足时，父母不妨"贷款"给孩子，让他先把喜欢的物品买了，然后要求他按月从零花钱中支出一部分来偿还"分期贷款"。这种方式既有趣，又能丰富孩子的信贷知识。

近些年，父母带着孩子做公益已经成为一种时尚，有远见的父母都会利用周末或假期时间，带孩子参加各种公益活动，让孩子拿出自己的"助人基金"，去帮助身边需要帮助的人。让孩子体会到帮助他人的喜悦感和成就感，意识到金钱的价值不仅在于满足自己的需要，还可用来回馈他人、造福社会。

由上海联劝公益基金会发起的亲子公益徒步活动——"小小暴走"，每年都定期举办，在三年的时间里，得到了1000多个有情怀和社会责任感的沪上家庭的积极参与。同时发动亲友筹得善款112余万元，为近5000名老人提供包括陪诊、义诊、术后家政、敬老院基础设施修缮、失独老人心理疏导、防失智宣传和失智早期干预等服务。

等孩子到了打工的合法年龄，父母可以鼓励孩子出去勤工俭学，让孩子体验赚钱的辛苦与乐趣，学会珍惜自己和家人的劳动所得。

2. 教会孩子区分"需要"和"想要"，培养孩子节俭的消费习惯

一般来说，消费需要引发消费动机，消费动机推动消费行为，表现为人们对各种消费品的需求和欲望，有人形象地称之为"想要"。事实上，消费"需要"和"想要"并不完全对等。"需要"指向的是对个人有实际用途、不可缺少的事物；"想要"指向的是个人纯粹的愿望和冲动反应。

网络上有一个群体叫"剁手党"，他们沉迷于网络购物，是网上各种"购物节""限时抢购"等活动的忠实顾客。他们常常被眼花缭乱的促销让利活动吸引，产生"想要"的冲动，然后买回一大堆并不"需要"的物品，造成金钱和时间的极大浪费。很多孩子也是"剁手党"，他们的消费心理就是典型的"想要"和"需要"的不匹配。

父母应利用每一次购物的机会，引导孩子对自己要买的东西进行分类，看看哪些是"需要"的，哪些是"想要"的。例如，孩子的水杯摔碎了，要买一个水杯喝水，所以水杯就是"需要"的物品；孩子想买一双名牌的鞋，他的同学就有一双这样的鞋，孩子原本已经有运动鞋了，但他觉得朋友的鞋子更酷，这就属于跟风消费，这双鞋就是孩子"想要"的物品。

完成物品分类后，父母还应进一步引导孩子根据家庭消费能力选择自己真正"需要"的物品，超过自己消费能力的"需要"是不合理的。例如，从饮水卫生和安全，以及家庭经济实力来考虑，选择价值50元的水杯就能满足孩子的"需要"，如果孩子非要买更贵、更花哨的水杯，那就没必要了。父母切忌在孩子面前"打肿脸充胖子"，要让孩子知道消费受到经济实力等条件的制约，要学会避免浪费，

有计划地消费，这是理性消费最重要的品质。

同时，父母要引导孩子对自己"需要"和"想要"的东西进行排序，确定优先权。一般来说，"需要"的东西放在优先地位，比如，父母和孩子打算去超市买牛奶，孩子看到玩具也想要，这时候就应优先把牛奶买了，如果还有余钱，再和孩子讨论买哪个玩具。父母要让孩子知道，钱是有限的，他要学会给物品排序确定优先权，有选择地消费，才能实现消费价值的最大化。

每次花钱之前，父母都和孩子进行"需要"和"想要"的愿望分类练习，训练孩子形成理性消费的思维模式。当孩子花钱时，他就会自动启动这一思维模式，逐渐提高对金钱利用的判断力和自控力，有效避免因为冲动、虚荣、跟风等原因引起的不合理消费，做到把钱用在刀刃上，减少浪费，自然就能省下一笔可观的开支，这是另一种形式的"赚钱"。

需要强调的是，凡事过犹不及，如果父母只注重"节流"而忽视"开源"，一味地教孩子省钱，用节俭来消除一切开销的价值和意义，很可能导致孩子形成另一种形式的拜金心理——吝啬心理，成为毫无生活情趣的"守财奴"。这不仅会影响孩子和家庭的生活品质，也会让孩子在人际交往中给人留下斤斤计较、抠抠搜搜的"吝啬鬼"形象，不利于孩子建立和维持良好人际关系。

另外，如果孩子花太多精力在对金钱的精打细算上，很可能浪费宝贵的时间，也容易丧失冒险的勇气。例如，有的孩子为了买衣服省钱，在购物网站上不停地逛；有的孩子为了集赞领小礼物，一直发微信让亲戚朋友到他的朋友圈去点赞，忙得连写作业都心不在焉了……为了省钱而浪费宝贵的时间，这是财商教育最大的失败。

父母一定要告诫孩子，与其把大把时间浪费在"占小便宜"上，不如拓宽思路，把时间省下来投资自己、提升自己，比如读书、运动、学习新事物等，让自己具备更多创造财富的能力，这才是决定个人未来财富值的关键所在。

3.培养"延迟满足"能力，让孩子追求长远的未来

延迟满足是甘愿为更长远、更有价值的利益和目标，适当牺牲当下、延迟享受快乐的一种抉择取向，以及在等待期间展现出来的自我控制能力。财商教育的一个重要内容就是培养孩子的延迟满足能力，训练孩子抵制即刻消费带来的快感，追求长远的更有价值的目标。

犹太人最经典的财商教育就是培养孩子的延迟满足能力。犹太人认为："如果你喜欢玩，就需要去赚取你的自由时间，这需要良好的教育和学业成绩。然后

你可以找到很好的工作，赚到很多钱，等赚到钱以后，你可以玩更长的时间，玩更昂贵的玩具。如果你搞错了顺序，整个系统就不会正常工作，你就只能玩很短的时间，最后的结果是你拥有一些最终会坏掉的便宜玩具，然后你一辈子就得更努力地工作，没有玩具，没有快乐。"

父母可以把压岁钱、零花钱作为工具，对孩子的延迟满足能力进行长期训练。训练过程中，父母要注意以下三点：一是孩子必须是自发选择延迟满足，而不是受到父母或其他外界力量的强迫；二是孩子能意识到，晚一点得到的满足比当下的满足更有吸引力；三是孩子要坚决付诸行动，比如坚持存钱，不轻易放弃。

例如，孩子喜欢游泳，父母可以让孩子用自己的零花钱来支付下一次的游泳费用。为了能够再次去游泳，孩子会决定少买零食，存钱支付游泳费，因为他觉得游泳比吃零食更有趣。

孩子想在明年暑假和同学出去旅游，父母可以和他商量，由他自己支付一部分旅途费用。为了顺利出游，孩子就要减少其他开销，努力存钱，甚至可能需要出去打工赚钱，用一整年的时间把所有的零花钱、压岁钱、打工钱都存下来，用来支付旅途费用。

经过一次次"延迟满足"训练，父母要让孩子明白，金钱（和其他资源）是有限的，不要一次性把自己所有的财富资源都投入当下的享受，而是要通过有计划、有节制的消费，为未来更重要、更有价值的事情做准备。当孩子这样做时，表明孩子已经具备了良好的财商水平，孩子未来的生活也会越过越好。

第四节
培养高美商的孩子

一、陋室中的野花，绽放生命的美丽

央视主持人张越曾和观众们分享过一个故事：因为扶贫工作，张越曾经多次到山区去采访贫困户。有一次，她来到了一个贫困户家里，这个家非常简陋，可以说是家徒四壁。但就在这样一个破败的家里，她意外地看到了一束野花，它被插在玻璃瓶里，安静地摆放在屋内的一个角落里，美丽而充满生机。那束怒放的野花仿佛一种看不见的生命力，让张越的内心受到了强烈的冲击。她说："我想这户人家最有条件走出贫穷，因为他们对生活有要求。"

一个对生活有要求的人，也是一个"美商"在线的人，生活的重压可能早已把他的背脊压弯，他却仍然能从灰暗生活中捕捉到一抹亮色、一份美好。那朵陋室里独自盛开的野花，像荧荧微光，折射出他对生活执着的热爱，也给了他追求光明和幸福的勇气。

每个人都有爱美之心，但并不是每个人都能拥有高美商。美商（Beauty Quotient），全称美丽商数。美商不是指一个人的漂亮程度，而是一个人对自身形象的关注程度，对美学和美感的理解力，甚至包括一个人在社交中对声音、仪态、言行、礼节等一切涉及个人外在形象的因素的控制能力。

美商高的孩子善于敏锐感知世界的美好，从中获得内心的富足和强烈的幸福感。他关注自己的一言一行，渴望将自己最美好的状态呈现出来，也渴望用双手为世界增色，让这个世界因他而更美好。"美"给了他乐观向上、不畏风雨的动力，也给了他关爱他人、奉献社会的能力，让他的人格变得完善，生命变得更有温度和质感。

二、美商培养，重在美育

（一）美育概述

法国著名雕塑家罗丹曾说："美是到处都有的，对于我们的眼睛，不是缺少美，而是缺少发现。"一个人发现美、创造美的能力不是与生俱来的，它需要经过后天教育和训练才能获得。因此，培养高美商的孩子，关键在于美育。

在我国，美育思想自古有之。春秋时期的教育家孔子提出"兴于诗，立于礼，成于乐"。他倡导"乐教""礼教"。乐，实际上就是美育课。他以"六艺"教授弟子，奠定了中国古代美育的思想基础，推动了中国美育传统的形成。

美育一般指培养学生认识美、爱好美和创造美的能力的教育。狭义的美育特指"艺术教育"，如音乐、美术、舞蹈、建筑等。

广义的美育，蔡元培先生认为，凡是"视听、感官之所触，可以资美感者，皆为美感教育之范畴"。还有人认为，"真正的美育是将美学原则渗透于各科教学后形成的教育。"广义的美育强调美育对诗意人生的促进功能，以美动人、以情感人，使人得以更细腻地感知生活，更开阔地思考人生，更豁达地与人沟通，进而拓展人的精神世界，塑造人的完善人格，实现人的全面发展。

（二）美育的价值

教育家王国维认为美育的作用"一面使人之情感发达，以达美之域，一面为德育、智育之手段"。具体而言，美育对孩子成长的价值和意义主要体现在以下几个方面。

1.美育可以怡情健身，促进孩子身心健康发展

美育能带给孩子积极的情感体验，调节孩子的心情。如色彩斑斓的图画让孩子赏心悦目；美妙的音乐让孩子吟唱、舞蹈，心情也跟着旋律一起飞扬等。孩子在美好事物的熏陶下，身体上和精神上都得到愉悦体验，促使孩子形成健康向上的人生态度，保障孩子的身心健康。

2.美育可以开发孩子的智力，增强孩子的学习动力

孩子在自然与社会的寻美过程中，能够发现数学之美、物理之美、语言之美等学科美，唤醒求知欲和学习兴趣，增强学习意志力。同时，孩子的观察力、想象力、思维力、创造力等也得到极大锻炼，有利于促进孩子的智力开发。

3. 美育可以发展孩子的道德情操，塑造孩子的健全人格

傅雷的家庭教育原则是"主张先为人，次为艺术家，再为音乐家"。美育的最高价值是用美感来陶养人性，点燃人们对生活和生命的热爱。美育将枯燥的德育知识通过生动、形象、有趣的方式传递给孩子，引导孩子学会分辨美与丑、真与假、善与恶，达到陶冶情操、净化心灵、升华思想、完善人格的目的。

把"美"放进心里，让它成为孩子生命的原动力，促使孩子拥有向善向上的人格与品德、傲立于风雨的从容与淡然，以及对未来人生不灭的热情与希望。这就是孩子感知美、欣赏美、追求美、创造美的价值所在，也是"美育"的应有之义。

三、家庭是美育的摇篮

（一）家长对美育的误解

1. 误解一：我家没有条件搞美育

有的父母认为学艺术太费钱了，自己家庭条件一般，没有多余的资金来支持孩子搞美育。有的父母觉得自己没有艺术特长，没办法对孩子进行审美和艺术教育。

实际上，生活处处是美。父母陪孩子看一本有趣的绘本、和孩子到郊外踏青、给孩子做一道美食，这都是美育。美育就蕴藏在日常生活里，不需要父母专门花钱"买"美育，只要父母做生活的有心人，就能带孩子领略身边的美，从生活点滴对孩子进行美的熏陶。

而且，美育不是艺术家的专利，不要求父母一定要具备艺术才能。家庭美育专家戴亚楠认为"家庭美育最重要的是在家长和孩子之间架设一座桥梁，让两个独立的个体更顺畅地沟通，帮助孩子更好地享受在世为人的这段生命"。只要父母有一颗带孩子体验美的心，陪伴孩子一起完成一些令彼此身心愉悦的事，这就是美育了。

2. 误解二：美育就是艺术培训

一些父母认为美育就是给孩子报艺术兴趣班，如乐器班、绘画班等，让孩子多培养几个兴趣爱好，多才多艺。

艺术教育是美育的主要内容，但不是全部，美育所承载的内涵和价值远大于此。美育的最终目的是让孩子获得审美的精神和完整的人格，让孩子的精神世界丰富而精彩，让孩子学会珍惜生命，享受生活，始终有一颗追寻美好、热爱生活的心。

3. 误解三：美育是为了升学加分

一些父母带着功利的目的对孩子进行艺术教育，不管孩子是否感兴趣，只看这项艺术活动是否在升学时有加分或有好处。对升学有利的就强行要求孩子学习，没用的就坚决要求孩子远离，艺术教育俨然成为孩子考名校的一条"捷径"。

美育是一种精神活动，目的是让孩子看到、享受世界的美，获得精神的愉悦和满足。但功利性的美育往往伴随着强制学习和野蛮教育，留给孩子更多的是不开心、受折磨的印象。孩子的艺术技能也许能够得到良好发展，但孩子却很难从艺术学习中体验到美和愉悦，反而可能触发孩子的逆反心理，让孩子对艺术产生厌弃、抵触心理。这种窄化了途径、忽视孩子精神熏陶的美育很可能扼杀孩子的艺术热情和天赋，让一颗未来的艺术之星过早陨落。

（二）家庭美育是美育的基石

著名教育家陶行知先生说："烧饭是一种美术的生活。做一桩事情，画幅图画，写一张字，如能自慰慰人就叫作美，一餐饭烧得好，能使自家人吃得愉快舒服，也能使人家愉快舒服，岂不是一种艺术？"家庭的方方面面、细枝末节都有美的踪影，父母的穿衣打扮、待人接物、言谈礼节等无不给孩子的审美倾向带来潜移默化的熏陶。

蔡元培先生把美育的教育方式分为家庭、学校、社会三个部分，其中家庭美育是最基本的部分。与学校美育、社会美育相比，家庭美育具有早期性和长期性的特点。

早期性是指家庭美育的实施时间比学校美育和社会美育早得多，甚至孩子还在母亲肚子里时就已经在接受美的熏陶了，也就是"胎教"。因此，美育的根在家庭。孩子最初对美的认知，孩子对美的理解、喜好、倾向大多源于对父母审美的模仿。

长期性是指家庭美育可以终生实施。家庭永远是孩子的归宿，孩子只要回到家，家里的一桌一椅、父母的一言一行，对孩子来说都是美育的剪影。家庭美育对孩子的影响贯穿其一生，孩子一生的审美标准、审美行为都深深刻下了家庭美育的印记。

四、家庭美育策略

儿童心理学家孙瑞雪认为，审美敏感期是螺旋式发展的，会从对自我形象美的要求，上升到对环境、对内在气质、对艺术品质的完美追求等。孩子的审美敏感期从 2 岁左右就开始显现，父母应从小重视孩子的美商开发，这对于塑造孩子一生的气质和涵养至关重要。

1. 为孩子创造一个美的生活环境

孩子对美感的直观感受首先来自于他所生活的环境。家庭的布局、装饰、色彩搭配等方面往往体现出家庭成员的审美品位和对生活的要求。

虽然每个家庭的经济水平、生活条件不一样，但良好的居家环境并不完全靠金钱来打造，为孩子提供一个干净整洁、温馨舒适的生活环境，这是父母可以做到的。在此基础上，父母不妨多花点心思，用美的事物来点缀生活，为居家环境锦上添花。例如，在墙上挂几幅格调高雅的字画，在阳台种几盆绿植，经常在屋里播放古典音乐，在室内错落有致地摆放风格鲜明的艺术品等，为孩子提供一个充满艺术情趣的环境，处处透出美的质感和文化的意蕴，让孩子潜移默化地受到艺术熏陶。

父母也可以邀请孩子给居家环境的设计出谋划策，或者由孩子亲自设计自己房间的布局和装饰，和孩子一起动手制作小手工、画作、剪纸等，用来装点房间，让孩子成为"生活的设计师"，这对孩子审美能力的培养和性情的陶冶大有好处。

另外，优美的家庭环境不单指外在的居家环境，还包括家庭氛围和家庭成员之间的关系。孩子最初是通过父母的相处方式来感知人际关系之美的。如果父母之间长期处于暴力、冷漠等状态，会对孩子的精神世界造成不良影响，让孩子对人际关系感到失望、不安。相反，如果父母之间互相爱护、尊敬、谦让、体谅，共同为孩子营造一个温馨和谐、爱意满满的家庭氛围，这会带给孩子足够的安全感和幸福感，让孩子看到人与人之间因爱与和平产生的美，有利于培养孩子与人交往的赤子之心。

2. 父母以身作则，以情动人

父母的言谈举止、穿衣打扮、待人接物、生活习惯等，无一不是孩子模仿的对象。因此，父母必须以身作则，在孩子面前自觉展现自己有礼有节、乐观坚强、热爱生活等美好形象。

梁启超先生在教育子女时，把自己当作他们的榜样。梁启超教子女乐观向上，他自己就是一个乐观主义者；他鼓励孩子自由选择兴趣爱好，他自己一生都在寻求生命的价值和乐趣；他十分推崇音乐、美术和文学，他自己在艺术方面的造诣就很高。

梁启超给予孩子的物质奖励，大多是他亲手写的格言、诗词、对联等。有一次，为了鼓励成绩优异的梁思成，梁启超奖励他两幅自己手写的书法作品，一幅是篆体字"慎独"，意思是一人独处时依然要严格要求自己；一幅是隶体字"居处恭，执事敬，与人忠"，强调一个人言行要恭敬，做事要认真，做人要诚实。梁启超送给孩子书法作品作为礼物，既能带给孩子艺术的美的享受，书法的内容又能对孩子的道德、品性起到劝诫作用。

作为父母，首先要自发地打破自己与艺术的隔阂，主动亲近艺术，学习审美知识，欣赏各种艺术作品，尝试表达自己对艺术的想法，逐步提高自己的审美品位。

在和孩子参加各种审美活动时，父母要积极发挥自己的长处，全身心投入美的体验，学会用欣赏的眼光去看待孩子或他人的作品，引发孩子对美的共鸣。父母应积极寻找出最适合自己和孩子的美育途径，和孩子一起自在、舒适地徜徉其中，成为孩子美育路上的同行者，共同享受美学的洗礼、情感的交融，和孩子建立起更深层次、更亲密无间的亲子关系。

3. 将艺术融入生活，促进孩子的全面发展

作家丰子恺曾写道："我们不得不赞美儿童了……他们认真对猫犬说话，认真和花接吻，认真和人像玩耍，其心比艺术家的心真切而自然得多！所以儿童的本质是艺术的。"父母要保护好孩子的艺术天性，将艺术融于生活，让孩子主动寻找美、亲近美。

一是引导孩子在日常的衣食住行中发现美、体验美、创造美。

父母应教育孩子掌握待人接物、为人处世的基本礼仪，正确使用文明语言，自觉遵守公共秩序。并根据孩子的年龄，为孩子选择合适的发型、服饰等，教会孩子朴素大方、色调和谐的着装原则，通过这些生活小事，塑造孩子阳光健康、谦和有礼的形象。

另外，父母要把家庭打造成为美育的主场，随时随地利用一切资源，为孩子提供美育机会。例如，父母和孩子一起种花，观察花骨朵绽放的过程；和孩子一起阅读，感受语言和文学之美；和孩子一起烹饪美食，妈妈负责洗菜，爸爸负责烹饪，孩子负责摆盘，享受最简单快乐的亲子时光等。

二是通过美育实践活动，促进孩子全面发展。

父母积极带领孩子参加各类美育实践活动，如参加音乐会、美术展、公益活动、环保活动、亲子艺术创作活动等；同时，综合运用德育、智育、体育等学科因素，促使活动内容更丰富，立意更深远，对孩子的素质培养更全面，学习效果更显著。

例如，父母带孩子参观美术馆，可以事先收集与展览有关的资料，自己先对

展览内容做一个比较详细的了解，并让孩子带着问题去参观。参观过程中，父母有意识地引导孩子去欣赏美术作品的立意、构图、线条、色彩，比较不同画家的作品的区别等。参观结束后，父母让孩子用简明扼要的语言回答预先提出的问题，并就自己印象最深刻的一幅作品，提出个人的审美观点，锻炼孩子的独立思考能力、逻辑思维能力和语言表达能力。

父母带孩子感受大自然的美，不要局限于自然风光的欣赏，可以让孩子进一步观察亭台楼阁等景物的比例、结构、轮廓等，感受建筑与自然环境的协调美。另外，父母还可以引导孩子领悟自然美中蕴含的人文情怀，如看到波光粼粼的江水和两岸延绵不绝的山峰，启发孩子吟诵诗歌"两岸猿声啼不住，轻舟已过万重山"，引诗入景，加深孩子对诗词的理解，领略诗词中的语言之美和意境之美。

4. 保护孩子的艺术兴趣，开发孩子的艺术天赋

毕加索说："每个孩子都是天生的艺术家。"孩子拥有与生俱来的想象力和探索欲，父母应为孩子创造各种接触艺术、感知艺术、创造艺术的机会，培养孩子的艺术兴趣。在艺术教育过程中，父母要避免盲目跟风，更不能抱着功利性目的来教导孩子，千万不要让虚荣心和功利心摧毁了孩子的艺术热情。父母要为孩子开辟一片自由成长的艺术土壤，让孩子的艺术爱好得以扎根、生长，保护孩子的艺术兴趣，不仅让孩子从艺术学习中掌握才艺技能，更要让孩子收获情感的愉悦和精神的富足。

在丰富的艺术体验中，父母要有意识地观察、发掘孩子的艺术天赋，经常和孩子交流，尊重孩子的意愿和选择，在此基础上，引导孩子朝着艺术专业化方向发展。

以绘画艺术教育为例，很多孩子小时候就有涂鸦、描画的兴趣，这个时候，父母不要急于给孩子安排绘画课。日本著名画家鸟居昭美建议，教孩子绘画最好的时期是从6~7岁开始，6岁以前孩子的绘画技能是不需要特意教导的。因为6岁以前孩子看待的世界是平面的，他的画面会表现出无序性、自由性、想象性等特点，父母只需要给予孩子一些创意方面的启发，让孩子尽情地涂抹、描绘，享受绘画的过程，激发孩子的表现力和创造力，保护孩子对绘画的热情和自信。如果父母早早给孩子报了绘画班，教孩子画法和技巧，孩子在条条框框的限制下，会逐渐失去自由想象的空间，孩子天马行空的想象和创意也会逐渐被削弱。

当孩子走上艺术专业学习的道路时，例如学习绘画，父母要慎重选择专业的艺术培训机构和绘画老师，还要坚持对孩子进行美育的引导。例如，经常带孩子

去美术馆、美术名家作品展览、博物馆、剧院等场所，让孩子获得丰富的美的体验和熏陶，培养孩子发现美的敏锐眼光、理解美的细腻情感、创造美的丰富灵感，为孩子的绘画学习、艺术创作注入持久的热情与动力，也为孩子提高绘画专业能力打下良好的美学基础。

请扫描书上二维码
亲子共读
▼

《蝌蚪（节选）》

第八章

父母成为孩子学习的同行者

养成良好的阅读和作业习惯，具备优秀的专注力、记忆力、创新思维能力，这些都是孩子必备的学习"基本功"，也是孩子提高学习效率、取得学业成功的"底气"。孩子想要练好这些"基本功"，不仅需要老师的系统教学和严格规范，也离不开父母的日常引领和督促。

父母应成为孩子学习路上的同行者，以身作则，成为孩子爱学习、爱阅读的最佳榜样；从小规范孩子的作业习惯，让孩子的作业写得又快又好，促进"双减"政策下孩子学习的"质效双增"；正确认识孩子注意力不集中的两面性，帮助孩子切实提高专注力；认识记忆规律，帮助孩子发挥大脑优势，让孩子记得快、不易忘；会思考、善创新的孩子，学习效率自然就高，父母应给予孩子更多创新思维发展空间，让孩子脑洞大开，迸发无穷的思维和创造活力，为高效学习筑基。

第一节
父母是孩子最好的领读人

一、"大语文时代"来临，阅读成为青少年学习的重中之重

（一）语文成为高考拉分王，大语文时代来临

近几年，全国各地的高考作文题呈现越来越强的文学性和哲理性，对学生文学素养和阅读能力的考查成为重中之重。

2019 年 9 月，全国中小学语文、历史、道德与法治都使用统一部编版教材，结束了三门学科多年来"一纲多本"的政策。新版语文教材大幅度增加了古诗文的比重，小学的古诗文从原来的 69 篇变成现在的 124 篇，增幅达 80%；初中的古诗词在原有的基础上增加了一倍；高中需要学生背诵的古诗词也从原来的 60 首变成了 70 首。教育部原基础教育司司长、国家副总督学王文湛表示："今后高考主要考语文，英语要考两次，数学降低难度，今后高考的区分度主要在语文，语文主要在作文。"

教育部《语文》教材总主编温儒敏也表示：语文中高考的难度将会大幅度提高；对于不努力学语文、不能长期阅读积累的学生，语文将成为最容易拉分的学科。他还透露，今后高考卷面字数可能从原来的 7000 字增至 1 万字，如果阅读速度跟不上，有 15% 的人做不完是正常的。高考的阅读面也在悄悄变化，哲学、历史、科技，什么类型的内容都有。现在阅读的要求远远高出了语文教学平时教的水平。

教育改革趋势不断证明：未来，语文才是拉分王。语文教育人文本质的回归、阅读面和阅读难度的增大、传统文化学习比重的增加等变化，无不昭示着一个"大语文时代"正在向我们走来。

"大语文时代"这个概念是由国际安徒生奖获得者曹文轩提出的。而"大语文"一词最早由已故特级语文教师张孝纯老师提出，大语文的"大"是相对于传统语文教学而言的。

传统的语文教学主要是在课本、参考书等应试范围的语文学习，注重听说读写和语言文字的表达，工具性较强，考核范围也不会超出课本太多，孩子靠单一的背诵就能解决大部分的语文问题，如背生词、背诗文、背修辞、背作文范文等。

"大语文"突出一个"大"字，包括阅读量大、范围大、目标大等，目的是打破语文学科边界，突破语文学习的思想禁锢，为孩子呈现一个知识不断纵深、认知不断裂变的文化课堂，将孩子的视野从语文课本拓展到生活的方方面面，带给孩子更加高远的人生体验。

从阅读量来看，大语文对孩子的阅读量提出了更高要求，小学生课外阅读量要求达到 100 万字。大语文也为孩子提供了更广泛的阅读领域和素材，涉及古今中外名家名著，尤其是经历了时间考验的文学经典。

从学习和运用范围来看，大语文涉及的范围非常广。学科层面，学习内容涉及文学、历史、哲学、政治、艺术等文史类学科，也以修辞艺术、逻辑思辨等方式渗透到数学、物理、生物等理工学科中，纵横古今，包罗万象，构成了语文与其他学科相辅相成的学习生态链。

生活层面，人们的生活处处都有语文的影子，语文是生活实践的展示和浓缩。例如，人与人交流，听得懂别人说什么，并向他人准确、适度地表达自己的观点，这就要求个人具备一定的文化常识和语言理解能力；个人要写一份岗位年终总结、策划一个广告创意、发表一段就职演说，都要求其具备良好的逻辑思维能力和语言表达能力；甚至个人写一封辞职信、一张请假条，都需要一定的语言常识和写作能力。

从发展目标来看，大语文任重道远。大语文不仅要培养个人的听说读写等基本的语言技能，更通过长期的、多元化的阅读积累和文化浸润，滋养孩子的人文底蕴，塑造孩子的道德与人格，开发孩子的潜能与创造力，为孩子一生发展奠定人文基础。

同时，大语文肩负教育革新、素质育人的重任，致力于培养一个孩子的阅读习惯，促进全民阅读进程；提升一个孩子的文化素养，促进全民素质提升；培养一个孩子的文化自信，推动整个民族的文化自信。

（二）阅读是应对教育改革的"杀手锏"

"大语文时代"最大的特点是重视阅读的力量。

1. 阅读是最基本、最重要的学习力，它关乎一切学科的学习

2020 年，教育部对 15 个省份的学生阅读情况进行调查，并发布《中国语言文字事业发展报告》。报告显示，每周阅读 4 次及以上的学生语文成绩优秀占比，是基本不阅读的学生的 3 倍多。而有 44.16% 的学生认为阅读是最难掌握的语文能力，另有高达 78.09% 的学生无法独立完成阅读，需要家长辅导。

温儒敏表示："如果一个学生阅读面广，视野开阔，语文素养一般也会比较高，考试也不会差到哪里。"一个不爱阅读的孩子，很难爱上学习。一个不会自主阅读的孩子，就不会自主学习，他想要取得好成绩，也比有阅读习惯的孩子困难得多。

孩子想要取得学业的成功，必须培养良好的阅读习惯，坚持阅读有质量、有深度的书籍，借由文字媒介与古今中外的大师对话。这不亚于站在巨人肩膀上眺望远方，帮助孩子极大地开阔眼界、丰富学识，拓展孩子的思维广度与深度，锻炼孩子的逻辑思维能力和思辨能力，促使孩子养成独立思考、敢于质疑、探索求真的学习习惯，这些能力和品质是所有学科学习必不可少的。另外，阅读能力强的孩子，不仅文科上占优势，数学、物理等理科学习也更高效，因为孩子的读题速度快，审题清晰、准确，能为各学科答题、应试打下良好基础。

2. 阅读让孩子得到文字的滋养，提高其写作能力和语言表达能力

很多孩子一写作文就头大，要么离题万里，要么言之无物，要么平淡寡味，要么堆砌辞藻，就连平时与人交流也是语言贫乏，只能翻来覆去地使用相同的词来表达自己的心情。据统计，2018 年哔哩哔哩视频网站的年度弹幕"真实"一词共出现约 47.7 万次，2019 年年度弹幕"AWSL（啊我死了）"出现 329.6 万次，是 2018 年年度弹幕出现次数的 7 倍。胸中无点墨，怎么能妙语如珠、下笔成文呢？

良好的阅读习惯让孩子得以"在语言的海洋里游泳"，接受语言大师的文字打磨和文化熏陶，这对提高孩子的文学品位、思维能力、语言趣味、语言表达等方面大有裨益。有了语言和文化的积累，孩子说话时才能有理有据、知人论世；写作时，才能言之有物、妙笔生花。

3. 阅读让孩子的精神世界广阔而丰盈，提升其气质和修养

古今中外的经典著作何止千百万，其中所展示的广阔、多维、丰富的世界，打开了孩子的眼界与格局，是孩子一生最宝贵的精神食粮。

通过阅读，孩子得以欣赏各地风情、领略百家争鸣、了悟先贤哲思，也能和作者产生情感共鸣，对作者观点进行思辨与批判。因为阅读，孩子的容貌和气质都变得优雅起来，孩子的胸怀和气度越发豁达，孩子的人格和情操也日趋完善。

现在影响孩子养成阅读习惯的阻力前所未有的强悍，主要包括眼花缭乱的互联网资讯、紧张刺激的手机游戏、带来即时感官快感的网络视频等，比起"白纸黑字""毫无爆点"的书籍，它们更能吸引孩子的眼球，让孩子不愿分出注意力到书籍上。年轻一代面临着知识贫乏、情感枯竭、精神空虚的危机。从这个角度来看，重视青少年阅读习惯培养，既有其深远价值，也有其现实意义。

二、阅读的误区

1. 误区一：为阅读而阅读

很多父母在鼓励孩子读书时，会提及读书的种种好处：读书会让你长知识，读书会让你认得很多字，读书会让你成绩变好，读书会让你更容易成功……这样的说法没有错，但父母这样引导孩子阅读，功利心、企图心太明显，会给最初接触书籍的孩子带来无形的压力，让孩子在没有体验到读书乐趣之前，先把读书当成了一项作业、任务，一下子就变得兴致索然。

著名作家杨绛先生曾这样形容阅读："我觉得读书好比串门儿——'隐身'的串门。要参见钦佩的老师或拜谒有名的学者，不必事前打招呼求见，也不怕搅扰主人，翻开书面就闯进大门，翻过几页就登堂入室；而且可以经常去，时刻去，如果不得要领，还可以不辞而别或者另请高明，和他对质。"

阅读应该是一件快乐的事情，能够满足孩子的好奇心，能让孩子的内心得到满足。阅读也应该是一件自由的事情，是孩子发自内心的一种对文字世界的渴望。父母的责任是带领孩子进入书的世界，为他展示各个世界的精彩。当孩子自觉走进书海沉溺其中时，不需要父母强调，他们自然而然能体会到阅读的种种好处和作用。

所以，父母应该带着一种探索有趣世界的态度向孩子介绍各种书籍，推荐孩子阅读，例如，"鲁宾孙怎么会漂流到岛上呢？他在岛上怎么生活呀？我们快来看看。""这本书太好玩了，看小熊都干了什么呀？"

至于孩子选择与哪位作者对话，选择进入哪一本书的世界，会有怎样的思考和领悟，全看孩子与书的交流情况，父母不宜过多干涉，更不宜用功利心来左右孩子的阅读。一个人只要有读书的心境，爱好书籍，随时随地都可以读书，而且会情不自禁地一直读下去。这样一种对阅读的热爱和坚持，才是父母真正应该告诉孩子的有关"阅读"的奥义。

2. 误区二：不允许孩子看闲书

很多父母不愿意让孩子看闲书，比如科幻小说、漫画、军事杂志、武侠小说等，觉得这些书没有"营养"，浪费时间，不鼓励孩子看，甚至制止孩子看。

事实上，闲书大多故事性、趣味性强，孩子常常被其中跌宕起伏的情节、立体生动的角色形象、神秘奇特的世界所吸引，父母不让看，孩子更想看，而且会想方设法地偷偷看。这种对"未知"的好奇，对阅读的热情，不正是父母想要孩子拥有的吗？正如作家尼尔·盖曼所说："对付不愿意阅读的人，最好的办法就是一个一看就停不下来的故事"，让他们忍不住一页页翻下去。

而父母总是喜欢好心办坏事，阻止孩子阅读他喜欢的闲书，或者强行要求孩子看大人认为有价值的，但比较枯燥晦涩的书。这会让孩子觉得读书一点意思也没有，更糟糕的是，他们会感到阅读是件难以忍受的事。

闲书通常是引玉之砖，能够勾起孩子对阅读的好奇和兴趣，把孩子带上阅读之路。只要孩子保持阅读的兴趣，父母就有机会引导孩子去阅读经典、阅读名家名著，逐渐培养起孩子的阅读品位，提高阅读质量。

三、父母是最适合孩子的阅读领路人

英国作家格雷厄姆·格林说："一个人日后会成为怎么样一种人，端看他父母书架上放着哪几本书来决定。"让孩子爱上读书，父母是最好的领路人。

（一）父母为孩子营造良好的阅读氛围，成为孩子的领读人

朱永新在国外考察时，看到的处处是与书为伴的生活画面：在地铁里，人们随身携带一本口袋书，随时捧读；在公园里，很多人的休闲方式是沉静地阅读；在家门口的花园里，人们手里读着一本书，旁边卧着一只黑背……

反观我国，闲暇时候，人们喜欢热热闹闹地聚在一起，助兴节目也很多，搓麻将、打牌、玩游戏、逛街、K歌，应有尽有，唯独少有读书。很少有人把阅读作为一种生活常态和休闲乐事。人们对阅读的冷落，阅读氛围的淡薄，是孩子对阅读缺乏兴趣的首因。父母自己都不喜欢读书，如何要求孩子喜欢读书？

"桃李不言，下自成蹊。"如果父母想要孩子远离电子产品的诱惑，把心思

放到阅读上，最好的办法是自己放下手机，捧起书本，吸引孩子早早爱上阅读。孩子沉溺于知识海洋，自然无暇"光顾"网络世界。相反，如果孩子见到父母手里握着手机的次数远远大于书籍，那他很可能先被父母的手机吸引。

另外，父母应为孩子布置一个安静、明亮、放松、适宜阅读的环境。有条件的家庭可以为孩子单独设置一个小书房，条件不允许的话，父母也可以在孩子的卧室安放书桌、台灯等基本用具，方便孩子静心读书。书架更是家中必不可少的，随时往书架上添置一些有趣的书，就像在布置一个琳琅满目的超市一样，可以吸引孩子产生"购物"的冲动。图书摆放也不刻意讲究规整，除了书架上可以放书，床头柜、沙发上、餐桌上、抽水马桶箱上，都可以放几本书，让阅读随手可及，也给阅读平添几分闲适、安逸。宋代大文豪欧阳修曾言："余平生所作文章，多在三上，乃马上、枕上、厕上也。"孩子随便往墙角一靠、往沙发一倚，就可以开始阅读，这能让孩子体会到读书是一种闲适的享受，也是一种舒心的雅趣。

（二）亲子共读，最适合孩子的阅读启蒙

诗人史斯克兰·吉利兰说："你或许拥有无限的财富，一箱箱的珠宝与一柜柜的黄金。但是你永远不会比我富有，我有读书给我听的妈妈。"亲子共读，用最温暖的、最不着痕迹的方式，让孩子爱上阅读。

1. 亲子共读从儿童早期开始

父母不妨从孩子婴儿时期就开启共读模式，经常为孩子朗诵儿歌、短诗词等，用有感情、有节奏、有韵律的声音对孩子进行持续的听觉刺激。等孩子长大一点，就可以把孩子抱在腿上，给他讲童话故事，带他看图识物。

根据蒙台梭利的敏感期理论，4~5 岁是儿童的阅读敏感期，孩子会出现拿着书乱翻、经常要父母给他读书等举动，这是培养孩子阅读能力的最佳时期。这一阶段，父母要有意识地迎合孩子的需要，为孩子提供丰富的阅读素材，由易到难、由浅入深，让孩子进行广泛阅读，培养和保持孩子的阅读兴趣。

2. 亲子共读，计划先行

很多家长在开展亲子共读时，没有形成一个清晰、长远的阅读计划，整个阅读过程存在一定的混乱性、随意性和盲目性，甚至三天打鱼两天晒网，不利于孩子形成稳定的阅读习惯。

因此，开展亲子共读前，父母应根据孩子的阅读兴趣、作息时间等，和孩子一起制订合理的阅读计划，确定每天的阅读时间、阅读书目、阅读方式、要达到的阅读效果等。以下是一份阅读计划样例，仅供参考。

阅读目标：两周内读完《窗边的小豆豆》。

阅读计划：每天阅读一章。

阅读时间：每天晚上 8:00—9:00。

阅读地点：书房。

阅读方式：每一章提出一两个问题，让孩子带着问题去阅读。

父母按照阅读计划开展阅读活动，能够更好地把握阅读节奏，并促使孩子形成稳定的专注力和良好的阅读习惯。经过长期训练，即使孩子长大后没有父母陪伴阅读，孩子自己也能够自主地制订阅读计划，有计划地、高效率地阅读。

3.亲子共读方法多、趣味多

父母陪伴孩子读书，不是照本宣科地读一遍了事，也不是机械地看着孩子读，这种重复、单调的"套路"容易让孩子感觉无趣，阅读效果也不好。父母可以灵活运用各种阅读方法增添阅读乐趣、提高阅读效率。以下列举几种方法，仅供参考。

续写或改写故事法。阅读故事后，父母可以让孩子思考，接下来还会发生什么呢？你对这个结局满意吗？如果不满意，你预想的结局是怎样的？鼓励孩子将故事的结局换成自己创作的内容，激发孩子的创作欲望。2013 年北京文科高分考生孙婧曾在采访中提到，她的父母经常和她一起享受阅读的乐趣，她说："我永远会记得我和母亲一起为《卖火柴的小女孩》重新写了一个幸福的结局。"

飞花令。父母和孩子玩诗词接龙游戏，孩子以父母背诵的最后一个词为首，背出相应的诗词。父母再以孩子背诵的诗句的最后一个词为首，继续背诵。如此循环，直到父母或孩子有一方接不上为止。

绘画法。一本书读完，父母和孩子一起画一张"故事地图"或一条"故事时间线"，把整个故事的前因后果、发展脉络等串联起来。例如，根据《明朝那些事儿》绘制一条明朝历史发展的时间线，描述重要时间节点和重要事件。父母还可以鼓励孩子根据自己对书籍内容的理解，为书籍设计封面、书签。

（三）引导孩子选择合适的书籍

1.从孩子的兴趣出发，尊重孩子选书的权利

培养孩子的阅读能力，首先要为孩子选好书。父母可以依据孩子的年龄特点、实际能力和发展需要，以及教育部推荐的中小学阅读书目为孩子选择合适的图书。更重要的是，父母应该尊重孩子自己选书的意愿，把选书的自由还给孩子。当孩子有了自主选书的意愿后，父母应支持孩子参与选书、自主选书。

孩子走进书店或图书馆，面对种类繁多、五花八门的图书，自己细细地挑选，半晌后如获至宝般找到一本很感兴趣的书，满心欢喜地把书带回家。这个自主选书的过程，恰好是培养孩子阅读兴趣，提高孩子阅读参与度的重要环节；而且，父母可以通过孩子选择的书籍，侧面了解孩子的个性和兴趣，发掘孩子的优势和潜能。

2. 鼓励孩子从小诵读经典

朱永新提倡青少年阅读"经典名著"，他认为，读书就像交朋友，要交就交最好的朋友。经典名著凝聚着每一个民族、每一个时代最好的精神文明成果，是经过漫长时间和历史筛选、检验后，流传下来的宝贵的精神食粮。

父母应从小推荐孩子阅读中外经典名著。阅读经典能够让孩子在生命的起点、在学习语言的初始阶段，就接受大师和名家的文化熏陶，学习最纯正、最严谨、最丰富的语言，继承最纯粹、最庄重、最深刻的道德与价值体系。见惯了伟大的作品、文化的瑰宝，孩子的阅读审美和阅读品位将大大提高，便会自觉地去寻求那些美好的书籍。

学者鲍鹏山曾分享过他父亲的故事。他的父亲只读过两年书，但父亲读的都是经典名著，这使他形成了自己的一整套价值体系和审美情趣。比如晚上乘凉的时候，父亲看着夜景，会即兴吟诵几首诗。有一次，鲍鹏山先生回老家过年，父亲让他给家乡新建的一座小小的观音庙写副对联。鲍鹏山先生正发愁呢，父亲一派淡定地把"答案"告诉了他："庙小无僧风扫地，天高月小佛前灯。"大致意思是庙小没有和尚，风来扫地，天高月亮小，这个月亮就是佛前的那盏灯。这副对联是父亲想的，父亲读过的经典在他心里沉淀出了独特的审美、性情和意境，从一副对联可见一斑。

3. 和孩子一起，带着书本去旅行

对于孩子来说，旅行是一种很好的延伸阅读和拓展阅读，是印证书本知识，了解其内核与外延的绝佳方式。

在条件允许的情况下，父母可以带孩子到他感兴趣的文章或书籍中提到的地方去走一走、看一看，让文字与现实重叠，让孩子身临其境，真实踏访历史文明的遗迹，深刻领悟作者的思想情怀。更通过实地考察，触摸到一个比书中更真实、更广阔的世界，获得更丰富、具象的知识，更深邃、细腻的情感体验。高质量的旅行，能让孩子长知识、长见识。

当然，父母想要带着孩子寻访所有书籍、文章中涉及的地点和事物，是比较困难的。父母可以根据现有条件，有选择地带孩子去旅行。同时，父母可以引导

孩子观看文学、游记一类主题的纪录片和影视剧，弥补旅行的局限性。

　　央视科教频道推出的体验式文化教育节目《跟着书本去旅行》，就是一部值得父母和孩子一起观看的游学纪录片。这部纪录片以中小学课本或经典名著为线索，通过走访、体验相结合的形式，带学生寻访文化古迹，在实地实景中听专家讲文化和历史故事。这样，孩子无须出门，就可以跟着镜头游览课本和书籍中的名山大川、名屋古居，身临其境，获得丰富的知识。

第二节

"双减"政策下，培养孩子良好的作业习惯

一、"双减"政策对孩子高效作业、自主学习提出了更高要求

2021年7月，中共中央办公厅、国务院办公厅印发《关于进一步减轻义务教育阶段学生作业负担和校外培训负担的意见》，该政策被称为"双减"政策。"双减"政策出台后，父母和孩子反应不一，可以说是几家欢喜几家忧。孩子的作业负担、课外补习压力大大减轻，孩子课后的空余时间相对增加，能够更好地寻求多样化发展。但孩子的考试和升学压力依然存在，孩子的课后时间怎样安排成为家庭教育的重点和难点，父母要承担起严格管教、正确督导的责任，培养和提升孩子的自主学习能力和自主教育能力。良好的学习习惯和自主学习能力将是孩子最大的底气。

"双减"政策下，中小学校加快建立健全作业管理机制，既要做好作业总量的减法，更要做好作业质量的加法，积极探索分层、弹性和个性化作业，科学设计探究性、实践性、跨学科综合性作业。学校致力于留好每一次课后作业，提高作业设计质量，着力实现"双减"后孩子学习的"质效双增"。

由此可见，"双减"政策对孩子养成良好的写作业习惯、提高作业质量和效率等提出了更高要求。因为在控制作业量的前提下，每一项作业任务都将是老师精心设计、精挑细选的，直指教学重点和难点，这就要求孩子主动、专注、高效地完成作业任务。一是达到检验学习效果、消灭知识盲区、提升学习能力等作业目标；二是保证孩子写作业不过多挤占课余时间，让孩子有足够时间去发展个性和兴趣，达到促进孩子全面发展的教育改革目标。

二、"作业之痛"的原因分析

（一）孩子写作业的常见问题

"不谈作业，母慈子孝；一写作业，鸡飞狗跳。"这是很多家庭在孩子作业

问题上的真实写照。不少孩子写作业时，状况百出：写作业时爱走神，一会儿上厕所，一会儿吃东西，一会儿玩橡皮；写作业时磨磨蹭蹭，半小时能完成的作业，拖拖拉拉两三个小时才做好；遇到问题就喊父母，不愿意自己动脑筋思考；写作业马虎大意，常写错别字、数学忘记点小数点……

（二）"作业之痛"的原因分析

1. 孩子的原因

（1）注意力不集中，写作业拖沓

根据大脑发育规律，年纪越小的孩子，专注力持续时间越短。例如，5~6岁的孩子，专注力时长约为15分钟；7~10岁的孩子，专注力时长约为20分钟。

父母应根据孩子的专注力发展特点，让孩子做一段时间的作业就休息一会儿，作业时间和休息时间交替进行，这样更有利于提高孩子写作业时的专注力。

（2）没听懂课堂内容，作业不会做

有的孩子课堂听课效率低，或者知识难度超出他的接受范围，没有听懂课堂知识，做作业时就会感到困难重重，力不从心，甚至产生"与其错漏百出，不如不做了"的逃避心理。

遇到这种情况，父母一定要和孩子深入沟通，找到孩子没听懂课堂知识的原因。如果是因为没有做好预习，跟不上上课节奏，父母就要引导孩子每天抽一点时间完成课前预习，提前把握课程的重点和难点；如果是因为孩子上课走神，父母可以和老师沟通，让老师课堂上多让孩子回答问题，及时把孩子的注意力拉回来；如果是孩子缺乏思考，无法把知识融会贯通，父母可以在写作业前，先陪孩子复习知识点，根据知识点多问孩子几个问题，启发孩子进一步理解所学知识。父母协助孩子消灭了知识盲区，孩子自然不再害怕写作业。

（3）橡皮综合征，过分追求完美

有的孩子写作业时喜欢用橡皮反复擦、反复写，达到近乎吹毛求疵的程度。这种行为在心理学上被称为"橡皮综合征"。这种行为容易频繁地打断孩子的思路，造成孩子写作业拖沓、缓慢。出现这种情况，主要与孩子追求完美，或父母对孩子要求过严有关。另外，孩子过度追求完美恰恰是其不自信的体现，他需要对作业进行反复修正，才能获得内心的安全感。

父母首先要调整自己对待孩子学习的心态，适当降低对孩子的要求，别给孩子太大压力，以免加剧孩子的紧张和不自信。同时，父母要向孩子强调，作业的真正目的是提高对知识的理解和运用能力，提醒孩子不要把时间过多浪费在追求细节完美上，引导孩子学会从整体上把握写作业的节奏，提高作业效率。

另外，建议父母尽量不要给孩子买样式、图案繁复的文具，以免花哨的文具过多吸引孩子眼球，这也容易引起孩子的橡皮综合征。

（4）不喜欢某一学科，有抵触情绪

很多孩子都有偏科的情况，由于不喜欢、不擅长某一门学科，孩子学习这门学科的积极性会大大减弱，作业也是能拖就拖，态度敷衍。

父母应在日常生活中创造各种机会让孩子体验这门弱势学科的有趣之处，认识到这门学科的作用和价值，逐渐培养起孩子对这门学科的兴趣，减少孩子的厌恶、抵触情绪。

写作业时，父母可以让孩子先做擅长的学科作业，再做弱势学科的作业。或者先做弱势学科作业中的简单题目，然后做其他学科作业，把弱势学科的难题留到最后去思考，难易交替、穿插进行，更有利于保持孩子写作业的积极状态。

2. 家长的原因

（1）对孩子精心辅导，易养成孩子的"作业依赖症"

有的父母为了让孩子的作业完成得又快又好，对孩子精心辅导。孩子不懂的问题父母有问必答，孩子做完作业父母帮忙检查纠错，甚至孩子来不及完成作业时，有的父母还"越俎代庖"，替孩子写作业。最后，作业成了父母的事，孩子对父母产生了严重依赖，自己则缺少了独立思考、刻苦钻研的意识和能力。

父母在陪伴孩子写作业时，切忌包办、代办，要求孩子自行安排作业时间，自己写作业，独立思考作业难题，父母从旁点拨即可。完成作业后，父母要鼓励孩子自己检查作业，发现和改正错题，逐渐培养孩子独立完成作业的习惯。

（2）对孩子盯太紧，不利于培养孩子的自制力

有的父母在孩子写作业时全程陪同，像"监工"一样监督着孩子，看到孩子写作业磨蹭、不专心，就忍不住催促孩子；发现孩子作业有问题，或做错题，或写字不工整等，就会指手画脚、埋怨、责骂孩子。父母的紧盯、唠叨、斥责，会让孩子感觉紧张、不安，也会打乱孩子的节奏，干扰孩子的思考，分散孩子的注意力，让孩子产生烦躁、抵触的情绪。

据调查，做家庭作业时，家长全程看着的孩子，一般自制力较差，45%的孩子不能主动按时完成作业，80%的孩子学习成绩中等偏下。

如果把写作业比喻为一辆车，那么父母要做的是一点点把方向盘交到孩子手中，由他来驾驶，由他来掌控，父母只要在旁边为孩子加油即可，千万不要抢占

孩子的方向盘，把孩子挤到副驾驶的位置。当孩子有了作为主驾驶的意识，他就会把写作业当成自己的事，自觉、自发地把它完成好。

（3）对孩子放任自流，易造成孩子散漫、应付的学习态度

出于没时间、能力不足、对孩子的学习不上心等原因，少数家长对孩子的作业和学习采取放任自流的态度，不闻不问、不管不教。时间长了，孩子会因为缺乏必要的引导和监管，缺乏足够的关爱和支持，而养成生活无序、作风散漫、怠学厌学等不良习惯，对待作业和学习多半是应付、敷衍的态度。长此以往，孩子会以同样应付、消极的态度对待未来人生。

父母切忌对孩子的成长采取放任态度，无论平时多忙，都要想办法每天或每周抽一点时间陪孩子学习。即使父母能力有限，在作业上给不了孩子多少帮助，但父母对孩子的一句关切的询问、一个肯定的微笑、一次温暖的拥抱，都能给孩子带来意想不到的力量，让孩子有信心、有决心去挑战作业和学习的难关。

（4）给孩子额外加作业，易导致孩子厌学

部分家长为了让孩子更优秀，经常在孩子完成学校的作业后，额外给孩子布置一些学习任务。特别是"双减"政策出台后，很多家长担心孩子"减负"把成绩也减了，想方设法给孩子的学习"开小灶"。但如果父母不按教育规律办事，一味地给孩子的学习加码，很容易使孩子心生反感，他们会用写作业磨磨蹭蹭、错漏百出等方式，延长写学校布置的作业的时间，以逃避额外的作业。如果孩子长期"被迫"完成额外作业，还会激起孩子厌恶学习的逆反情绪，这样就得不偿失了。

父母首先要保证孩子高效完成学校布置的作业，并在完成作业后允许孩子痛快玩一玩，让孩子觉得作业写得快、写得好是有好处的，从而提高孩子写作业的积极性和专注力。

另外，父母给孩子布置额外作业的出发点是为了让孩子更优秀，如果孩子学有余力，父母不妨换个作业方式，让孩子更乐意接受"额外作业"。例如，父母想要加强孩子的写作训练，可以在孩子完成作业后，花一点时间和孩子聊一聊身边的趣事，包括父母和孩子身边发生的让人印象深刻的事，引导孩子条理清晰地叙述事件发生的全过程，表达个人观点和情感等。这既能帮助孩子积累写作素材，又能锻炼孩子的逻辑思维能力和语言表达能力，为孩子今后写作文做积极的准备。

三、父母陪孩子写作业的正确方式

（一）"陪伴"的目的是"不陪"

在孩子年龄小、自制力较差、专注力较弱、学习能力不足的时候，父母应陪伴孩子写作业，对孩子进行必要的引导和监督，帮助孩子养成自律自主的学习习惯。因此，在孩子初入小学的一段时间里，需要父母充当孩子的拐杖，给予孩子必要的支撑，陪伴孩子写作业与学习，带领孩子体验学习的乐趣，用各种方式增加孩子的成功体验，让孩子保持对知识的渴望，养成良好的作业和学习习惯。

但是，孩子不能永远拄拐走路。父母要明确"陪伴的目的是不陪"这一原则，当孩子上学一段时间后，父母要根据孩子的适应情况，适度放手、适时退场，帮助孩子尽快丢掉拐杖，独立行走，让孩子逐渐做到独立作业、自主学习。

"双减"政策下，小学低年级的孩子基本上没有书面家庭作业，学校布置较多的是阅读、背诵、预习、复习等非书面作业。父母可以根据当天所学知识，向孩子提几个相关问题，让孩子详细回答解题思路，或者让孩子口述自己对所学知识点的理解，帮助孩子复习巩固知识，并引导孩子预习新课，标注出重要的知识点和难懂的问题。

在孩子自己阅读图书时，父母可以在一旁安静阅读，或做自己的工作，用这种方式陪伴、影响孩子，给孩子树立热爱学习、做事专注的榜样。父母也可以和孩子开展"亲子共读"，带孩子体验阅读的乐趣，培养孩子良好的阅读习惯和能力。

进入小学中、高年级后，孩子逐渐具备了独立完成作业的能力。父母可以慢慢减少陪伴时间，循序渐进地完成从"陪伴"到"不陪"的转变。

父母应鼓励孩子自己制订每天的学习计划，安排自己的作业时间，让孩子按计划有条不紊地完成作业任务，提高孩子的自主学习和自我管理能力。当孩子遇到作业难题时，父母应鼓励孩子独立思考、查阅资料，尽力找到解题方法，让孩子逐渐摆脱对父母的依赖，形成独立思考的习惯。

（二）为孩子营造安静、舒适的作业环境

一个固定、安静的学习场所，如学习角、书房等，是孩子写好作业的基本保障。一旦孩子在这个地方坐下来，他会比较容易全神贯注地投入学习，就像医生进入手术室就能专心做手术一样。心理学家将这种效应称为"动力定型"。

父母可以和孩子一起布置学习空间，把学习所需的课本、资料、文具等分门

别类地放在固定位置，摆放整齐，方便取用。写作业前，父母协助孩子把玩具、零食收拾好，避免对孩子的注意力造成干扰。孩子在写作业时，父母尽量不发出嘈杂的声音，如高声说话、看电视、玩手机、打牌等，即使这些声音不大，但窃窃窣窣、若有若无的响动，还是很容易扰乱孩子的心绪。父母也不要对孩子盯太紧，一会儿过来看看，一会儿催促几句，一会儿送水送点心，一次次打断孩子的思考，加剧孩子的紧张情绪。

最好的办法是，当孩子写作业时，父母也拿一本书阅读或做自己的工作，营造一种和孩子共同学习、一起努力的氛围，让孩子体会到无论是学习还是工作，都应该保持专注、认真的态度。父母用自己的行动向孩子传递正能量，调动起孩子写作业的积极性。

（三）培养孩子良好的作业习惯

1.作业前，让孩子做好准备

（1）让孩子放松身心，为写作业蓄力

北京师范大学教育学院副教授钱志亮曾总结了《放学八步曲》："放好书包换鞋衣，讲究卫生把手洗，一定喝水吃东西，赶紧坐定先复习，再做作业心有底，检查对错需仔细，明天学啥先预习，收拾准备好欢喜。"

《放学八步曲》把复习和作业放到了第四步以后，前三步是让孩子放书包换鞋衣、洗手、喝水吃东西。从中不难看出，孩子在写作业前，需要一个休息和缓冲的时间。

孩子经过一下午在学校的学习与活动，体内血糖下降，需要休息调整、补充食物，使血糖恢复，这样孩子才有精力继续学习。所以每天放学后，父母不要急着催孩子写作业，先让孩子喝点水、吃点东西、上个厕所，补充体力，调整状态，这样也可以避免孩子写作业时因为渴了、饿了之类的琐事而分心。

（2）制订作业计划

写作业前，父母应引导孩子制订一个合理的作业计划，包括今天有哪几项作业、各项作业的量有多少、各项作业的先后顺序怎么安排、各项作业预计花多长时间完成等，让孩子对当天的作业任务和所需时长做到心中有数。

父母应引导孩子预判每项作业所需的时间，把时间和作业联系起来，列出一张作业时间表，让孩子按预定时间来完成作业。通过在时间上设限增强孩子的紧张感，促使孩子集中精力投入学习。父母还可以把玩耍、看电视等时间加在作业时间表后面，让孩子知道自己的自由支配时间是靠按时完成作业省下来的。

2.作业中，训练孩子的时间掌控力和独立思考能力

（1）训练孩子对作业的时间掌控力

制订好作业计划后，父母应鼓励、督促孩子按计划限时完成作业。一开始，孩子可能对作业时间预估得不那么准确。每当孩子完成一项作业，父母就让孩子对照一下自己实际用时和计划用时，分析时间存在误差的原因。经过不断训练，孩子对自己完成不同难度的作业所需的时间会有越来越准确的把握，孩子的时间掌控力也不断增强。

当孩子对作业时间的预估能力增强，但孩子还是分心、磨蹭，不按时完成作业，父母采用了鼓励、奖励、安抚、提醒等方法都不管用时，就要斟酌着给孩子下一剂"猛药"。父母可以向孩子强调："如果在规定时间内没有完成作业，爸爸（妈妈）就会收起你的作业，不能再做了。明天老师发现你没有完成作业，会批评处罚你，这个后果你要自己承担。当然，如果你觉得作业时间不够，现在可以提出来，我们再商量着改一改。"

提出这一要求后父母要说到做到，时间一到，无论孩子是否完成作业，都要把作业收走不让孩子再写。在这个过程中，父母要保持情绪平和，态度坚定，让孩子知道父母不是闹着玩的，促使孩子抓紧时间写作业。父母在使用这个方法前，还要和老师沟通，取得老师的支持与配合。第二天，父母最好亲自把孩子送到老师面前，一是让孩子没有机会趁课前赶作业，二是让孩子承担不按时完成作业的后果。孩子品尝到不按时完成作业的"苦果"后，接下来就会努力把作业做好，减少磨蹭拖延。

（2）引导孩子独立思考，自主学习

写作业遇到难题时，很多孩子的第一反应是向父母求助。这时候，父母可以对孩子进行必要的指导和点拨，但不应把解题方法和答案直接告诉孩子，代替孩子思考，这样容易养成孩子不爱动脑、依赖他人的不良习惯。

对于孩子不会做的题目，父母可以让孩子反复读题，逐字逐句地理解题目的意思，从中找寻解题线索，或者指点孩子从课本中找例题或相似题，和孩子一起进行对比分析，找出解题的规律和关键点，让孩子学会知识的迁移和变通。平时，父母也可以根据孩子的学习进度，为他准备一些相关的课外阅读资料，方便孩子遇到问题时查阅资料，寻找线索和答案。

每一次解决难题的过程，都是孩子自主探索学习方法、训练思维能力的机会，父母要耐心启发孩子独立思考，尽量不露痕迹地引导孩子自己找到问题的答案，

让孩子尝到胜利的甜头，增强其信心，下次再遇到问题更有勇气迎接挑战。

3.作业后，要求孩子自省自查

父母发现孩子作业中错误的地方，最好不要直接告诉孩子哪里有错，而是把包括错题在内的三四道题圈出来，告诉孩子这里面有一道题是错误的，让他找出来改正。从引导孩子在小范围内查错、纠错开始，逐渐培养孩子自主检查的习惯和能力。

然后，父母逐渐引导孩子自己检查所有作业，教会孩子不同学科作业的检查要点。例如，数学作业重点检查解题思路、算式列法，并确认计算结果；语文作业主要检查有无错别字，标点符号、遣词造句是否正确，阅读理解是否准确，写作是否切题等，让孩子从中发现错漏的地方，加以改正。

父母可以教会孩子使用"作业自查表"（如下表所示），让孩子学会自己发现问题，对自己的作业负责。

作业自查表（样表）

科目	题目理解是否有误	解题思路是否正确	题目答案是否正确	标点、格式等书写是否有误	遣词造句是否恰当	有无遗漏作业	其他	总结

（四）用好家长签名的权利

一般情况下，老师都会要求父母在孩子完成的作业或订正的试卷下面签名，以起到监督、鼓励孩子的作用。然而，如果父母只是简单地在作业本上签上大名，对孩子的督促效果将大打折扣，父母也失去了跟老师交流孩子学习情况的宝贵机会。

用好家长签名的权利。

首先，父母要确认孩子已经完成并检查了作业，能够对自己写的作业负责，再签上自己的名字。

其次，签名时，父母可以写上自己对孩子的鼓励和肯定，尽量挖掘孩子的闪光点，让每次签名的评语既中肯又贴心，激发孩子的学习动力，促使孩子更用心地完成作业。例如，"今天你在自己预定的时间内完成了作业，进步很大，希望你以后保持这样的学习状态。"

再次，父母可以利用签名教育孩子尊师重道。例如，有位家长签名时写道："目前孩子学习比较认真，我们很放心，谢谢老师！"

最后，父母可以利用签名的机会，将孩子写作业时遇到的问题反馈给老师，或者向老师求助。例如，孩子哪些知识点掌握不到位、哪些问题解决不了等。老师批改作业时，能比较准确地把握孩子学习的薄弱环节，对孩子进行针对性辅导。例如，"孩子对这个公式理解不到位，不会灵活运用公式解题，请老师给予帮助，谢谢您！"

第三节
孩子爱走神不一定是坏事

一、专注力概述

1. 专注力是一切能力之"母"

专注力是指一个人专注于某一事物或活动时的心理状态。教育专家认为，专注力是孩子的核心素养之一，是其他所有能力之"母"，是认知活动的动力。认知活动包括听知觉、视知觉、记忆、思维、想象、执行、反馈等活动。认知活动得以顺利开展的推动力正是专注力。这就意味着专注力是一种基础能力，没有专注力的参与，观察力、记忆力、思维力、计算能力、书写能力、创造能力等其他所有能力都无法顺利开展，也难以发挥作用。

2. 专注力能为个人成功与社会发展注入巨大能量

"情商之父"丹尼尔·戈尔曼认为："一个专注的人，往往能够把自己的时间、精力和智慧凝聚到所要干的事情上，从而最大限度地发挥积极性、主动性和创造性，努力实现自己的目标。"在完成同一件任务时，专注力高的人往往比专注力低的人花的时间更少，效率更高，更容易成功。研究表明，那些具有高度专注力的人，工作效率往往比普通人高三倍。

新华社记者曾经采访华为创始人任正非："华为成功的秘诀是什么？"任正非回答："华为坚定不移28年只对准通信领域这个'城墙口'冲锋。我们成长起来后，坚持只做一件事，在一个方面做大。"不难看出，是始终如一的专注和坚守，成就了今天的华为。

二、孩子注意力不集中未必是坏事

很多家长看到孩子分心、走神就很恼火。但儿童专注力研究权威专家爱德华·哈洛韦尔认为：不专注的人的思维是一种特殊的才能，是优缺点兼具的混合物，具有积极意义。爱德华教授提醒人们，换个角度来解读孩子专注力不足的问题。

孩子容易分心、走神，表面上看起来是注意力不集中，换个角度来说则是另一种形式的"聚精会神""全神贯注"。此时孩子的思绪正全情投入地驰骋在浩瀚广袤的世界中，他对世界充满好奇，任何有趣的事物都会深深吸引他的注意。容易走神的孩子往往想象力丰富，爱做白日梦，他在"走神"时，正是他的思维最无拘无束的时候。没有了现实中条条框框的束缚，孩子的联想、创意、灵感开启了大爆炸模式，各种天马行空的想法喷涌而出，各种知识也被孩子用奇思妙想的形式联系起来，产生了触类旁通、举一反三的"化学反应"。

郑渊洁小时候上课爱走神，老师经常因为这事请他的父母到学校谈话。可郑渊洁的妈妈并没有因为他爱走神的事批评他，或者着急上火，反而淡定地跟老师说，她小时候也是这样爱走神的。后来，妈妈告诉郑渊洁，她小时候每天自己一个人骑车上学，路程比较远，为了打发时间，她总是一边骑车一边在脑子里瞎编故事。

郑渊洁的童话创作灵感几乎都是在走神的时候获得的。1991年的某天，郑渊洁吃苹果的时候走神了，他想，地球是圆的，苹果也是圆的，会不会有几个苹果能把地球折腾得天翻地覆？他越想越好玩，于是写下了《五个苹果折腾地球》这篇童话。

1996年，郑渊洁乘坐地铁，当地铁在漆黑的隧道里行驶时，他又走神了：如果一列地铁开着开着就失踪了，会出现什么情况？他的思绪跟着地铁一路狂奔，便诞生了又一个童话作品《7801号列车》。

郑渊洁虽然爱走神，但他写作的时候是精力高度集中的。可见，专注力不足的孩子不是问题儿童，他们有优势，也有不足。遇到孩子爱走神、不专心的情况，父母的合理做法是，允许孩子有走神的时间和空间，鼓励孩子留住走神时的想象力和创意灵感，而到了该精力高度集中时，就要求孩子一定要心无旁骛、全身心投入。

三、专注力不足的表现和原因分析

（一）专注力不足的表现

专注力不足的孩子通常会有以下表现：对用多长时间完成一件事缺乏意识，没有时间紧迫感；学习或做事时容易受到外界刺激的干扰，注意力容易分散；做事三分钟热度，不能始终如一地完成一件事，遇到困难容易退缩；喜欢边写作业边搞小动作，学习效率低；不耐烦听别人说话，不耐烦排队或等待；做事比较冲动、冒失，经常不经思考就行动等。

（二）专注力不足的原因分析

父母首先要给孩子的专注力"把把脉"，找到影响孩子专注力的因素，才能对症下药，有效改善孩子专注力不足的问题。

1. 病理因素

经医生诊断为注意力缺陷多动障碍症（即多动症）的孩子，需要由专业医生进行诊治。患多动症的孩子仅占少数，大部分孩子的专注力问题并没有人们想象的那么严重。

2. 生理因素

专注力发展和大脑发育有关。专注力和大脑的执行功能有关，而执行功能主要受大脑前额叶皮质控制。前额叶是大脑最晚发育成熟的一个部分，所以孩子的执行功能到25岁左右才发育完善。只有当孩子的大脑发育成熟，执行功能得到发展，孩子的专注力才能得到相应提升。一般来说，孩子年龄越小，他的专注力持续时间越短。教育部于2012年颁布的关于幼儿专注力的调研数据显示：

3~4岁：专注于感兴趣的活动10分钟；

4~5岁：专注于操作性的活动15分钟；

5~6岁：专注于安静的活动15~20分钟。

亲子教育专家黄静洁女士还补充了7岁以后孩子的专注力时长：

7~10岁：专注力时长20分钟；

10~12岁：专注力时长25分钟；

13岁以上：专注力时长30分钟。

因此，父母要了解和遵循孩子专注力发展的自然规律，孩子注意力不集中，很多时候是因为大脑中负责专注力的区域发展得还不够成熟。父母不必对此过分忧心，更不宜揠苗助长，强迫孩子长时间高度集中注意力。

3. 环境因素

孩子年龄小，自控力不足，容易受外部环境的干扰和诱惑分散注意力，例如，周围环境中嘈杂的声响、刺眼的光线、美味的食物等。特别是在电子产品大行其道的当下，很多孩子被充斥着"声、电、色"的电子产品迷了眼，长期沉迷其中，写作业、阅读的时候，也总是惦记着"有没有人给我发微信""游戏下一关我要怎么过"，心思迟迟收不回来，严重影响学习效率。

4.教育因素

父母教育理念和方法不当也是孩子专注力不足的重要原因。例如，在孩子注意力不集中时，父母经常给予负面暗示，给孩子贴上"好动""做事不专心"等标签；孩子在做事情时，父母时常干扰孩子，如送水果、送水，或对孩子做的事指手画脚；父母对孩子没耐心，孩子多看一会儿路边的小草，在动物园多逗留一会儿，父母就开始催促，打乱孩子自由探索外界事物的步调和节奏，也打断了孩子的专注力；父母过度安排孩子的生活，孩子的独立自主能力得不到锻炼，经常处于被动状态，也就很难集中精力去主动思考和完成一件事了。

5.个人因素

孩子专注力不足还要从他自己身上找原因：是缺乏学习兴趣，还是缺乏意志力和自控力；是听觉注意力不足，还是视觉注意力薄弱；是性格太活泼好动，还是爱做白日梦……

四、如何保护和提升孩子的专注力

1.培养孩子的学习兴趣，选择孩子喜欢的学习方式

孩子在其感兴趣的事物上会表现出尤为显著的专注力。父母要保护孩子的好奇心和对知识的探索欲望，并抓住时机为孩子提供丰富的学习资料和实践活动，让孩子尽情享受探索、求知的乐趣。挖掘更多有趣元素，把孩子对事物的冲动性注意培养成高度专注的、持续性的兴趣和习惯，促进学习兴趣的深度拓展。

2020年，在《中国日报》举行的一场直播中，一名10岁少年王梓一用英语流利地分享了与家人一起抗疫的故事。王梓一的英语发音纯正、词汇量丰富、表达从容自信。谈到学习，他经常挂在嘴边的词是"喜欢""快乐""感兴趣"。

从小，王梓一的父母就很注意保护他的学习兴趣。王梓一对哪个领域、哪位人物感兴趣，父母就尽可能搜罗各种与之相关的书籍、网页等资源提供给孩子。妈妈说："我们所做的就是为孩子擅长的事情提供舞台，激励孩子把喜欢的事做到极致。"王梓一参加过各种英语演讲竞赛，每次准备比赛，他都要进行大量阅读来积累素材、打磨讲稿，但他不觉得苦，而是全身心地投入训练，反复练习。王梓一经常阅读英文原版书籍，碰到不认识的单词，他就自己查字典、做笔记。因为读的是自己喜欢的、好奇的书，所以他从不觉得枯燥和辛苦。

另外，父母应观察、了解孩子喜欢的学习模式，当孩子采用适合自己的方式来学习时，会变得更加专注。人的学习类型通常分为三种：视觉型、听觉型、触觉型。

视觉型学习者倾向于通过观察和阅读来学习。父母可以多用文字、图片、视频等材料来吸引孩子的注意力。

听觉型学习者偏爱"听"世界。父母可以多采用一些言语交流的方式来吸引孩子专注学习。例如，和孩子讨论问题，让孩子复述、总结知识点，鼓励孩子发表演讲和讲故事等。

触觉型学习者喜欢通过亲身参与的方式来学习。父母不妨多给孩子创造一些实践机会，例如，实地考察、角色扮演、科学实验等，孩子通过亲身体验和探索，能够更专注地完成学习任务。

此外，父母应有意识地训练孩子相对薄弱的学习模式，促进孩子均衡发展，这对于提升孩子专注力和学习能力具有更长远的意义。

2. 给予孩子独处的机会，尊重孩子成长的自由

教育家蒙台梭利指出，所有儿童天生具有一种"吸收"文化的能力，而家长的行为有时破坏了孩子的专注力。所以，她建议父母："除非你被孩子邀请，否则不要去干扰孩子。"

父母不宜在孩子专注做某件事情的时候，干扰或打断他。比如，孩子写作业时，一会儿过去问他"写完没有"，一会儿过去问他"吃不吃水果"，看似无微不至的关心，实则在破坏孩子的专注力。孩子原本高度集中的精神力一次次被打散，稍后再想重新集中精力，就很难了，涣散的心思会很难再沉静下来。久而久之，孩子就养成一点风吹草动就分心的不良习惯。

另外，父母要尊重孩子自主探索的自由。很多时候，父母"教"太多、"管"太多，反而会挫伤孩子专注探索、自主发展的内在兴趣。而且还会干扰孩子以自己独有的方式认知世界，打乱孩子的行动步调，让孩子的专注力难以为继。

父母想要保护孩子的专注力，就要学会适度放手，给予孩子独处的时间和空间，允许孩子在属于自己的空间独自待一阵，用自己喜欢的方式做自己喜欢的事。并给予孩子独自面对困难的机会，培养孩子专注问题、勇担责任的品质，让孩子未来遭遇人生困境时，都能坚定面对，迅速集中全部精力去攻克难关，直到问题的解决。从这个意义上来说，孩子的专注力是被保护出来的，不是被训练出来的。

3. 创造良好的家庭环境，营造学习的仪式感

一是确保学习环境的简洁、安静，为孩子的学习营造仪式感。

孩子学习时，父母协助孩子收拾好书桌上一切与学习无关的东西，如玩具、零食；把孩子的手机调成静音，关掉电视、iPad等噪声源，如果室外吵闹，还可以关掉房门和窗户；父母为孩子添置文具时，尽量选择款式简洁、功能单一的文具，避免孩子被花里胡哨的文具分了神；父母也尽量不在孩子学习时进出房间、大声说话，做事动作要轻缓，避免打扰孩子。

二是倡导去电子化的生活方式，减少孩子接触电子产品的机会。

父母切勿把电子产品当作"电子保姆"，让它来陪伴孩子。孩子一旦习惯了电子产品带来的强烈刺激，就很难将注意力长时间集中到相对来说比较枯燥、难懂的学习上来。父母不宜让孩子过早、过多接触电子产品。在孩子使用电子产品时，要和孩子协商好使用电子产品的目的、方式、时长等，提高孩子对电子产品的自控力。

4. 明确孩子的学习目标，给孩子的学习任务定量

（1）目标在专，不在多

脑科学研究发现，孩子的注意力模式和大人不一样，孩子的注意力像散光灯，大人的注意力像聚光灯。这就意味着，孩子的注意力常常处于发散状态，不易屏蔽干扰。如何让孩子散光灯似的注意力慢慢聚拢和集中起来呢？明确目标是一个有效方法。

知道自己想要什么，才能更好地抵御诱惑，拒绝走神。父母可以协助孩子探索自己内心的真实愿望，比如今后想成为什么样的人、想从事什么职业、想过怎样的生活等。如果孩子暂时做不了这样长远的决策，父母可以引导孩子从眼下最重要的"学习"目标去考虑。根据孩子的学习情况，协助孩子制订清晰的、通过努力可以达到的学习目标，比如这个学期期末语文要进入班级前三名。目标明确了，孩子的注意力就容易聚焦，与目标无关的事情就不容易引起他的关注。另外，孩子的目标选择尽量不要过多、过杂，目标贵在专一，才能让孩子的力都往一处使。

然后，父母协助孩子把大目标分解成一个个小目标，让孩子每次专注完成一个小目标，确保目标实施进程顺利推进，也能考验孩子专注力的稳定性和持续性。

（2）学习任务定时又定量

在制订每日学习计划时，父母通常会规定孩子学习一段时间，中途再休息一下，循环往复。例如，让孩子学习20分钟，休息5分钟。有时候，定时的计划会让孩子觉得"反正要写20分钟，我提前完成可能还要被妈妈加作业，不如偷偷玩一会儿"，结果20分钟里没做多少作业，磨磨蹭蹭就过去了。

　　这种情况下，父母不妨把学习任务的定时计划改成定时定量计划，让孩子在规定时间内分阶段完成学习任务，提前完成的话，多余的时间可以由孩子自由支配。例如，安排孩子20分钟完成语文生字抄写。如果孩子能够专心并按时完成了任务，可以休息5分钟。如果孩子高度专注，提前5分钟完成了任务，他就可以休息10分钟。

　　定时定量的计划可以有效激励孩子集中全部注意力，提高学习效率，以便赢得更多自由支配时间。

第四节
科学用脑，高效记忆

一、记忆力概述

（一）记忆力简介

记忆力是指识记、保持、再认识和重现客观事物所反映的内容和经验的能力。根据记忆持续的时间长短，可将记忆分为瞬时记忆、短时记忆和长时记忆。

瞬时记忆指个体通过各种感官受到刺激所引起的短暂性记忆，信息在感觉中保持最多不超过 2 秒，若进行信息加工，就转入短时记忆。

短时记忆是指储存时间不超过 1 分钟的记忆，容量有限，一般为 7±2 个组块。

长时记忆是指存储时间超过 1 分钟，甚至终身不忘的记忆，其特点是容量无限，保存时间长久。

（二）记忆力是一种重要的学习智慧

1.记忆力是支撑所有学科学习的基本能力

记忆力强的孩子不仅在语文、英语、历史等文科学习中占据很大优势，在数学、物理等理科学习中也能高人一筹。孩子牢记各种公式、原理，以及经典题型、易错题型，做题时就能更快地提取知识点，找到解题规律，规避题目陷阱，有效提升做题效率和正确率。

2.记忆是理解、分析、综合、应用等其他更高层次学习活动得以顺利开展的基础

正所谓"巧妇难为无米之炊"，孩子的大脑中如果没有足够的知识储备，再聪明的大脑也很难发挥作用。而记忆是对学习的一种积累、沉淀，孩子的记忆库里储备的知识和信息越丰富，提取的速度越快，孩子内化和运用知识的能力就会越强，自然更容易取得好成绩。

（三）每个人都可以拥有优秀的记忆力

世界脑力锦标赛诞生过很多"记忆力大师"，他们的记忆力令人叹为观止。但研究发现，很多记忆大师并非天赋异禀、天生过目不忘，而是经过大量针对性训练，对训练内容有着超常的记忆。而他们在比赛之外的记忆力测试结果显示，他们也只拥有正常水平的记忆力，和常人无异。现代生物学研究发现，人类大脑存储量惊人，相当于 50 个藏书 1000 万册的美国国会图书馆，大部分人一生顶多利用了大脑全部能力的 7%。人的大脑潜能无限，人的记忆潜能也有极大的上升空间，只要对孩子进行科学、系统的训练，孩子的记忆潜能就能得到有效开发，拥有优秀记忆力。

二、抓住孩子大脑发育敏感期，尽早开发记忆潜能

（一）记忆力发展规律

脑科学研究表明，正常情况下，人出生后大脑的脑细胞或神经元会在周围环境的信息刺激下，发育出许多树枝状的"树突"，"树突"之间通过"突触"联结，形成复杂的神经网络。人的感觉器官接受的刺激越多，神经网络越发达，大脑的智力和记忆功能越强大。3 岁左右是大脑发育最敏感的时期，直到七八岁脑发育基本定型，13 岁左右大脑发育基本停止。

具体而言，孩子大脑发育和记忆力发展规律表现出以下特点。

1.1 岁以内特点

孩子出生两三天就有短暂记忆事物的能力；7~9 个月时，孩子初步具备客体永久性概念，能想起不在眼前的人和事；1 岁左右，孩子的记忆具有短暂性、吸收性等特点，记事情一两天就会忘记。

这一阶段，父母可以多给孩子一些形状、色彩、光线等刺激，如圆形、正方形等形状的物体，红色、绿色等鲜艳亮丽的色彩。父母也可以和孩子做一些模仿、寻找类小游戏，强化孩子客体永久性概念。例如，妈妈用手帕蒙住一颗糖，问孩子"糖果去哪了？"再把手帕拿开，告诉孩子"糖果在这里！"反复进行这一操作，让孩子意识到糖果并没有消失。

2.1~3 岁特点

孩子的记忆力迅速发展，2 岁前，孩子的记忆内容多以动作、形象为主；3 岁时，孩子大脑发育达到 80%，可以回忆几周前的事情。

这一阶段是孩子记忆力发展的高峰期，父母可以经常带孩子接触外界事物，多给孩子讲各种事物的特征、用途、操作方法，和孩子玩记忆游戏等。例如，妈妈带孩子到不远处的商店买东西，让孩子带路回家，训练孩子的记忆力和方位识别能力。

3.3~6 岁特点

3~4 岁是孩子大脑发育最敏感的时期，大脑的突触数目甚至可以达到成人的两倍。孩子会根据自己的爱好等做出选择性记忆，6 岁左右孩子基本完成 90% 以上的大脑发育。

父母可以借助生动、形象、有趣的辅助方式，让孩子边玩边记忆。例如，结合图片和动画，引导孩子大声朗读古诗词；采用夸张的声音和动作给孩子讲故事，让孩子更好地记住故事内容；将孩子要记的内容编成儿歌，引导孩子边学唱歌边记忆等。

4.6~13 岁特点

孩子开始将知识、内容结合起来记忆，逐渐用理解性记忆代替机械性记忆。11~13 岁以后，孩子的大脑神经网络只保留受外界信息刺激频繁的突触，大脑发育逐渐停止。

这一阶段，父母要尽量减少孩子的死记硬背，而要引导孩子在理解的基础上，灵活运用联想、编码、对比等多样化的记忆策略，鼓励孩子参与到具体实践和运用中，提高孩子的记忆效率，协助孩子探索适合自己的记忆方法。

（二）提倡孩子早期进行经典诵读

根据大脑发育规律，在孩子大脑发育的敏感期不断给予孩子最优质、最强烈的刺激，能够有效开发孩子的大脑功能，形成强大的记忆力。因此，我国从古至今都提倡孩子从小诵读经典、背诵经典。

钱钟书、杨振宁等各领域的杰出代表，都在童年时期诵读、记忆了大量经典名著，这为他们后来的事业成就和辉煌人生奠定了深厚的人文基础。

建议父母从孩子小时候开始，引导孩子多读古今中外的经典名篇，背诵古诗词、优秀文学作品，如《大学》《中庸》《声律启蒙》《论语》《飞鸟集》等，让孩子的大脑得到最优质的刺激。也许对于孩子来说，经典名篇很难理解，光记住了，却完全不知道是什么意思。但实际上，背诵经典名篇是孩子吸纳、内化优秀文化的第一步，也是重要的一步。

唐代文学学会会长傅璇琮讲过："加强对古典文学名篇的阅读和记忆是尤为重要的。我小的时候，也曾在父亲和老师的强迫下背诵了一些还不能理解的古文，虽然当时不得要领，但随着年龄和阅历的增长，却发现那些东西已渐渐内化为自身的修养，成为思想的精髓。"

父母应抓住孩子大脑发育的高峰期和关键期，让孩子尽可能多地吸收优秀文化养分，不断强化孩子内心对真善美的认知与领受，也为孩子未来发展的厚积薄发、开拓创新做好扎实的文化积淀。

三、开发右脑，优化孩子的记忆功能

（一）超强记忆力离不开右脑的开发

诺贝尔生理学及医学奖获得者罗杰·斯佩里博士通过实验研究揭开了大脑两半球的秘密和功能分工。斯佩里博士的实验发现，人的左脑主要负责逻辑思维，如语言、数学、逻辑、分析、推理等，又被称为"学术脑""语言脑"。人的右脑主要负责形象思维，如想象、创造、情感、视知觉、音乐节奏、美术等，又被称为"艺术脑""创造脑"。

很多人都有过这样的尴尬经历：走在路上遇到一个人，感觉很面熟，却怎么也想不起对方的名字。这是因为人的相貌属于图像信息，受右脑控制，人的名字属于文字信息，受左脑控制。右脑的存储能力比左脑强得多，其存储量约是左脑的 100 万倍。大脑记忆形象类信息的效率也优于记忆抽象类信息，如果人们将记忆素材按照右脑方式转化为图片、形象、韵律、节奏等元素，就会记忆得比较快，也比较深刻。因此，父母想要培养孩子优秀的记忆力，必然要帮助孩子开发右脑，促进左右脑协调发展，配合记忆。

（二）右脑记忆策略

父母应从小训练孩子把左脑负责的抽象、无序、无意义的信息，转化为具体、有规律、有意义的信息，让右脑去辅助记忆，让孩子掌握属于自己的"记忆编码"和记忆方法。以下是常用的几种记忆方法，如联想记忆法、谐音记忆法、歌诀记忆法、多感官综合记忆法等，仅供参考。

1. 联想记忆法

记忆靠外界事物对大脑进行刺激而在大脑中形成痕迹，刺激越深，记忆越持久。

联想记忆法要求孩子创建一些有趣、新奇，甚至怪诞夸张的联想，作为触发记忆的线索，给大脑留下深刻印象。联想记忆法又分为归类联想、对比联想、因果联想、故事联想等。

例如，记忆"230215"这组数字，父母可以启发孩子把"23"看作"乔丹"，因为乔丹的球服号码就是23；把"0"看作连接；把"21"看作"鳄鱼"；把"5"看作"跳舞"，所有联想串起来就是"乔丹和鳄鱼在跳舞"，这样新奇、夸张的感觉有了，生动、形象的画面也有了，原本无序的数字记忆起来就快多了。

2. 谐音记忆法

谐音记忆法是通过读音相近或相同的方式，把所记内容与已经掌握的内容联系起来记忆，适用于记忆一些抽象、难记的材料。

例如，历史上的战国七雄"齐、楚、燕、韩、赵、魏、秦"，可用谐音记忆为"齐秦喊赵魏演出"。

3. 歌诀记忆法

歌诀记忆法是指将冗长零散的记忆内容改编成有节奏、韵律的材料，使之朗朗上口，易于诵读和记忆。

例如，将二十四个节气的每一个节气取一个字，组成一首歌诀《二十四节气歌》：春雨惊春清谷天，夏满芒夏暑相连，秋处露秋寒霜降，冬雪雪冬小大寒。

4. 多感官综合记忆法

多感官综合记忆法是指同时运用孩子的视觉、听觉、触觉等多重感官参与记忆，这比利用单一渠道记忆有效得多。

例如，背诵苏轼的《水调歌头》和李煜的《相见欢》，父母可以给孩子播放以这两首诗词为蓝本创作的歌曲——王菲的《明月几时有》以及邓丽君的《独上西楼》，同时刺激孩子的视觉和听觉，更容易培养孩子对这两首诗词的语感和情感，提高记忆效率。

（三）左右脑协同记忆策略

左右脑协同发展是大脑开发的最佳状态。随着孩子抽象思维的发展，学科知识复杂性、系统性增强，要求孩子协调运用左右脑，促进全脑开发，做到高效记忆。以下仅列举几种记忆法，供家长参考。

1. 理解记忆法

只有深刻理解了的知识才能牢固记住它。理解记忆法要求孩子不仅理解材料内容，还要理解材料各部分之间的逻辑关系，以及该材料和以前的知识经验之间的联系。

例如，背诵一篇古文时，首先通读全文，弄清楚文章的主旨。接着逐字逐句地理解句子含义，弄清楚上一句和下一句的逻辑关系，并了解作者背景以及这篇古文的写作背景等资料，仔细体会文章所要表达的情感，领悟全文真谛。然后，每一句话找一个提示词把它们串起来背诵，或者运用简笔画法等生动形象的方法去背诵，就能够形成较长久的记忆。

2. 系统记忆法

系统记忆法是按照科学知识的系统性，找到各个记忆素材之间的内在关系、记忆素材与以往经验之间的关系，以便形成知识组块进行整体记忆的一种方法。

例如，记忆圆形、扇形、弓形的面积公式，首先抓住这三种形状的关系，扇形是圆形的一部分，弓形又是扇形的一部分，然后再把这三种图形的面积公式串起来记忆，知识系统化后，记忆难度就大大降低了。

3. 讨论记忆法

讨论记忆法是孩子在学习中遇到疑难问题，先按照个人意见和他人进行讨论，以获取正确答案并强化记忆的方法。

孩子在与他人讨论的过程中，既要全神贯注地倾听对方的意见，又要积极阐述个人观点，思考和评价对方的观点，从而使错误的观点得到检视和更正，正确的观点得到验证和强化。而且，激烈讨论下得到的正确结论也比较容易在孩子脑海中留下深刻印象，不易被遗忘。

四、培养良好的学习习惯，提高孩子的记忆效率

孩子对知识的记忆不仅要通过刻意背诵来完成，也会渗透到学习的全过程。孩子在每天课前、课中、课后的各个学习环节中，大量记忆工作已经不知不觉地完成了。因此，培养孩子良好的预习、记笔记、复习等学习习惯，高效记忆自然水到渠成。

（一）培养孩子的预习习惯

孩子在预习中通读新知识，对新知识形成初步印象，对新知识的脉络、结构、关键词等做到心中有数，在后续正式学习和记忆知识时就会轻松许多。预习的基本步骤如下。

①浏览新课。孩子快速浏览一遍新课，初步把握新课的主要内容，发现难懂的部分。

②带着问题细读新课。孩子带着发现的问题，重新阅读新课，边读边思考，并借助工具书解决生字词或疑难问题。

③找出重点和难点。孩子把新课的重点和难点找出并记下来，以便带着问题去听课，这样孩子听课时更有针对性、更专注认真，学习和记忆效率也会大大提高。

（二）培养孩子做笔记的习惯

俗话说："好记性不如烂笔头。"孩子通过对知识的理解、概括，详略得当地记下学习内容，知识就会在头脑中反复出现。孩子对笔记的加工也需要运用阅读、标记、画图等多重记忆渠道，从而使知识在大脑中反复留下痕迹，强化记忆，提高孩子对知识的理解，也锻炼了孩子的逻辑思维能力和自主学习能力。

父母应培养孩子课堂做笔记、课后完善笔记的习惯。一份好的笔记不是一字不漏照抄黑板的复制笔记，也不是写得密密麻麻的填鸭式笔记，而应主题明确、内容精练、重点难点突出，并且适当留白。以下介绍一种非常实用的笔记法——康奈尔笔记法，仅供参考。

首先，父母为孩子准备一本笔记本，引导孩子在笔记本上画出康奈尔笔记法的三个功能区（如下图所示）：在纸上画一条横线，把一张纸分为上下比例约为3:1的两部分，再画一条竖线，把上半部分又分为左右比例约为1:2的两个部分。这样一张纸就分成了三个区域，右上方为"笔记栏"，左上方为"线索栏"，下面横栏为"总结栏"。

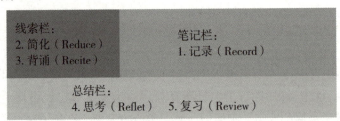

康奈尔笔记法

其次，父母参考康奈尔笔记法，引导孩子学会记录和复习笔记。基本步骤如下。

记录：孩子在笔记栏用简洁、精练的语言，把老师讲课的重点内容记录下来。孩子可以多用符号、标记来记录，如用"●"代表重要内容，用"？"代表没听懂的内容等。

归纳：课后，孩子对课堂笔记进行概括、归纳和提炼，采用关键词、图表等形式简化所学内容，归纳出内容提纲，把它们写在线索栏里，加深对所学知识的理解和记忆。

复习：孩子用手挡住笔记栏的内容，看着线索栏的关键词或图表，回忆所学知识内容。同时，鼓励孩子在总结栏中写下自己的听课随感、意见、疑问、启发等。

（三）培养孩子的复习习惯

培养孩子优秀记忆力的一项重要原则是定期复习，通过一遍遍复习把需要记住的材料深深嵌入孩子的脑海中。

1."复习 + 测试"，巩固孩子的记忆

著名心理学家艾宾浩斯发现，人的记忆遗忘速度呈现"先快后慢"的规律，他将这一规律绘制成一条曲线，称为"艾宾浩斯遗忘曲线"（如下图所示）。

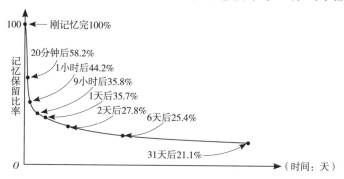

艾宾浩斯遗忘曲线图

根据遗忘规律，父母应提醒和督促孩子及时复习所学知识，通过不断复盘将知识记得更牢、更持久。父母不妨参考"五一黄金复习法"，为孩子制订复习计划：学习新知识后 1 小时，复习第一次；1 天后，复习第二次；1 周后，复习第三次；1 个月后，复习第四次；1 个季度后，复习第五次。

此外，父母可以分阶段地对孩子进行知识小测试，或者让孩子自测。例如，每周让孩子自己出题做一次小测试，或邀请孩子的小伙伴一起，相互出题。这种"复习＋测试"的模式，可以有效检验孩子学习中潜藏的薄弱环节，比如哪些知识没记住、哪些知识易混淆等，然后让孩子集中精力查漏补缺，强化记忆。当孩子努力在大脑中检索记忆的薄弱点时，这个薄弱点的内容会被加深理解和记忆，这对提升孩子的记忆力和学习效率大有益处。

2. 交替复习，减少记忆干扰

心理学研究发现，信息的遗忘主要是信息之间的相互干扰造成的。干扰分为前摄干扰和倒摄干扰两种。前摄干扰是之前学习过的材料对保持和回忆以后学习的材料的干扰作用；倒摄干扰是后学习的材料对先学习的材料的保持和回忆起干扰作用。

根据信息干扰的规律，父母可以引导孩子把最重要的知识放在复习的开头和结尾去记忆，确保孩子每次复习时最先或最后看到它们。

父母也可以采取交替复习法，指导孩子交替安排不同学科的学习顺序。例如，孩子刚学完语文，最好不要去学历史，可以改学数学或物理。因为具有相同性质的材料对脑神经的刺激过于单调，容易引起大脑皮层的保护性抑制，出现头晕、注意力不集中等现象。

另外，如果能够抓住每天记忆的黄金时间段，孩子的记忆将更加事半功倍。第一个黄金时间段是早晨6—7点，孩子刚起床，此时大脑经过一夜睡眠后恢复了活跃状态，而且没有前面识记材料的干扰，不受前摄抑制的影响，记忆效率较高。

第二个黄金时间段是晚上睡前1~2个小时，孩子完成记忆任务后直接睡觉，不受倒摄抑制的影响，而且在睡眠中，孩子的大脑可以无意识地进行信息编码整理工作，便于保持和巩固记忆，也有利于提取记忆。孩子利用这两个黄金时段记忆那些难度较大的材料，能够取得显著的记忆效果。

第五节
打开脑洞，发展孩子的创新思维

一、未来社会发展呼唤创新型人才

1.人工智能时代对人才的创造力提出了更高要求

人工智能技术（AI）的普及和发展，在大大提升人类生活的舒适度和便捷性的同时，也将社会生产的自动化、智能化变革推向了一个新的高度，很多标准化、重复性的工作岗位已经被智能机器所取代，即使是高度专业化的职业也面临着自动化的可能。人工智能时代，人类将主要从事创新、创意、设计、研究、开发等工作，很多与人工智能相配套的新职业也正在蓬勃兴起，这对人们的专业技能和创新能力提出了更高要求，具备突出个性和优秀创造力的人才将大有可为。

2."中国梦"的实现必须依靠创新型人才

党的十八大以来，"中国梦"成为全国人民共同奋斗的伟大梦想。创新的事业呼唤创新的人才。习近平总书记把"创新"摆在国家发展全局的核心位置，实施创新驱动发展战略，加快推进以科技创新为核心的全面创新。

改革开放几十年来，我国各个产业普遍经历了模仿、引进、改良等发展阶段，与西方发达国家在中低端技术的落差大大缩小。然而，拾人牙慧终将只能仰人鼻息，做不到真正的独立自主，成不了真正的世界强国。正如习近平总书记所说，"核心技术靠化缘是要不来的。"自主创新是民族兴盛的必由之路。目前，我国已经进入了以自力更生为主的科研创新发展阶段，在航天、铁路、通信等各个领域取得了一系列重大突破。我国在自主创新的道路上越走越坚定，越走越顺畅，对创新型、复合型人才的需求也大幅提升。特别是在重大科研项目、重大工程、重点学科等领域，出现"千军易得，一将难求"的人才紧缺局面。

3. 创新思维能力是提高学习效率、应对教育改革的一种核心能力

创新能引发最高阶、最富实效的思考，创新思维能力是帮助孩子实现高效学习的一种高阶能力。父母可能发现这样一种现象：孩子记住了一种题型的解题思路，但如果这种题型稍加变化，或者与其他题型整合运用，孩子就做不出来了。用一些父母的话来说就是孩子的脑子不会拐弯，这就是孩子创新思维能力不足的表现。不会活学活用、举一反三，孩子学习起来就会很吃力，而且很难做到将知识融会贯通、理解透彻。孩子想要学得好、学得快，创新思维能力不可少。

在传统的应试教育下，死记硬背、题海战术等标准化学习方式，也可能让孩子攀上学业高峰。但其弊端也很明显，当需要用创新方法来解决问题时，习惯了记忆标准答案、靠固定的答题模板来获取高分的孩子往往束手无策，甚至容易采取回避或退缩的态度来应对困难。这样的孩子即使名校毕业，其刻板、僵化的思维习惯，在职场竞争中也毫无优势可言。

二、创新能力，不扼杀便是培养

（一）创新思维能力的定义

创新思维能力是指思维活动的创造意识和创新精神，不墨守成规，奇异、求变，表现为创造性地提出问题和创造性地解决问题。

创新思维是人类的高级心理活动，包括发散性思维、逆向思维、批判性思维等。心理学认为：创造思维是指思维不仅能揭示客观事物的本质及内在联系，而且能在此基础上产生新颖的、具有社会价值的前所未有的思维成果。

（二）警惕！父母切勿成为扼杀孩子创新思维能力的帮凶

华东师范大学的黄向阳教授认为："不压制，不扼杀，不培养就是培养创造力的正道！"孩子从小就对外界事物有着"十万个为什么"，他的好奇心、探索欲就是创新的起点、创意的萌芽，只要给他一片自由的天地，他的创新意识与能力就能得到自由生长。然而，许多家长出于功利心理、迷信权威等原因，或有意、或无意地阻碍孩子的创造性活动。父母要警惕以下几种情况，避免成为扼杀孩子创新思维能力的帮凶。

1. 坚持问题只有一个正确答案

很多父母出于"追高分、追名校"等功利心理，要求孩子完全按照上课所学

内容来完成作业，做题和考试时局限于老师给的现成的标准答案。让孩子照着老师给的答案或模板来答题，踩点拿分最重要，不允许孩子有不同的解题思路和方法，更不许孩子质疑。

长此以往，孩子体验不到经过独立思考和创新尝试来解决问题的那种期盼、激动、喜悦的心情，孩子自身的思考热情和冲动也就逐渐冷却。做什么事情都习惯于等着别人给现成答案，或者套用模板，没有模板就做不成事、解决不了问题。这样教出来的孩子只能是书呆子或考试机器，而不是有灵性、有活力的优秀人才。

2.盲目相信权威

有的父母不允许孩子质疑权威，认为这是无礼的行为。并且反复向孩子强调，老师、专家说的话不容置疑，书本上的观点都是真理等，不允许孩子向老师提反对意见。

与盲从相似的还有从众心理。有的孩子害怕自己和别人不一样，害怕自己离经叛道的思想受到他人的排斥和刁难，为了融入集体，他们愿意做出和别人一样的判断。即使这种判断是错误的，对他们来说也是安全的，所以他们不愿意质疑别人。

这种盲目服从他人、服从权威的"安全性思维"是创新能力发展的大忌。没有独立思考，不会从多角度思考问题，这样的人根本激不起任何灵感和创意的火花。父母应鼓励孩子大胆质疑、积极提问，他才能得到更多科学上的新发现，以及解决问题的新路径。

3.创造力是少数智商高的天才独有的

有的家长认为，创新能力是少数智商高的人拥有的特殊能力，如果一个人足够聪明，他无须多加学习就能在相关领域具有创造力，如果一个人天赋不足，他再努力培养创新能力也是枉然。所以，普通人不要奢望自己能有任何创见。

但科学研究表明，不同的学习过程、学习方法、学习内容在人的大脑中会形成不同的神经回路，继而产生不同的知识结构和思维方式。创新思维来源于人的大脑神经回路的不同，以及思维习惯的差异，跟智商没有必然联系。

4.打击孩子的好奇心和求知欲

大部分孩子从小就对外界事物充满好奇，喜欢缠着父母问问题，有的家长觉得孩子的问题幼稚、好笑，不予理睬，敷衍搪塞，甚至嘲笑孩子的问题，这对孩子的打击是巨大的。有的家长则把孩子的探索行为视为淘气、不听话，认为孩子与其把时间浪费在无用的兴趣探索上，还不如专心学习。

父母的打击甚至是打压，让孩子逐渐对周围世界失去兴趣，变得淡漠、迟钝，创新能力也随着好奇心的丧失而逐渐消磨殆尽。父母强迫孩子"循规蹈矩"，磨平了孩子的棱角，让孩子成为言听计从的小绵羊，孩子的个性和潜能得不到有效开发，逐渐变得平庸，缺少灵气，丧失自信，没有创见，也就很难突破自我，成就卓越。

三、为孩子营造良好的家庭创新氛围

（一）构建民主、和谐的亲子关系

良好的家庭氛围首先体现在民主、和谐的亲子关系上。父母应为孩子创设自由开放、宽松愉悦的家庭氛围。如果孩子长期处于父母的权威压迫下，精神高度紧张，是很难有创新的意愿和灵感的，更无法进行创造性活动。

丹麦童话作家安徒生小时候家境贫穷，但父亲非常重视对孩子的陪伴和精神引领。安徒生家里只有一间房，但父亲还是很用心地将它布置得像一个小博物馆，墙上挂着许多图画和做装饰用的瓷器，书架上放满书籍和歌谱，连门玻璃上也画了一幅风景画。

父亲经常给安徒生讲《一千零一夜》等故事，或者给他念各种经典的戏剧剧本。这些书本中的故事使小安徒生浮想联翩，常常情不自禁地取出橱窗里父亲雕刻的木偶，根据故事情节表演起来。而且，父亲还鼓励安徒生到街头去看埋头工作的手艺人、弯腰曲背的老乞丐、坐着马车横冲直撞的贵族等人的生活。这种种感性的经验，为安徒生以后写出《卖火柴的小女孩》《丑小鸭》等童话故事打下了良好基础。

同时，父母要努力建设学习型家庭，给孩子树立一个勤于思考、终身学习的榜样，坚持学习新知识；在对待工作、生活中的问题时，父母要勇于接受挑战，积极寻找各种创新、高效的解决办法，让孩子看到创造力在日常生活中的作用和价值。

（二）为孩子创设一个自由的创新实验空间

建议父母在家中为孩子开辟一处创新实验空间，可以是一个角落，也可以是单独一个房间，并根据孩子的兴趣和需要，为孩子提供各种材料和器具，如汽车模型、积木、显微镜等。在保证孩子人身安全的情况下，允许孩子自由探索与实践，如拆装玩具、做小实验、发明创作等，让孩子尽早体验创造的乐趣，启发孩子的创意和灵感。

美国的车库文化就是把车库和地下室作为家庭成员自由创作的基地。美国历史上许多知名企业和品牌都是在车库诞生的，如"惠普车库""迪士尼车库""苹果电脑车库"等。

（三）在日常生活中培养孩子的创新思维习惯

1. 在生活琐事中培养孩子独立思考的习惯

日常生活中，父母不妨经常采用询问的方式与孩子交流："这件事情，你觉得该怎么办呢？""你有什么更好的办法来解决这个问题吗？""哎呀，这事可把妈妈难倒了，你来给我出出主意吧。"父母在孩子面前适当地装个糊涂、扮个无知，经常把问题抛给孩子，邀请孩子一起想办法，让孩子感到父母对自己的尊重和信任，强化孩子独立思考、主动思考的意识，就能逐渐培养孩子勤于思考、积极创新的良好思维习惯。

2. 引导孩子坚持阅读

父母引导孩子坚持阅读，让孩子通过书籍与中外名家深度对话，体会大师的思想见地，并提醒孩子"尽信书，不如无书"，鼓励孩子大胆质疑，小心求证，勇敢发表自己的见解。父母也可以适当地给孩子订阅科普类、创新类的杂志刊物，如《小哥白尼》《少年科普报》等，开阔孩子的眼界，让孩子在不断丰富的知识储备下，展开广泛联想和深度思考。

3. 引导孩子收看高品质节目

父母可以鼓励孩子定期收看一些高品质节目，如《今日说法》《最强大脑》《奇葩说》等，引导孩子根据节目里的主题积极思考，提出自己的奇思妙想，再和节目里的内容做比较，反思自己思维上的不足，训练孩子的思辨能力、分析问题及解决问题的能力。

4. 带领孩子参与创新实践活动

闲暇时间里，父母可以经常和孩子一起参加各种创新实践活动，调动孩子的创新活力，拓展孩子的生活面和思维广度，如进行围棋、象棋、魔方、华容道、数独等益智游戏；带孩子走出家门，亲近自然，参观科技馆、博物馆、动物园、公园等。

同时，父母可以鼓励孩子参加机器人编程、科技小发明、探究式学习、实地考察、社会调研等综合实践活动，多给孩子提供手脑联动的机会，让孩子经历实践、思考、创新，再实践、再思考、再创新的循环往复的学习过程，促使孩子的思维能力纵深发展，这对孩子的大脑发育和潜能开发大有益处。

四、保护孩子的好奇心，引导孩子学会提问题

1. 鼓励孩子多问几个"为什么"

孩子从会说话开始，就在不停地问"为什么"。父母要鼓励孩子畅所欲言，支持孩子多问几个"为什么"。当孩子提问题时，说明他在开动脑筋探索新的领域。会提问的孩子，会思考，内心涌动着求知的热潮；会提问的孩子，敢质疑，心里已经有了对问题的各种猜想；会提问的孩子，灵感多，努力开辟解决问题的崭新通道。

推动社会进步与发展的，从来不是已知的答案，而是悬而未决的问题。所以提问题的意义就在于，它是步入科学殿堂的第一步，是所有伟大创新的源头，很多伟大发现和发明都是从一个个小小的疑问开始的。爱因斯坦曾说："提出一个问题往往比解决一个问题更重要，因为解决一个问题也许仅仅是一个数学上或实验上的技能而已，而提出新的问题、新的可能性，从新的角度去看旧的问题，都需要有创新性的想象力，而且标志着科学的真正的进步。"

2. 引导孩子提出好问题

年幼的孩子大多数时候会根据自己天马行空的想象，提出五花八门的问题，有些问题很有趣，有些问题则可能荒唐搞笑、毫无意义。可见，提问题也是一门"技术活"。父母要引导孩子多思多问，逐渐学会提出好的问题、有价值的问题。

学者徐惟诚先生总结过"好问题"的四个特征：

一是孩子自己的问题，如我从哪里来？我为什么要读书？

二是孩子渴望知道的问题，如为什么叫买东西，不叫买南北？真的有神仙吗？

三是孩子观察生活时提出的问题，如月亮为什么时圆时缺？鱼睡觉的时候闭眼吗？

四是别的孩子想不到的问题，如为什么我不能戴妈妈的眼镜？水有影子吗？

父母可以参考徐惟诚先生的观点，在日常生活中引导孩子多提有趣的、有意义的好问题。

3.父母正确应对孩子的提问

聪明的父母会把孩子的每一次提问当作一次思维训练，不轻易把答案告诉孩子，而是留给孩子独立思考的时间，启发孩子去搜集与问题相关的资料，运用所学的知识去分析、推理、判断，自己寻找答案。孩子具备了独立思考的习惯，就会激发创新思维，想方设法解决问题。

在此过程中，父母给予孩子的主要是科学的思维方式，孩子收获的也不仅是一个问题的答案，更是丰富深刻的探索求知体验。包括分析问题时抽丝剥茧的紧张情绪、内心灵感涌动时的兴奋状态，以及靠自己的思考与实践解决了问题后的激动心情，这对孩子今后坚持独立思考、创新思考有着积极的促进作用。

五、创新思维能力训练

著名喜剧演员查理·卓别林说过一句耐人寻味的话："和拉提琴或弹钢琴相似，思考也是需要每天练习的。"父母应在日常学习、生活中加强孩子的创新思维能力训练，促使孩子在千锤百炼中形成良好的思维习惯，突破思维定式与思维局限，开拓多元化思维路径，构建属于自己的思维大厦。

（一）发散性思维训练

发散性思维，又称"辐射思维""求异思维"，是指以一个问题为中心，从各种不同角度或侧面进行深入的思考来解决问题的思维方式。发散性思维要求孩子打破思维定式，学会站在不同角度去看待问题，体现了思维的广泛性、延展性、流畅性和灵活性。

1.帮助孩子突破"思维定式"

思维定式，是按照积累的思维活动经验教训和已有的思维规律，在反复使用中所形成的比较稳定的、定型化了的思维路线、方式、程序、模式。

思维定式往往是束缚创新思维的枷锁，是套在孩子头上的紧箍咒，容易让孩子钻牛角尖、墨守成规、不懂变通。父母须引导孩子尝试多角度、多层次地挖掘事物的特点，打破思维限制，形成"破局思维"。最常用的训练方式就是"一题多解"，要求孩子针对一道题目，想出尽可能多的解题思路和方法。此外，父母可以利用身边的事物，引导孩子在其常见功能的基础上做发散性的思维练习。

例如，列举出砖头的用途。答：垫桌腿；当椅子坐；在鞋底绑上一块砖头，用来增高；刹住停在斜坡的车辆；把照片刻在砖头上；用来练臂力；作为画垂线的辅助工具……

2.联想训练

受惯性思维影响，人们在面对事情时往往喜欢先入为主，在大脑迅速产生一系列惯性的联想，而不会去考虑更多的可能性，这就是"联想壁垒"。联想壁垒越低，创新能力越高。父母要帮助孩子跳出联想壁垒，打破思维惯性，对事物展开丰富联想，让孩子的大脑迸发出更多有趣的、不同寻常的智慧火花。

遇到问题时，父母要教会孩子"延迟判断"，让孩子有意识地延迟自己下判断的时间，不要急于按照惯性下结论。延迟判断可以让孩子有时间冷静下来，给予大脑充足的时间去思考，让孩子得以看到事物发展的另外一种或多种可能性，让孩子的思考更完善、更新颖、更独到。可见，延迟判断是降低联想壁垒、催生创新思维的重要策略。

父母要坚持对孩子进行联想训练，包括相似联想、对比联想等。例如，哪些事物中有圆的形状？答：硬币、红绿灯、老鼠洞、井盖……

父母也可以利用生活用品、自然现象、文字、图画等，对孩子进行原型启发，让孩子展开丰富联想，寻找解决问题的方案。例如，我国木匠鼻祖鲁班在山上被茅草割伤手，受茅草边缘的小齿的原型启发，发明了锯子。

3.教孩子用好思维导图

思维导图，是表达发散性思维的、实用性较强的一种图形思维工具。思维导图模拟大脑的工作原理，把左脑和右脑功能有机结合起来，利用图形、符号、色彩等具象、生动的要素，对孩子的思维进行无限延展，激发大脑的想象力和创造力。促使孩子学会用宽泛的学习视角在知识与知识之间建立联系，让知识脉络更清晰，重点更突出，从而有效调动所有知识、方法来解决实际问题。

思维导图的操作流程简单易学，是非常适合孩子的一种思维训练工具。父母不妨参考下列步骤，教会孩子绘制思维导图。思维导图绘制流程如下：

①准备一张白纸和一些彩笔。

②确定中心主题。这是一幅思维导图的中心主题，所有内容都要围绕这个中心主题展开。例如，根据问题"说到橘子，你能想到什么？"，确定中心主题是：关于"橘子"的联想（如下图所示）。

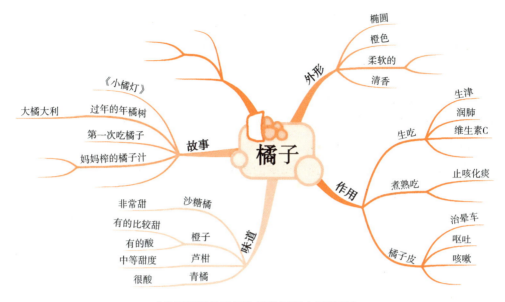

"关于橘子的联想"思维导图（示例图）

③写下中心主题的关键词。在白纸的中央写下或画下一个与中心主题密切相关的词语或者图形，绘制者的发散思维将从这里开始。例如，绘制一幅关于"橘子的联想"的思维导图，关键词就是"橘子"。

④绘制一级分支。绘制者从关键词出发画出发散的线条，绘制思维导图的一级分支，确定思维导图的基本脉络和主节点。例如，绘制"橘子"的思维导图，绘制者可以将主节点确定为"外形""作用""味道""故事"等。

⑤具体化思维导图内容。绘制者将思维导图各层级内容尽可能具体地呈现出来，就像树的根和枝一样，把一级分支和二级分支连接起来，再把二级分支和三级分支连接起来，以此类推，并在分支上用简短的文字、图画等标注出主题或核心思想。

例如，在"橘子"的思维导图上，绘制者从"作用"这个一级分支延伸出"生吃""煮熟吃""橘子皮"等二级分支，然后从"生吃"衍生出"生津""润肺""维生素 C"等三级分支。

⑥适当添加图形、符号。为了让思维导图更具观赏性和趣味性，并使各个层级关系清晰、重点突出，每条主要分支要用不同颜色加以区分。绘制者还可以在适当位置增加一些图形、符号等。

⑦回顾与完善。完成思维导图的基本框架后，绘制者应回顾一下自己的思考过程，看看这幅思维导图是否抓住了主题的重点或症结，自己的思路是否合理等，

然后对思维导图进行适当修改、加工。如果有新的灵感，绘制者可以随时在思维导图上添加新的分支，让思维导图更加丰满、完善。

（二）逆向思维训练

逆向思维，是朝着与认识事物的一般方式相反的方向去思考问题，从而推出不同凡响、超常见解的思维方式。孩子解题时常用的反证法、逆推法、逆运算等，就是典型的逆向思维。

父母可以多给孩子讲一些逆向思维的故事，启发孩子逆向思考的意识。例如，司马光砸缸的故事家喻户晓，一般遇到有人落水的事故，普通人想的是"救人离开水"，司马光却一反常态，"倒着想"，他采取的策略是用石头砸破水缸，"让水离开人"。讲完故事，父母要和孩子讨论如何把逆向思维运用到自己的学习和生活中，也可以拿现实中的事情做案例，让孩子尝试进行逆向思考，看看会得到怎样意想不到的结果。

例如，从前有个农夫，死后留下了一些牛，他在遗书中写道：妻子得全部牛的半数加半头；长子得剩下的牛的半数加半头，正好是妻子所得的一半；次子得还剩下的牛的半数加半头，正好是长子的一半；分给长女最后剩下的半数加半头，正好等于次子所得牛的一半。结果一头牛也没杀，也没剩下。请问，农夫总共留下多少头牛？

答：长女既然得到的是最后剩下的牛的"半数"再加"半头"，结果1头都没杀，也没有剩下，那么她必然得到的是：1头。

次子：长女得到的牛是次子的一半，那么次子得到的牛就是长女的2倍：2头。

长子：次子得到的牛是长子的一半，那么长子得到的牛就是次子的2倍：4头。

妻子：长子得到的牛是妻子的一半，那么妻子得到的牛就是长子的2倍：8头。

4个人得到的牛的头数相加：1+2+4+8=15，农夫留下的牛是15头。

（三）批判性思维训练

批判性思维，是指对他人或自己的观点、做法或思维过程进行评价、质疑、矫正，并通过分析、比较、综合，进而达到对事物本质更为准确和全面认识的一种思维活动。具备批判性思维的孩子，对任何事情都持怀疑、探究的态度，不会偏听偏信，也不会盲目顺从，善于提出问题、分析问题、验证真伪、探寻真理。

1. 破除孩子对权威的迷信

父母培养孩子的批判性思维，首要任务是破除孩子对父母、老师、书本等权威的迷信。父母在和孩子交流时，要明确告诉孩子父母也有不对的时候，如果你有不同意见，我很愿意听你说。父母切忌为了维护长辈权威，剥夺孩子的发言权。

同时，父母要提醒孩子，无论是从老师、专家那里习得的知识，还是从书本中看到的观点，都不该毫无思考就"照单全收"。要深入思考，敢于质疑，遇到不理解或不认可的地方要积极向老师提问，或搜寻资料小心论证，经过自己的调查和确认把知识点弄懂、弄透。

2. 引领孩子进行批判性思考

日常生活中，父母可以经常就身边发生的事或新闻报道，引导孩子进行批判性思考。例如，父母和孩子观看《新闻联播》或《焦点访谈》，父母就其中一个事件用一环套一环的问题来启发孩子深入、辩证地思考。如：这个事件是真实的吗，这个事件里面夹杂了哪些显而易见的偏见和个人看法，这个事件最后得出的结论可信吗，这个结论有什么论据支撑，这些论据从何而来，这些结论用在其他地方同样有效吗，等等。

父母应引导孩子搜集资料，深入分析、推理，并和孩子讨论、交换意见。坚持与孩子进行思维练习，鼓励孩子敢想、敢说，促使孩子养成批判性思维习惯，积极释放思维的活力与创意，完善思维的逻辑与结构，提升思维的广度与深度。

请扫描书上二维码
亲子共读
▼
《一个外国孩子眼中的字典》

第九章

带孩子看世界，
为孩子拢资源

人工智能赋能新时代，为社会经济、产业技术带来颠覆性变革，很多程序化、单一重复的工作将被人工智能所取代，未来职业将向高度智慧化方向转移。而随着我国强国梦的步步落实，国家对高水平、高素质、高创新人才的需求日益紧迫，我国教育改革持续向素质教育推进与深化，着力培养全面发展的高素质创新型人才。

时代瞬息万变，社会推陈出新，教育与时俱进，父母要始终对外部世界保持敏锐的触角和清醒的认知，紧扣时代脉搏，跟紧教育改革步伐，找准家庭教育的发力点。

家庭资源是孩子成长中最便利的资源。父母要用心经营、有效利用家庭资源，为孩子的成长提供便利、创造条件，启发孩子对职业的认知与思考；为孩子寻找人生导师和精神楷模，使其成为孩子的成长动力和精神向导；为孩子打开通往广阔世界的大门，将学习融入旅行，成为一种快乐体验，也让孩子欣赏不一样的景致，品读不一样的文化，徐徐涵养孩子的学识与品性，让孩子旅行的每一步皆是成长。

AI 时代来了

一、人工智能成为驱动第四次工业革命的新引擎

2013 年，德国在汉诺威工业博览会上正式提出"工业 4.0（Industry4.0）"的概念，即"第四次工业革命"，其目的是提高德国工业的竞争力，在新一轮工业革命中占领先机。此后，全球范围内掀起了新一轮工业转型竞赛。

18 世纪中期以来，人类历史上先后经历了三次工业革命。第一次工业革命是以蒸汽机为代表的蒸汽时代，第二次工业革命是以发电机为代表的电气时代，第三次工业革命是以计算机和互联网为代表的信息时代。每一次工业革命都颠覆性地改变了人类文明进程。历史的车轮滚滚向前，以人工智能为新引擎的第四次工业革命即将引爆全球。2019 年，中国计算机学会理事长高文在出席中国国际大数据产业博览会的高端论坛时提出，第四次工业革命可能在 21 世纪 30 年代到来，并称之为"智能时代"。而人工智能作为第四次工业革命的核心驱动力，将驱动产业结构、科技格局、城市形态和生活方式发生颠覆性变革。

人工智能（Artificial Intelligence，AI）是研究开发能够模拟、延伸和扩展人类智能的理论、方法、技术及应用系统的一门新的技术科学，研究目的是促使智能机器会听（语音识别、机器翻译等）、会看（图像识别、文字识别等）、会说（语音合成、人机对话等）、会思考（人机对弈、定理证明等）、会学习（机器学习、知识表示等）、会行动（机器人、自动驾驶汽车等）。

1950 年，"人工智能之父"艾伦·麦席森·图灵提出了一种测试机器是否具备人类智能的方法——图灵测试，他大胆预言了真正具备智能的机器的可行性。1956 年夏季，以麦卡赛、明斯基、罗切斯特和申农等为首的一批有远见卓识的年轻科学家在一起聚会，共同研究和探讨用机器模拟智能的一系列有关问题，并首次提出了"人工智能"这一术语，它标志着"人工智能"这门新兴学科的正式诞生。

经过几十年的发展，人工智能已经渗透到人类生产、生活的方方面面，成为推动社会发展、时代进步的决定性力量。

生活领域，人工智能应用随处可见，智能手机、智能家具、线上购物、手机点餐、刷脸支付等智能化生活方式，让人们的生活方便快捷，生活品质大大提升；生产领域，人工智能医疗诊断、机器人法庭助手、机械自动化、智能物流等，把人们从单调、重复、繁重的劳动中解放出来，大幅降低生产成本，提高工作效率，全面提升产业发展的自动化水平；城市管理领域，智慧政务、智慧交通、环境监控、数字社区、应急指挥等智慧基础设施遍布城市各个角落，推动城市立体空间的充分利用，以及城市管理模式的优化与高效；教育领域，"人工智能＋教育"的创新融合模式正在积极探索中，线上与线下教育相结合的学习方式正在重构传统课堂，让因材施教和个性化教育成为可能。

据清华大学发布的《中国人工智能发展报告 2018》统计，我国已成为全球人工智能投融资规模最大的国家，我国人工智能企业在人脸识别、语音识别、安防监控、智能音箱、智能家居等人工智能应用领域均处于国际前列。

二、人工智能时代的社会发展趋势

1. 实现万物互联，推动产业升级

2019 年，我国正式启动第五代移动通信技术（5G）。在 5G 赋能下，结合物联网、虚拟现实（VR）、增强现实技术（AR）、高清视频等技术，农业、工业、医疗、交通运输、文体娱乐、金融、旅游、电力等各行各业加快了智慧化发展步伐，依托庞大的数据支撑，打造全新的交互体验，落实数字化办事、远程操控、跟踪定位、自动记录与分析、故障警示等技术应用，为各行各业的发展创造出更多元的应用场景和更多维的管理模式，加速人工智能万物互联的实现，推动产业升级革新。

以医疗行业为例，通过 5G 低延时网络，以及高清视频、AR 智能眼镜、内窥镜头、手术机器人等设备，将实现远程机器人手术、远程手术教学等远程医疗应用。此前，解放军总医院就利用 5G 网络和手术机器人完成了一台特别的手术。海南的神经外科专家通过 5G 网络及高清视频，远程操控手术机械，成功地为身在北京的患者做了"脑起搏器"植入手术。

随着人工智能技术的跃升与成熟，人工智能将推动传统产业升级换代，驱动"无

人经济"快速发展，持续催生新产品、新模式、新业态，并不断满足各行业垂直化、专业化、场景化、细分化的赋能需求，加速推动我国经济新旧动能转化。我国发布的《新一代人工智能发展规划》第二条第三点提出，到2030年人工智能核心产业规模超过1万亿元，带动相关产业规模超过10万亿元。人工智能发展将迎来"智能红利"，成为带动我国产业发展的中坚力量。

2.程序化工作将被人工智能所替代

2016年，由谷歌旗下的DeepMind公司开发的人工智能机器人——阿尔法围棋（Alpha Go）第一次打败了人类职业围棋冠军。2017年，该程序的升级版"大师"（Master）以3∶0的绝对优势战胜了世界围棋冠军。人类居然接连被自己创造出来的机器打败，这让很多人大跌眼镜，也预示着人类在历来引以为豪的智力领域受到了人工智能的严峻挑战。

随着大数据等技术发展，人工智能主动从海量数据中寻找规则的能力越来越强，人工智能算法可以迅速地用统计出来的有效经验，完成各种标准化、重复性的事情，实现工作的自动化、低成本和高效率。这就意味着，具有单一性、重复性、目的明确等特点的程序化工作会逐渐被人工智能取代，如流水线组装、仓库运输业、会计、审计、保安、快递员、外卖员、翻译、行政助理等。

2018年4月，京东集团首席执行官在西班牙世界零售大会上宣布：未来京东员工数量减半，每天只需工作2~3小时，京东将全面实现"无人公司"，用AI技术颠覆传统管理与服务方式。

另外，人工智能还可能替代一部分非程序化的工作，如自动驾驶、行走助力、编制诉讼方案、作曲作画等。

3.职业趋势向高度智慧化方向转移

人工智能有其局限性，高度创造性的思维工作（如艺术创作）、高度社会化的沟通工作（如商业谈判）、高度灵活的肢体性工作（如舞蹈表演）、高度非程序化的工作（如看护、清扫工作）等，这些高度智慧化的工作是人工智能难以替代的。

例如，扫地机器人进行房屋清扫时，会不加区分地把地上所有东西都清理掉，而清扫工人会根据常识、经验等对情境做出具体判断。如工人会打开地上的纸张，判断它是重要文件还是真正的废纸，再做处理。看似简单的清扫工作，扫地机器人却无法完全胜任，需要人的协助才能把工作顺利完成。

可以预见，人类与人工智能协同作业将是未来职业发展的普遍现象。例如，医疗影像诊断由人工智能完成，而医生负责对患者病情做出最终诊断。

2020年，人力资源和社会保障部与国家市场监管总局、国家统计局联合向社会发布了智能制造工程技术人员、工业互联网工程技术人员、虚拟现实工程技术人员、连锁经营管理师、供应链管理师、网约配送员、人工智能训练师、电气电子产品环保检测员、全媒体运营师、健康照护师、呼吸治疗师、出生缺陷防控咨询师、康复辅助技术咨询师、无人机装调检修工、铁路综合维修工和装配式建筑施工员等16个新职业。

IBM公司执行董事长罗梅蒂曾给那些由自动化和人工智能等新兴技术带来的新职业起了一个名字——"新领"。"新领"职业将为人们带来数以万计的新工作岗位，人机协作关系将变得越来越显著、紧密。从这个角度来讲，人工智能在社会各行业的广泛渗透将为未来社会创造更多的发展机遇，也对未来人才提出更高要求。

4. 人工智能技术极大满足人们的"个性化定制"需求

随着我国人民的消费升级，人们对个性化的产品与服务需求越来越旺盛，而个性化的产品和服务主要体现在功能、设计和体验的创意与巧思上。人工智能为人们的"个性化定制"带来更多想象空间，各行业将依托人工智能的先进技术，创造出更多高附加值、高品质体验的产品和服务，来满足顾客的多样化、个性化需求。

以智慧交通为例，人工智能、5G、大数据、物联网等前沿技术正在重塑未来出行方式。2020年，腾讯研究院联合腾讯未来交通发布《未来交通白皮书》，提出未来交通"以人为中心"，全方位实现"数字互联、安全智能、高效贴心"。网络约车、分时租赁、定制公交、共享单车等智能出行方式的迅猛发展，以及车辆自动驾驶、公交到站提醒、智能站台、城市慢行交通大数据共享等多维度立体化服务，将进一步满足人们的个性化出行需求。

三、人工智能时代优秀人才的必备素养

李开复在其著作《AI未来》中详细分析了什么样的工作是人工智能难以做到的。综合来说，需要情感链接的、高技能的、非结构化的、创意或决策型的工作，在可预见的未来不太容易被人工智能所取代，如心理咨询师、理疗师、发型师、市场公关总监等。

而剑桥大学也做过一项分析，认为有8类职业是不易被取代的，即程序员、护理人士、健身教练、牙医和理疗师、建筑师、公关、心理医生、教师。这些职

业的共同特点是需要加入创意和情感，社交性强。2019 年全球未来教育指数证实，批判性思维、创造力、沟通能力、企业家精神，以及包括数字能力在内的其他面向未来的技能，对于帮助孩子应对未来社会挑战起到关键作用。

1. 创新、创造能力

人工智能逐渐取代人的部分工作岗位这一趋势，让很多人心感不安，害怕机器人会跟人类抢工作，威胁人类的社会地位。事实上，那些单一循环、没有乐趣，甚至是繁重及危险的工作，由人工智能代替人们去做，可以还给人们更多自由思考与行动的时间，让人们更好地享受生活，也为人们的创造性思维提供更大的发展空间。而发现问题、提出问题、创造性地解决问题，正是人类特有的能力，是人工智能无法取代的。正如"硅谷精神教父"凯文·凯利所言："我们可以将那些高效率、可重复性的工作交给机器人去做，而那些低效率、具有创造性的工作都由我们人类去做，比如人际交往、艺术、科技发明等领域的工作。"

未来的优秀人才应该从小培养创意思维和创新能力，致力于在人工智能时代从事高智慧化、高创造性的工作，通过创造性活动来确立自身在社会中的地位，实现自己的人生价值。

2. 终身学习能力

凯文·凯利曾提出关于未来的 12 个预言，其中一个预言是"在未来，我们处于一个液态的世界，所有的东西都在不断流动、不断升级"。例如，在过去，人们拿到手的是正式出版的百科全书，而如今人们耳熟能详的"维基百科""百度百科"不是一本已经完成的百科全书，而是一个创造百科全书的过程，它一直在更新，一直处在创造、升级的过程中。

未来，人工智能技术的发展速度和规模不可估量，人类与人工智能的竞争将愈演愈烈，尤其是人工智能通过赋能、使能、增能等方式，给社会分工、人力市场和人才结构带来持续的颠覆与重构。人类为了防止知识的陈腐与过期，为了有效预防岗位变更、职业淘汰、企业破产等生涯风险，就必须主动学习、坚持学习，通过前瞻性的、战略性的终身学习，让自己的知识和技能常练常新，不断提高自己的社会适应力和职场竞争力。

3. 社交与情感能力

李开复在《AI 未来》一书中曾分析，具有"强社交"特点的职业不容易被人工智能取代，如心理咨询师、理疗师，因为这些工作是需要建立情感链接的，而机器人没有情感。

机器人不会安慰他人受伤的心灵，心理咨询师可以；机器人无法与人产生情感共鸣，演说家可以；机器人不会讲故事，没有幽默感，喜剧演员可以……在未来，人类的社交与情感技能的优势地位更加突出，能够拥有更大的发挥空间。麦肯锡的研究报告显示，从 2016 年至 2030 年，美国所有行业对社交和情感技能的需求将增长 26%，欧洲将增长 22%。

人际交往能力、共情力、谈判能力、领导力等社交与情感技能，正是未来优秀人才应该持续发力的地方。父母应该引导孩子从塑造自身的性格特点开始，不断学习如何与人沟通，用自身的个性魅力和真挚情感影响和号召他人，赢得他人信赖，与他人建立合作共赢的关系。

四、人工智能时代的教育发展趋势

1. 人工智能推动教育教学模式的智能化、多元化发展

2019 年 2 月，国家出台《中国教育现代化 2035》，提出加快推进信息化时代的教育变革，建设智能化校园，统筹建设一体化智能化教学、管理与服务平台，利用现代技术加快推进人才培养模式改革。"人工智能 + 教育"的创新融合，正在不断激发和催化教育潜能，重构教育教学模式，促使教学形态、学习渠道更加智能化、多元化。

我国大力加强智慧校园建设，搭建在线学习平台，促进信息技术与教学深度融合，实现课程电子化、虚拟化，构建翻转式、讨论式、项目式等动态多元的课堂教学形态，推进优质公共教育资源共享，营造更加智慧、友好的学习环境，促使教育信息化建设逐渐覆盖全国各中小学校。目前，全国中小学（含教学点）互联网接入率达到 99.7%，95.2% 的学校拥有多媒体教室，基本建成国家素质教育资源公共服务体系。人工智能、虚拟现实（VR）、增强现实技术（AR）、量子科技、区块链、物联网、云端计算、全息再现、自然语言处理等高新技术，将成为推动教育教学模式变革的中枢神经和动力系统，助力更公平、更开放、更高效的教育体系落地。

人工智能对教育变革的影响还直接体现在大规模线上教育的涌现。特别是新冠肺炎疫情期间，我国线上教育呈井喷式发展，我国慕课数量和应用规模位居世界第一，我国高校全部实施在线教学。人工智能推动了教育从"物理空间"（physical space）、"社会空间"（social space）到"信息空间"（infosphere space）的转换，并为未来学校、课堂和"室联网"（internet of classroom）概念的形成创造了绝佳条件。

线上与线下教育相结合将成为未来教育新常态。

2. 个性化、定制化教育得以实现

大数据、云计算等技术能够全程记录孩子的成长过程，采集孩子学习的过程化数据，并对相关数据进行分析、评价和诊断，了解孩子的学习需求和学习特点，在此基础上为孩子设计个性化的学习计划。

物联网、区块链等技术能够将万物互联、资源共享，轻松实现孩子的学习需求与教育资源供给的精准对接，让因材施教、定制化教育服务成为可能。无孔不入的信息技术将根据孩子的个性化需求，实现师生之间的适时动态匹配，教师、教材、教学环境等教育资源在学校、地域和国界等方面的供需壁垒有望被彻底打破。

虚拟现实（VR）和增强现实技术（AR）将带给孩子丰富、立体的学习体验，体验式、交互式、项目式、场景式、沉浸式等学习逐渐成为主流学习方式。

此外，人工智能还有望突破人类生理极限，通过植入芯片、可穿戴设备、物联网连接等方式，把实时信息直接输入人类的感官，有效解决知识膨胀与人类学习能力之间的矛盾。

3. 教育与生产生活无缝对接，终身学习将成常态

人工智能推动万物互联，也为"学习者在任何时间、任何地点按自己的需求和节奏接受教育"创造了更多的可能性。教育不再局限于学校教学，也不单单是指学习者在青少年时期接受的系统教育，而是指向了贯穿个人一生的终身学习。政府机关、企业单位、社会团体、文化场馆等学习型组织在人工智能的技术链接下，构建起庞大的终身学习网络共同体，成为学习者成长与发展的助推器。家校共育、校企合作、产教融合等资源整合模式得到普遍应用，整个社会既是生产、生活场所，也是教育场所，生产生活的需求就是教育内容，教育成果也直接投入生产，为生活服务并接受现实的检验。家庭教育、学校教育和社会教育深度融合，正规教育与非正规教育整合一体，真正实现教育的知行合一。

人工智能促使各级各类教育纵向贯通、横向衔接，为学习者的学习提供更为多元、便利的渠道。在线学习、自主学习、弹性学习将成为常态，学习成为如同空气般自然的存在，终身学习的社会氛围和个人成长体系逐渐形成并日臻完善。

第二节
家长不可不知的教育趋势

一、我国教育发展现状

改革开放 40 多年来，我国始终把教育放在优先发展的重要位置。特别是党的十八大以来，我国教育事业进行了一系列重大改革，加快了教育现代化建设。从 2016—2020 年，党中央、国务院印发 46 份关于教育的重要文件，其密集程度充分体现了党中央优先发展教育的决心。目前，我国已经到了一个由规模发展到质量发展，由教育大国向教育强国迈进的重要转折点。

2020 年，教育部发展规划司司长刘昌亚宣布："我国教育普及水平实现新提升，各级教育普及程度均达到或超过中高收入国家平均水平。"截至 2019 年，我国学前教育毛入园率达到 83.4%；九年义务教育全面普及，适龄儿童不再因为经济条件上不起学，义务教育巩固率达到 94.8%；高中阶段教育基本普及，毛入学率达到 89.5%；高等教育也正迈向普及化阶段，毛入学率达到 51.6%；劳动年龄人口平均受教育年限达到 10.7 年。

二、我国教育改革总体趋势

1. 建设高质量教育体系，大踏步实现教育现代化

尽管我国建成了世界上最庞大的教育体系，教育普及率大大提高，但我国教育资源分布不均、教育质量有待提高等问题依然突出。随着生活水平的提高，人们的教育期望也从"享有教育机会"逐渐向"公平地享有高质量教育的机会"转变，我国教育发展的主要矛盾转变为"人民群众日益提高的高质量教育需求与不平均不充分发展之间的矛盾"。这是我国教育发展新征程面临的重大考验。

在促进教育公平方面，教育资源配置不均衡是教育公平问题产生的主要原因，包括区域教育、城乡教育、校际发展等方面的不均衡。义务教育阶段的"择校热""高

价学区房"等问题一直是舆论热点。

国家坚持标本兼治，一是逐步推行小学、初中免试就近入学。例如，2020年7月，北京取消西城区学区房，全部以多校划片方式在学区或相邻学区内入学；2020年3月，上海市实行名额分配政策，将重点高中至少一半的名额均衡分配给每一所中学等。

二是加大薄弱学校改造力度，教育资源持续向最贫困地区、最薄弱环节、最弱势群体倾斜，增强教育资源投放的针对性、精准性，不断缩小校际差距，逐步实现从"不能择"到"不必择""不想择"的转变。

另一方面，促进教育高质量发展是我国实现教育强国的必由之路。中共中央、国务院发布的《中国教育现代化2035》提出，"到2035年，总体实现教育现代化，迈入教育强国行列"。并聚焦教育发展的突出问题和薄弱环节，重点部署面向教育现代化的十大战略任务，包括学习习近平新时代中国特色社会主义思想、发展中国特色世界先进水平的优质教育、推动各级教育高水平高质量普及、实现基本公共教育服务均等化、构建服务全民的终身学习体系、提升一流人才培养与创新能力、建设高素质专业化创新型教师队伍、加快信息化时代教育变革、开创教育对外开放新格局、推进教育治理体系和治理能力现代化。

"十四五"时期是我国向第二个百年奋斗目标进军的第一个五年。2021年3月，十三届全国人大四次会议通过的《中华人民共和国国民经济和社会发展第十四个五年规划和2035年远景目标纲要》第十三篇第四十三章提出"建设高质量教育体系"的教育远景。

这一系列教育改革愿景和举措，确立了我国教育改革的全局性战略，顺应了追求公平与高质量的教育发展新趋势和新需求，发展公平的高质量教育是我国教育事业发展新阶段的主要目标，更是实现教育现代化、建成教育强国的重要路径。

2. 坚持素质教育，培养德智体美劳五育并举的高素质人才

自《中国教育改革和发展纲要》明确提出"中小学要由'应试教育'转向全面提高国民素质的轨道"开始，素质教育逐渐成为我国教育改革发展的战略主题。习近平总书记在全国教育大会上深入探讨了教育的根本问题："培养什么人、怎样培养人、为谁培养人"，他强调坚持"立德树人"，要在"加强品德修养""增强知识""树立健康第一理念""加强和改进学校美育""加强劳动教育"等方面下功夫，培养德智体美劳全面发展的社会主义建设者和接班人。

2020 年 3 月，中共中央办公厅、国务院办公厅颁布《关于全面加强新时代大中小学劳动教育的意见》；2020 年 10 月，中共中央办公厅、国务院办公厅印发了《关于全面加强和改进新时代学校体育工作的意见》和《关于全面加强和改进新时代学校美育工作的意见》；2021 年 4 月，教育部办公厅发布《关于进一步加强中小学生体质健康管理工作的通知》；2021 年 4 月，《2021 年中华人民共和国教育法（修订）》正式通过，第五条修改为："教育必须为社会主义现代化建设服务、为人民服务，必须与生产劳动和社会实践相结合，培养德智体美劳全面发展的社会主义建设者和接班人。"该条款只增加了"劳"一字，却意义非凡，通过立法强调了"劳动教育"的重要性。这一系列文件和法案的出台，突出了"五育并举"的重要性，也为素质教育的推进、学生的全面发展创造了越来越有利的政策环境。

2021 年 7 月，中共中央办公厅、国务院办公厅印发了《关于进一步减轻义务教育阶段学生作业负担和校外培训负担的意见》（即"双减"政策），积极应对部分地区和中小学校片面追求分数与升学率，造成学生学习负担过重、考试压力过大等突出问题。要求全面减少作业总量和时长，减轻学生过重的作业负担；坚决压减学科类校外培训，让校外培训快速降温；提升课堂教学质量，确保学生在校内学足学好；提升学校课后服务质量，满足学生多样化的学习需求等。"双减"政策充分发挥学校教育的主体作用，合理利用校内外资源，为学生自由探索未知世界、开发兴趣潜能、提升综合素质提供更富余的时间和空间，激发学生的成长内驱力，培养学生的自主学习能力，让教育真正回归本源初心，促进学生全面、健康发展。

3. 聚焦人才创新，培养高水平、创新型人才

当今世界，国与国之间的竞争集中体现在高科技竞争，而高科技竞争本质上就是高科技人才、高水平人才的竞争。近几年，西方一些发达国家出于本国私利，不断打压中国发展，试图阻碍中国科技进步。2019 年，美国政府出台《美国大学保护法案》，限制中国、俄罗斯、伊朗和朝鲜四国学生进入美国敏感专业学习。在国际竞争日趋白热化的局势下，高水平、创新型人才成了推动经济社会发展、实现强国梦的重要战略性资源，而培养高水平、创新型人才也成为我国教育刻不容缓的责任。

《国家中长期教育改革和发展规划纲要（2010—2020 年）》第十一章第三十二条提出："关注学生不同特点和个性差异，发展每一个学生的优势潜能。"从 2014 年正式启动的新高考改革也强调尊重学生个性，建立健全分类考试、综合

评价、多元录取的考试招生模式，充分开发学生的优势潜能，促进学生个性化发展和创新能力开发。

另一方面，高等教育成为我国创新人才培养的高地。高等教育院校正在向多元化发展模式转轨。2018年教育部印发《教育部关于加快建设高水平本科教育全面提高人才培养能力的意见》等文件，实施"六卓越一拔尖"计划2.0，全面推进新工科、新医科、新农科、新文科建设，加强战略急需人才培养。同时，教育部计划于2019—2021年分年度在不同领域建设一批拔尖计划2.0基地，初步形成中国特色、世界水平的基础学科拔尖人才培养体系，促进一批勇攀科学高峰、推动科学文化发展的优秀拔尖人才崭露头角。截至2021年2月，全国约有200个拔尖计划2.0基地。

目前，我国高等教育院校综合实力不断跃升，培养了一大批创新型人才、复合型人才和应用型人才。截至2020年，我国研究生教育为国家输送了1000多万高层次创新型人才。2020年3月最新基本科学指标（ESI）排名显示，中国内地共289所高校上榜，其中五所高校进入全球百强。在2020软科世界一流学科排名中，中国高校共有十个特色学科勇夺世界第一。

4. 支持职业教育发展，让未来青年人人都有成才的机会

党的十八大以来，习近平总书记多次强调职业教育的重要性。党的十九大报告明确提出，要"建设知识型、技能型、创新型劳动者大军，弘扬劳模精神和工匠精神，营造劳动光荣的社会风尚和精益求精的敬业风气"；"努力形成人人渴望成才、人人努力成才、人人皆可成才、人人尽展其才的良好局面，让各类人才的创造活力竞相迸发、聪明才智充分涌流"。

2019年2月，国务院印发《国家职业教育改革实施方案》（简称"职教20条"），明确做出了"职业教育与普通教育是两种不同教育类型，具有同等重要地位""没有职业教育现代化就没有教育现代化"的重大判断。此后，我国职业教育进入了高速发展阶段。目前，我国已建成世界上规模最大的职业教育体系，全国共有职业学校1万多所，职业院校开设1300余个专业和10余万个专业点，基本覆盖国民经济各行业，年均向社会输送1000万毕业生，新增一线就业人口中70%来自职业院校。

但我国技能型人才培养还远远无法满足社会需求。根据教育部、人社部与工信部联发的《制造业人才发展规划指南》显示，中国在新一代信息技术、电力装备、新材料等领域的人才缺口巨大，到2025年我国技能型人才缺口将达到3000万。

一边是本科生就业困难，另一边是技术岗位用工荒，为了有效解决就业供需不平衡等问题，我国持续加大力度扶持职业教育。

2020 年，教育部等九个部门印发了《职业教育提质培优行动计划（2020—2023 年）》（简称《行动计划》），将"职教 20 条"蓝图进一步转化为具体行动的 10 个方面的 27 项重点任务。《行动计划》的发布，标志着我国职业教育进入"提质培优、增值赋能"的新时代，职业教育也将进入"大有作为"的实践阶段。

另一方面，我国积极探索设立职业技术大学，集中力量培养高层次应用型和技术型人才。截至 2020 年，我国共有 21 所职业技术大学。未来，职业技术学校与大学合并将成为趋势，大量有实力的职业技术学校有望成为具有本科资质的职业本科，在硬件技术和软件师资方面都得到提升，为培养高水平的应用型和技术型人才提供有力支撑。

三、中考改革政策与趋势

（一）中考改革政策解读

2016 年 9 月，教育部发布《关于进一步推进高中阶段学校考试招生制度改革指导意见》，部署中考改革方案，从 2017 年之后入学的初中一年级学生开始实施，到 2020 年左右初步形成一个基于学业水平考试成绩、结合综合素质评价的高中阶段学校考试招生录取模式。新方案的部署旨在改变目前高中招生将部分学科成绩简单相加作为录取唯一依据的做法，克服"唯分数论"，减轻学生课业负担，促进学生全面发展、健康成长；同时，改变中考招生违规现象，促进和维护教育公平。中考改革要点如下：

1."两考合一"，减轻学生备考负担

推行初中学业水平考试，将初中毕业考试和高中招生考试合二为一，实现一考多用，避免多次考试，减轻学生重复备考的负担和压力。改进考试成绩呈现方式，可以采用分数、等级等多种形式呈现，鼓励有条件的地区实行"等级"呈现，克服分分计较，避免过度竞争。

2. 完善学生综合素质评价

综合素质评价将和初中学业水平考试一起，成为高中阶段学校考试招生录取的依据。综合素质评价的内容包括：思想品德、学业水平、身心健康、艺术素养

和社会实践，主要反映学生的全面发展情况和个性特长，注重考查学生的日常行为规范养成和突出表现。在结果使用上，综合素质评价将实行"谁使用谁评价"。

3. 改革招生录取办法

①语文、数学、外语统一作为录取计分科目，体育也纳入录取计分科目。同时，根据文理兼顾、负担适度的原则，由试点地区确定其他纳入"录取计分科目"的课程，防止群体性偏科。有条件的地区在学生每门课合格的前提下，可以给学生适当的选择权，发展学生优势特长。

②完善自主招生政策。给予有条件的高中阶段学校一定数量的自主招生名额，招收具有学科特长、创新潜质的学生，鼓励发展学生的兴趣特长。

③大幅减少、严格控制加分项目，取消体育、艺术等学生加分项目，相关特长和表现等计入学生综合素质评价档案，在招生录取时作为参考。

（二）中考改革趋势分析

1. 普通高中与职业高中录取比例趋于平衡

2017年，教育部发布《高中阶段教育普及攻坚计划（2017—2020年）》，提出1个总目标：到2020年，全国普及高中阶段教育。同时，提出5个具体目标，其中一个目标是"普通高中与中等职业教育结构更加合理，招生规模大体相当"。这就意味着，未来大约只有50%的初中毕业生可以顺利升入普通高中。

目前，我国普通高中录取率约为60%，有些地方的普通高中录取率还不到50%。例如，2019年，深圳公办普通高中录取率只有45%。普职比例平衡的趋势，能有效满足社会发展对技能型人才的需要，为广大学生开辟多元化的发展渠道，但也增加了学生的升学压力。

2. 体育、美育纳入中考

2020年10月，中共中央办公厅、国务院办公厅印发《关于全面加强和改进新时代学校体育工作的意见》和《关于全面加强和改进新时代学校美育工作的意见》，明确提出将体育科目、艺术类科目纳入初、高中学业水平考试范围。教育部还提出体育中考逐年增加分值，要达到跟语数外同分值水平。2020年，云南省率先确定体育中考跟语数外一样都是100分。目前，还有6个省、12个地市已经开始了中考美育的计分，分值在10分到40分之间。

中考改革重视对学生体育、美育的考核，与"培养德智体美劳全面发展的社会主义建设者和接班人"的教育发展目标相契合，对于提高学生的体质健康，促进学生的健全人格和坚强意志，培养学生的人文修养、审美能力和精神境界等大有裨益。

3. "双减"政策下，中考改革也要"减负"

2021年"双减"政策正式实施后，学生的课业负担减轻，其综合素质、兴趣优势也得到了极大的发展空间。未来中考的改革焦点也将体现在让学生减负，让中考升学变得合理和公平，让学生有更多机会享受优质教育，获得个性化、全面化发展上。

《关于进一步减轻义务教育阶段学生作业负担和校外培训负担的意见》（即"双减"政策）第五条第十八点明确提出，要深化高中招生改革，积极完善基于初中学业水平考试成绩、结合综合素质评价的高中阶段学校招生录取模式。坚持以学定考，进一步提升中考命题质量，防止偏题、怪题、超过课程标准的难题出现。逐步提高优质普通高中招生指标分配到区域内初中的比例，规范普通高中招生秩序，杜绝违规招生、恶性竞争。

全国各地都在"双减"政策背景下，积极探索中考的持续深化改革。例如，北京市教委明确了中考改革大方向是"做减法"，减轻学生过重的作业负担和校外培训负担。

2021年8月，浙江省发布《浙江省进一步减轻义务教育阶段学生作业负担和校外培训负担实施方案》，提出从2021年开始，全面实施普通高中属地招生、"公民同招"政策，杜绝违规招生、恶性竞争；全省优质示范普通高中学校不低于60%的招生名额合理分配到区域内初中学校，缓减升学竞争压力；合理控制考试难度，积极推进中考试卷全省统一命题，减轻学生中考压力。

第三节
善用家庭资源助力孩子成长

一、家庭资源是孩子成长最好的资源

孩子的成长需要依托各种资源的支持，如家庭资源、学校资源、教师资源、企业资源等，而家庭资源是孩子成长最好的资源，也是最便于孩子获取和利用的资源，包括家庭的经济条件、父母的职业经验和生活阅历、家族亲人的人脉关系网等。父母与其舍近求远，把教育孩子的希望完全寄托于名师、名校、培训机构等社会资源，不如用心经营和充分利用好家庭本身的资源，用心、用爱呵护孩子成长。

比尔·盖茨辍学创业，年纪轻轻就荣登《福布斯》全球亿万富豪榜榜首的传奇故事被世人广为传颂。但鲜为人知的是，盖茨并不是真正意义上的白手起家。他的母亲是一位成功的女商人，他能够顺利与 IBM 合作，赚取人生第一桶金，他的母亲功不可没。

当时，盖茨的母亲是美国非营利性组织全国联合劝募协会执行理事会的主席，而时任 IBM 董事长的约翰·欧宝也是该组织的一名成员。盖茨的母亲听说 IBM 想要聘请外部软件制造商来为该公司开发个人电脑操作系统，就向欧宝推荐了盖茨的微软公司，并以自己的成就和人格为盖茨做担保。于是，欧宝又把微软推荐给 IBM 的其他高管。得益于母亲的人脉资源，当时还是一家名不见经传的小公司微软，得到了与 IBM 合作的宝贵机会，从此在全球科技舞台大放异彩。

而盖茨和股神巴菲特能够成为忘年交，也是得益于母亲的"牵桥搭线"。母亲利用自己广泛的社交网络，为盖茨和巴菲特创造了见面的机会。一开始，盖茨不愿意去见巴菲特，他觉得自己和巴菲特没有多少共同点，没有结交的必要，但母亲竭力说服了盖茨。盖茨没有想到，自己和巴菲特一见如故，有一种相见恨晚的感觉，仅是第一次见面，两个人就建立了深厚的友谊，成了一生的挚友。这都要归功于他那位富有远见的母亲。

二、家庭资源助力孩子规划职业与未来

1. 家长的职业经历为孩子的职业认知与规划开辟"捷径"

据了解，很多世界级足球名将都出生于"运动世家"，比如阿根廷足球运动员梅西的父亲是足球教练；法国足球运动员姆巴佩的父亲是足球教练，母亲是手球运动员，哥哥是足球运动员。在我国，很多文人皆来自"书香世家"，比如宋朝文学家苏轼，他的父亲苏洵和弟弟苏辙也都以文学著称于世，一家三位大文豪都是"唐宋八大家"的代表人物，被世人称为"三苏"。

从这些事例不难看出，父母以及家庭中其他亲属的职业经历，可以成为孩子了解职业、开发职业兴趣、规划职业目标的一条"捷径"。

在日常生活中，父母可以经常和孩子聊一聊自己的职业，告诉孩子自己从事的职业具体是做什么的，对他人、对社会有什么价值，从事这份工作需要具备哪些技能等。父母还可以和孩子分享自己在工作中发生的趣事和取得的成绩，倾诉工作中遇到的困难以及自己是如何克服的。一来让孩子对父母的职业有一个比较全面的认知；二来向孩子传递一种积极的工作态度，让孩子对未来的职业和生活充满期待。父母对待工作的认知和态度，决定了孩子未来对待职业、对待生活的态度与格局。

另外，父母的职业也会影响孩子的性格养成和技能培养。例如，从事法律、医学、科研等工作的家长，通常具备理性、严谨、实事求是的思维习惯，以及沉着、冷静的个性。孩子会在家长无意识的影响和有意识的培养下，逐渐形成相应的思维模式和性格特点，掌握相关职业的一些基本知识和技能，为今后的职业选择提供可能。

2. 父母引导孩子绘制"家族职业树"

为了帮助孩子了解家族成员的职业，为孩子今后的职业选择与规划提供参考，父母可以指导孩子绘制"家族职业树"（如下图所示），写出至少三代家族成员的教育和职业经历，包括父母、爷爷奶奶、外公外婆、姑姑、婶婶、叔叔、伯伯、表（堂）兄弟、表（堂）姐妹等，每个家族成员的信息主要由姓名、性别、年龄、教育背景、职业名称、职业描述等构成。父母应尽可能把从事不同职业的亲戚的资料收集起来，让孩子获得更丰富的职业信息，也为孩子今后的职业发展积累亲缘人脉资源。

家族职业树（样图）

对照着"家族职业树"，父母引导孩子思考以下问题：

家族中从事什么职业的人最多？

家族成员普遍对哪个职业最满意，对哪个职业最不满意，为什么？

家人对我未来的职业期待是什么？

我如何看待各位家族成员的职业（如自豪／羡慕／尊敬／喜爱／不屑／厌恶），为什么会有这种感觉？

我对家族成员从事的职业中的哪一个或哪一些感兴趣？

我和家族中的哪位成员最相似（如性格、脾气、爱好等），他／她从事的职业和我的职业兴趣有多大关联？

……

父母进一步收集更多家族成员的职业信息，协助孩子不断扩充"家族职业树"，定期和孩子开展职业讨论，激发孩子的职业兴趣，启发孩子对自己职业发展方向的思考。

如果孩子对某个行业或职业表现出明显的兴趣倾向，父母应尽量通过家族亲缘关系网，联系到从事相关职业的亲戚，带孩子去拜访这位亲戚，和对方进一步沟通与该职业相关的信息。有条件的话，父母还可以利用自己的社会关系网，为孩子创造一次与该行业或职业的精英人士面对面交流的机会，见面地点可以选在受访者的工作场所，这样孩子能够更直观地了解职业环境和职业特点，帮助孩子进一步找准职业目标，尽早明确自己的职业发展规划。

3.为孩子提供职业体验和职业发展的机会

职业体验是孩子走近职场、探索职业目标的重要环节，而最简单易行的职业体验就是让孩子跟着父母去上班，父母向孩子展示自己真实的工作环境，或者让孩子体验一天自己的工作角色。在欧美一些国家，每年都有"带孩子上班日（Take Kids to Work Day）"，目的就是给予孩子一个亲身体验职场氛围，真实感知成人世界的机会。

在学校组织的职业体验和社会实践活动中，父母的社会和人脉资源能够发挥大作用。父母可以根据活动需要，结合自己的资源网为职业体验活动提供有力支持，比如负责联系职业体验的实践场所、提供职业体验岗位、指导孩子完成职业体验目标、参与活动成果评价等。

上海市延安中学高二年级曾组织一次"社会实践一日活动"，家长全力配合学校工作，帮忙联系了各行各业的优质企业，为本次活动提供实践场所，包括各类创意园区、政府机关部门、专业技能性很强的企业单位等，其中很多单位平时是不接受大批外来人员参观的。而且由于是家长单位，在活动过程中，相关单位都积极配合学校的安排，基本做到"有问必答""有求必应"，学生们得以了解各行业最核心、最重要的信息，收获颇丰。

三、为孩子寻找成长榜样和精神楷模

"最好的教育，是一棵树摇动一棵树，一朵云推动一朵云，一个灵魂唤醒一个灵魂。"在物质极大丰富的今天，大多数家庭都有支持孩子接受教育的基本经济条件。对于孩子来说，他们最缺乏的往往不是充足的物质，而是丰盈的精神，他们最需要的是能够撼动内心、激发潜能的成长力量，而这样的力量通常来自"人"，一个充满正能量，拥有人性光辉、杰出成就和精彩人生的人。这就是人们常说的"榜样""精神楷模""人生导师"。

榜样会让孩子对"未来想要成为什么样的人""未来应该成为什么样的人"有一个直观认知和参照标准，榜样的故事能让孩子看到人生的无限可能和内在价值。榜样的力量在于为孩子树立一个值得敬佩和仰望的立体形象，让孩子产生"渴望成为和他一样的人"的憧憬，不由自主地追随榜样的脚步，向榜样学习，以自己的出色表现向榜样致敬，铆足了劲向榜样看齐，甚至立下超越榜样的远大志向。当孩子踏上追随榜样、赶超榜样的宏图大道时，他的未来必然一片光明。因为，榜样会成为他人生路上的启明星，为他驱逐黑暗、指明方向。

1. 父母是孩子最好的榜样

父母的言传身教对孩子的成长意义重大，且无可取代。列夫·托尔斯泰说过："全部教育，或者千分之九百九十九的教育都归结到榜样上，归结到父母自己生活的端正与完善上。"很多家长花费大量心思在如何给孩子提供优渥的物质生活，如何让孩子上最贵、最好的学校，却常常忽略了家长自己才是孩子最重要的教育资源，是孩子最好的榜样。

正所谓"穷养、富养，不如教养"，教养是一个孩子成长的天花板，决定了孩子的品性、气质和修养，也深刻影响孩子的人生走向。而孩子良好的教养与其家境无关，无论贫穷或富裕的家庭，都有机会养育出有教养的孩子。孩子的教养更多来源于对父母教养的模仿和学习。

父母的教养决定孩子的高度。父母应努力丰富自己的学识，升级自己的思想，改善自己的性格，以身作则，教会孩子知善恶、辨美丑、讲文明、守规则、会感恩、有担当，促使孩子形成端正的是非观和价值观，塑造孩子真诚和善、阳光自信的性格。教给孩子好的教养、好的性格，这是每个家长都应该做到，也是可以做到的。

2. 让历史名人成为孩子的精神楷模

12 年完成 4 次航海，发现美洲大陆，证实地圆说的航海家哥伦布；进行了1000 多次滑翔飞行实验，最终把人类送上天空的莱特兄弟……每一段跌宕起伏的传奇故事，每一个为理想信念而战的闪光形象，都会在孩子心里留下难以磨灭的印记，成为孩子对"成功""卓越"等词的最初、也是最深的理解。

孩子认识名人、以名人为师最好的办法是阅读名人传记。著名作家茨威格敬告读者们："读伟人的传记吧，与勇敢的心灵做伴！"

父母应引导孩子从小阅读名人传记，给孩子介绍各行业、各领域的杰出代表，用他们不平凡的人生经历来触发孩子的情感共鸣，唤醒孩子的成长斗志，启发孩子的思想智慧，激励孩子以历史名人为榜样，从小立志，奋发进取，勇敢坚定地追求属于自己的不平凡的人生。

需要强调的是，父母可以根据孩子的兴趣爱好，为孩子重点推荐相同或相关领域的历史名人。让孩子看到在这一领域中有哪些优秀的人才，他们做出了哪些卓越的贡献，实现了怎样的人生价值。让孩子从这些有着相似兴趣爱好的名人身上，看到自己未来取得成功的希望，进一步明确和坚定孩子的目标理想，激发孩子学习和成长的内驱力。

3. 寻找孩子身边的榜样

如果父母能够为孩子寻找到在他身边的榜样，那是再好不过的，例如，才德兼备的家族亲人、志趣相投的小伙伴、品学兼优的同学、德高望重的老师等。因为古今中外的名人大多只能出现在影音和书籍资料里，对孩子更多起到精神感召、思想引领的作用，而孩子身边的榜样却是实实在在生活在孩子周围，能够带给孩子更真实的触动以及具体的行动示范和成长指导。

父母可以留心整理和查阅家族图谱，了解家族中在学业、事业、社会贡献等方面有所建树的亲戚，并为孩子收集和展示家族名人的相关信息，包括对方的教育背景、从业经历、主要成就等，吸引孩子对家族名人产生敬仰之情，让家族名人为后辈树立正面形象，发挥其对孩子的示范、引领作用。

平时，父母可以带孩子到家族名人家里做客，或者经常电话问候、微信交流等，加深彼此的了解，增进亲缘关系，态度诚恳地邀请家族名人为孩子传授学习、升学、就业等方面的方法和经验，也让孩子在与家族亲友的长期友好往来中，维系亲厚的血脉亲情，为孩子今后的发展积累丰富的亲友资源。

在孩子潜能开发的关键期，父母应根据孩子的兴趣和优势，尽量利用自己的社会资源为孩子寻找优秀的导师和教练，让孩子以导师为"标杆"，努力在自己感兴趣、擅长的领域绽放耀眼光芒。

钢琴家郎朗的父亲，从小就发现儿子突出的音乐天赋，他为了让郎朗打好钢琴基础，决定给郎朗寻找一名优秀的导师——沈阳音乐学院的朱雅芬老师。郎朗父亲通过朋友联系到了朱老师的朋友王冠教授，争取到了一个拜访朱老师的机会。会面前，郎朗父亲做了很多准备工作，包括设想见面的每一个环节该如何应对，如果朱老师不答应收郎朗做学生该怎么说服她等，还反复提醒郎朗要好好表现自己。到了约定的那一天，郎朗一家三口穿戴整齐来到朱老师家。郎朗活泼大方的表现和郎朗父母诚恳有礼的态度最终打动了朱老师。朱雅芬老师成为郎朗学琴路上的启蒙恩师和人生导师。

四、外面的世界很大，带孩子去看看

英国生物学家查尔斯·罗伯特·达尔文曾表示："乘坐贝格尔号远航是我一

生中最重大的事件，决定了我此后全部事业的道路。"大学期间，达尔文接受导师的建议，跟随贝格尔号轮船前往南美洲绘制地图。在这趟长达五年的旅行中，达尔文每天都写航海日记，每次靠岸，他都尽可能地收集各种动植物、矿物、化石等标本，他在地质学和生物学等方面的天赋展露无遗。这趟漫长的旅行也锤炼了他的意志和耐性，让他变得豁达而宽容，最终与以往不支持他研究生物的父亲达成了和解，得到了父亲的认可。

在达尔文的一生中，他踏访过世界上很多地方：巴西热带雨林、巴塔哥尼亚高原、加拉帕戈斯群岛、科科斯群岛……他观察不同地方的生物现象，采集各种标本，思考物种的起源、繁衍、死亡等问题，最终完成了他的经典著作《物种起源》。从某种意义上来说，达尔文一生的成就是他在一次次探索旅行中完成的。旅行，给了他观察、实践、思考、求证的优渥环境，促使他一步步走向求知的彼岸。

我们了解世界、探索未知的方式有很多，但是没有哪一种方式比"身临其境"更吸引人、更锤炼人。建议父母尽可能创造条件和机会，定期带孩子出去看看世界。旅行并不是一定非要去很远的地方，如果家庭条件受限，父母可以带孩子在"周围转转"。例如，回乡祭祀家族宗祠，寻根访祖，了解家族的起源与兴衰、文化与训诫，唤起孩子对家族的归属感和使命感；带孩子到爸爸或妈妈的家乡去走走，了解家乡的风土人情，对比几十年来家乡的变化，感受祖国强大、社会发展带给人民的福祉等。无论是近在咫尺的城市公园、郊外村庄，还是远在天涯的异国他乡、沙漠丛林，父母经常让孩子看到、听到、感受到、思考到不一样的事物，这本身就是一种成长。

需要强调的是，对于孩子来说，真正有意义的旅行不是漫无目的、走马观花式的游玩，而是有目标、有准备、有收获、有成果的旅行，也就是通常所说的"研学旅行"。

当父母和孩子确定一个旅行目的地后，父母可以把整个旅行计划交给孩子来策划，并从旁指导与协助孩子确定旅行的目标，主要是学习和成长目标。接着，父母和孩子要花费几天或更长时间做好旅行前的准备，除了必要的出行用品外，最重要的准备是查阅旅行目的地的相关信息，对要到访的景点、当地民俗与文化、当地交通与食宿情况等有一个初步了解，必要时还可以学几句地方方言的常用语。

旅行过程中，父母尽可能让孩子自己去融入旅游地的生活，包括和当地人交流，查找到达景点、酒店等地方的交通线路和交通工具，独立观察当地的风情，主动寻求他人帮助，以便更好地完成旅行目标。

　　旅行结束后，父母要及时和孩子对本次旅行进行回顾，一起欣赏旅途中拍的照片、发的朋友圈、收集的特色礼品等，并和孩子展开讨论：这次旅行是否完成了预定目标？如何完成的？如果没完成，原因是什么？这次旅行的心情如何？最大的收获是什么？印象最深的经历是什么等，通过回忆和讨论让这次旅行变得回味悠长。

　　哈佛大学史上唯一的女校长德鲁·福斯特在一次演讲中谈道："我每年都会带孩子们去一个陌生的地方，对我来说，以学习的方式旅行，已成为一种传统，意义在于成长。"父母带孩子去旅行，看的是自然风景、社会风貌、人文民俗等更广阔的世界，孩子见识越广，思考越多，眼界和心胸都会变得开阔，思想和格局也会得到提升。孩子在游玩中自然而然地探索新知，很好地满足孩子的好奇心和求知欲，一旦学习成为孩子的一种快乐体验，孩子就不会觉得辛苦和排斥。而且，孩子经历一个又一个陌生环境的探索与适应，独立自主能力和社会适应能力得到充分锻炼，当孩子长大后就不会那么惧怕陌生和变化的环境，在任何环境中都能展现出良好的适应力和包容力。

请扫描书上二维码
亲子共读
▼

《世界人工智能大会 ICI 分论坛　上海市教育委员会倪闽景副主任主旨报告分享（节选）》

第十章

走出误区，
家庭教育更见效

　　"父母之爱子，则为之计深远。"爱子情深是人伦天性，但"爱子"也是一门学问，要求父母"爱子"讲究理性、科学、适切的原则与方法。但部分家长受自身能力、条件限制，以及一些传统观念、不良社会风气的影响，在教育孩子时容易陷入误区，以至于各种教育问题层出不穷，苦了孩子，抗了父母，也伤了亲子感情，更有可能贻害孩子终生。

　　因此，父母有必要弄清楚一些被误读的教育观点，跳出教育误区，更新教育理念与策略，从而保障家庭教育成效。

　　例如，赢在起跑线，未必就能赢得人生，人生不是百米短跑，而是一场马拉松，笑到最后的人才是真正的赢家；"棍棒教育"从来都不是有效的教育，父母教育孩子要灵活、适度地运用表扬、奖励、批评、惩罚等策略，坚决杜绝体罚、语言暴力、冷暴力等伤害性大、作用力却很小的教育方法；领导力≠当官的能力，领导力是新时代优秀人才的核心能力之一，人人都需要领导力，它是孩子未来立足社会、赢得成功的必备素质，而家庭是孩子领导力的天然训练场，父母有责任尽早开发孩子的领导潜质，培养孩子优秀的领导力素质。

第一节

赢在起跑线，未必就能赢得人生

一、赢在起跑线的孩子，未必就能赢得未来

受到激烈的社会竞争、巨大的升学和就业压力，以及虚荣、攀比等功利心理的影响，很多家长深感"不能让孩子输在起跑线上"，让孩子早早背上学习的枷锁，一天天用稚嫩的双肩负重前行。

"起跑线"最初被用来比喻早期教育，旨在唤醒人们对早期教育的重视。但在激烈的升学竞争和喧嚣浮躁的教育气氛下，"赢在起跑线"成为一些媒体和教育机构的营销口号，也成为越来越多家长的教育信条，"起跑线"早已背离其初衷。

为了"赢在起跑线"，父母让孩子小小年纪开始"抢跑""偷跑"，孩子每天面对的是上不完的兴趣班，做不完的书山题海，这对于身心发育刚起步不久的孩子来说，负担太重了。而在孩子开始萌发兴趣和潜能的幼芽时，父母又忙不迭地开发和透支孩子的兴趣爱好，以至于孩子还未真正尝到兴趣的美妙滋味，就已经被笼罩在疯狂上兴趣班的阴影之下，内心对兴趣的好奇和向往被学习重压消磨得所剩无几。甚至有的孩子在莫名的恐惧和厌倦中倒在了兴趣开发的跑道上，最终不得不偃旗息鼓，黯然退场。

实际上，让孩子用超过自己身心负荷的努力换来的领先和优越，并不能长久，甚至可能因为过早承受繁重的脑力劳动而影响孩子的身心发育，导致孩子人格、品德、情商等方面出现问题。

我国第一届中科大少年班三大"神童"接连陨落的事件让人唏嘘：宁铂深陷自卑的痛苦泥沼，最终出家为僧；谢彦波的情商不足，人际关系紧张，和普林斯顿大学的导师闹翻后被迫回国；干政患上了精神疾病，长期找不到工作。

孩子在成长的起跑线上发力过早、用力过猛，以至于后劲不足，最终沦为平庸的例子不在少数。单看我国青少年经常在各种国际数学、计算机等科学竞

赛中独占鳌头，却至今没有一人问鼎"诺贝尔奖"的科学类奖项，就已经说明问题了。

二、输在起跑线上的孩子，大有机会"反转"人生

纵观古今中外，"大器晚成"的杰出人物比比皆是。

英国发育生物学家约翰·伯特兰·格登中学时成绩垫底，生物科成绩最后一名，其他科学科目也排名很靠后，他被同学讥笑为"科学蠢材"，连老师也不相信他能在科学领域取得成功。虽然成绩差、不被老师看好，但格登被生物学深深吸引，坚持走上了生物学研究的道路。60多年后，曾经倒数第一的格登荣获了2012年诺贝尔生理学或医学奖。

中科院院士赵国屏自幼体弱多病，小学上了7年，高中毕业又到农村过了近10年的知青插队生活，30岁才考上大学。但这并不妨碍赵国屏院士在专业领域取得斐然成就。1998年，赵国屏院士领衔中科院人类基因组重大研究项目；2003年，非典突发，赵国屏院士和其他科研人员一起揭示了"非典"SARS冠状病毒进化机理；赵国屏院士积极开拓系统合成生物学研究领域，做出了许多开创性工作。

人们经常抱怨现代技术缩短了动植物的生长期，导致肉没肉味，果没果香。那么，父母对孩子的教育和培养，不也正在进行着强制"催熟"的不当操作吗？从这点来说，输在起跑线上的孩子，躲过了人为"催熟"的环节，反而有机会自然成长为芳香甘甜的"好果子"。

每个孩子都有自己的成长节奏，有的孩子比较早熟，有的孩子比较晚熟，有的孩子发育快，有的孩子发育慢，即便是同龄的孩子，也会因为遗传基因、家庭环境、个性特征等方面的差异而呈现不一样的发展水平。每个孩子都是一朵含苞待放的花骨朵，只是花期不同而已。有的花春天绽放，有的花可能等到冬天才开。父母与其费尽心机让孩子在心智尚未成熟的时候跟别人"抢跑"，不如多给孩子一些自主成长的时间和空间，让孩子慢慢按照自己的生命节律去成长，保护好孩子的好奇心、想象力、探索精神、创造力、兴趣爱好等重要的"软实力"，避免这些核心素质因为过早、过度的功利性教育和填鸭式训练而遭到禁锢和扼杀。等到孩子心智发育相对成熟，能力与素质储备丰厚时，再去追逐与竞争会更加游刃有余，更有把握实现人生赛道上的弯道超车和绝地反击。

三、慢养孩子，静待一朵花的盛开

事实上，人生不存在绝对的输赢，教育的核心是让孩子健康快乐地成长，以此为其一生的发展和幸福奠定良好基础。《学会生存——教育世界的今天与明天》一书强调："教育的目的在于使人成为他自己，变成他自己。"想让孩子成为他自己，就必须按照他的成长节奏去引导他，急不得、快不得。教育最大的敌人是急于求成，依循规律、舒缓自然才是教育应有的姿态。父母教育孩子，与其急功近利、揠苗助长，不如潜心浇灌、静待花开。

黑幼龙先生倡导"慢养孩子"，他说："养孩子就像种花，要耐心等待花开。"不仅花开有期，所有生命的绽放都有其独特的生命周期。父母需要有足够的耐心和从容平和的心态去等待，让孩子以自己力所能及的速度成长。

所谓"慢养"不是时间上的慢，而是说父母教育孩子不要太着急，要放下紧赶慢赶的步伐，多一些耐心，少一些催促，不必求一时的速度与效率，也别拿当前的成与败来评断孩子。更不该以透支孩子的兴趣和潜能为代价去拼成绩、拼名校、拼人生，而是要让教育散发出快乐、纯粹、幸福的味道。让孩子一路悠然自在地享受多彩童年，兴致勃勃地欣赏沿途生命的美景，全情投入地追逐兴趣和潜能之光，在快乐的牵引下找到学习的内在动力，慢慢地、稳稳地蓄满足以奔跑一生的能量，最终以自己最美的姿态立足于世，成就自我。

1."慢养孩子"的前提是耐心

父母需要足够的耐心去等待，让孩子在犯错中领悟，在挫折中刚强，在探索中发掘自己的潜能。

纪录片《差生3》里介绍了一名"网瘾少年"洪成浩。从初中开始，他长时间沉迷于网络游戏，周末更是一整天都在玩游戏，他的学习成绩全校垫底。父母很着急，制止洪成浩玩游戏，可孩子不听，有逆反心理。成浩妈妈开始花很多精力去思考"怎样沟通，孩子更乐意听"，她努力做到心平气和地与孩子交流，还采用了家庭会议、书信式反省书等多种沟通方式。父母还尝试着让孩子去学厨艺、旅游、学跳舞等，希望多培养一些兴趣爱好来转移孩子对游戏的痴迷，在此过程中，父母都全程陪伴着洪成浩。

高一时，洪成浩执意要退学当职业玩家。父母当然不愿意，但他们知道反对也没用，只有耐心等待他自己醒悟。父母心想："火焰正旺的时候，哪有办法灭掉？也许尽情试一次，就会厌倦了吧。"于是，父母全力支持洪成浩参加游戏大赛。

结果洪成浩一次都没赢过，全输了，他对游戏的热情果然淡了下来。

2."慢养孩子"的基础是信任

即使孩子暂时落后沦为"差生"，父母也应坚信孩子未来有无限可能，放手让孩子自己去经历、去探索，相信孩子终会"逆袭"成功。

纪录片《差生3》中的"网瘾少年"洪成浩终于戒了游戏的瘾，父母趁机鼓励他，让他试着努力学习拼搏一番。那时已是高二，洪成浩成绩还是"吊车尾"。但他在父母的鼓励下，把全部精力投入学习，成绩提升很快。于是，洪成浩一鼓作气，很快跃居全校第一，最终拿到名牌大学4年奖学金名额。在此过程中，父母就是他最坚强的后盾。纵然走过一些弯路，父母从未对洪成浩失望。就像成浩妈妈说的："信任，信任，再信任，至死也要信任自己的孩子。"大学毕业后，洪成浩加入世界级电子公司，在公司备受瞩目。

3."慢养孩子"的本质是爱

无论孩子是爱闯祸的混世魔王，还是发育迟缓的先天不足儿童，抑或是误入歧途的问题少年，父母都应全然接纳，而且始终对孩子的未来满怀期待，不离不弃，无怨无悔。

纪录片《差生3》中有一个注意力障碍的孩子托德·罗斯，他从小淘气，爱惹麻烦，所有学科都不及格。老师几乎每天都打电话给他的父母告状，托德妈妈很伤心，可她不忍心再责备孩子，她觉得孩子已经受尽非难，父母是他能坚持下去的唯一动力。高中辍学后，托德一度靠政府补助金度日。就在所有人都认为托德只会拖后腿，不会有什么前途时，托德的父母却从不这样认为。他们一直深信托德有更多可能性，他们最大限度地接纳他、鼓励他，希望他自尊自爱。

父母无条件的爱给了托德勇气，他决定突破自己，他重新走进学校，在教育领域逐渐展现出个人潜能。几年后，托德成功考取哈佛教育研究学院的研究生，毕业后又成功留校任教。现在的托德，已经成为哈佛大学著名的教授之一。

托德的成长之路异常艰辛，谁都没有想到一个注意力障碍的孩子最后会成为哈佛教授。是父母的爱、家庭的安全感，给了他改变命运的力量。托德妈妈说："当孩子落后时，他会感到疲惫、被攻击，这时孩子需要知道自己是被爱的，家是安全的。"托德也坦言："如果没有父母给的这种安全感，我可能还会继续惹麻烦，人生不知要怎么样。"

4.“慢养孩子”的策略是目光长远

在孩子成长过程中，父母要不间断地为孩子描绘幸福人生的蓝图，启发孩子对未来的思考，帮助孩子找到成长的力量，和孩子一起赢在终点。当孩子对前途迷茫时，父母应尽全力为孩子指路，鼓励孩子无论人生旅途走得多慢、走得多难，都不要停下脚步，梦想和幸福就在前方。

爱因斯坦从小发育迟缓，他3岁多了还不会说话，9岁时说话还吃力，10岁时才被爸爸送到学校上学。他喜欢独来独往，经常独自沉思，在他人看来他行为怪异，是个“笨家伙”。但爱因斯坦的妈妈不这么认为，她看到了爱因斯坦沉默寡言背后的好奇心和思考力，她坚定地说：“我的小阿尔伯特没有任何毛病，你们不了解，他不是发呆，而是在沉思。他将来一定是位了不起的大学教授。”妈妈从不逼迫爱因斯坦去改变自己迎合他人，也不斥责他，而是让他做自己喜欢做的事，让他按自己的步调成长，不断积蓄智慧与能量。最终，爱因斯坦成了妈妈所说的“大学教授”，更成为世界上最伟大的物理学家之一。

四、慢养≠放养

教育是慢的艺术，是蓄势待发的等待。但这并不意味着父母什么都不用做，翘首以待即可。没有园丁长期的精心栽培，再优良的种子也可能长成一棵“歪脖子树”。

因此，父母要承担起一个守望者的角色，做到“三分启发，七分等待”，以身作则，潜移默化地给予孩子正能量影响，慢慢滋养孩子的天性，并让孩子自由探索、勇敢尝试、主动挑战，陪伴孩子一起走过量变积累到质变飞跃的人生旅程。当孩子遇到难关时，父母应贴心地为孩子递上“闯关小锦囊”，给予孩子积极的回应和全力的支持，助力孩子找到适合自己的人生坐标，创造并展现出属于自己的生命光芒。

1.陪孩子慢慢成长，父母的榜样作用更加凸显

“慢养”主要体现在对孩子心性的润养。父母陪着孩子一起仰望星辰大海，欣赏四时美景，而孩子也在与父母同行中，从父母身上汲取宝贵的人生经验和处世哲学。慢养在父母和孩子间营造一种从容、和谐的氛围，有利于父母和孩子之间深入交流，让父母自身的气质、品性、学识等特质如和风细雨般浸润孩子，化作孩子成长的根与魂。因此，慢养孩子，父母首先要做好自己，努力提升个人素养，

为孩子树立正面、积极的榜样形象，用成年人应有的成熟与睿智，照亮孩子前进的道路，激发孩子生命的热情。

亿万富豪理查德·布兰森从小患有阅读障碍，每次考试都是班级倒数第一。17岁那年，布兰森决定辍学，他的妈妈非但没有拦阻，还给了他100英镑的创业基金。辍学后的布兰森开始了他长达一生的冒险之旅，他启动自己无穷尽的商业头脑，多次创业成功，最终成为英国最大的私有企业主。而支持布兰森一生不断冒险、不断挑战的力量主要来自他的妈妈。布兰森说："妈妈曾经教导我，希望我永远不要放弃寻找星星。我的妈妈从不待在原地，她给了我第一笔创业资金，与此同时，她的创造力、无所畏惧和不懈努力的精神，都是我一生学习的榜样。"

布兰森的妈妈年轻时想当飞行员，她不惜女扮男装去应聘，如愿成为一名滑翔机飞行员。后来，她又当过芭蕾舞演员、空姐。结婚后，她把花园变成了工业作坊，做一些纸巾盒和废纸篓卖给商家；她还经营房地产业务，成立慈善基金会；她还写作，在旅游版块、小说期刊和儿童书籍上刊登作品。布兰森的妈妈一生热爱挑战，将生命活到极致，她是布兰森心中永远的指路明灯。

2. 牵着蜗牛散步，陪着孩子看世界

慢养孩子，让孩子不再因过早的超负荷学习而透支体力和潜能。轻装上阵的孩子就像藤蔓植物一样以旺盛的好奇心和强大的学习力，向周围世界肆无忌惮地伸出探索与求知的藤条，源源不断地从未知世界汲取养料。父母要做的就是想办法为孩子打开更广阔、更有意义的天地，充分激发孩子的探索欲望，开启孩子的想象和思维世界。父母就像经验丰富的牧羊人，把羊群赶到肥美的草地上，让羊儿尽情吃草。

父母陪着孩子一起慢慢地探索世界，就像牵着一只蜗牛散步，生活的许多乐趣就在且走且看的过程中徐徐浮现出来，孩子也在快乐徜徉中流露出最本真、纯粹、动人的模样。

3. 用欣赏的眼光看待孩子的成功与失败

年幼的孩子通常依据他人对自己的评价来认识自己。如果孩子经常得到父母真诚、善意的赞美和鼓励，这对其潜能开发、心理健康、个性发展等方面都大有裨益。特别是当孩子遭遇困难和失败时，父母没有一味地指责、嫌弃孩子，而是能够用欣赏、发展的眼光来品味孩子的失败，看到孩子失败经历中值得肯定的部分，看到孩子成长和进步的空间，看到所谓的"缺点"和"失败"中蕴藏着孩子独特的个性和特质。父母对孩子"失败"的欣赏，很可能成为孩子成长的一个转折点，

带给他全新的改变。

对于一个渴望得到赏识和认可的孩子来说，父母一句鼓励的话语、一个欣赏的眼神、一个信任的微笑，就像一束耀眼阳光洒进阴暗的角落，瞬间驱散孩子内心的阴冷，照亮孩子前方的道路。

4.尊重孩子的个性，引导孩子做选择

当孩子慢慢长大，独属于他自己的性格、个性就会变得清晰起来，他有自己的脾气，有自己的好恶，有自己的学习模式，有自己描绘的人生蓝图。父母应尊重孩子的个性，顺应孩子的特点，给予孩子足够的自由和权利去探索、选择自己的成长路径。

黑幼龙先生的小儿子黑立行幼年时想学潜水，父亲决定支持他，每天凌晨天没亮就带儿子去海边练习。后来黑立行热情减退，父亲就严肃地告诉他："既然已经选择了，就不要放弃。"

黑立行上初中时，看到哥哥姐姐要去美国读书，他心里犹豫着要不要也去美国读书。父亲冷静、耐心地给他分析了去美国读书和留在当地读书这两个方案各自的利与弊，然后让黑立行自己做决定。经过一番思考，黑立行决定跟随哥哥姐姐一起去美国读书。这是他第一次做人生重大决定，很为自己骄傲了一番。

从斯坦福大学机械工程专业毕业后，黑立行却想去当演员，圆自己多年的演员梦。父亲没有驳斥他的选择，只是建议他花一年时间去试试看，而且在黑立行当演员期间，父亲还尽心尽力帮他圆梦，带他去拜访影星张艾嘉，征询吴宇森导演的意见等。一年后，黑立行终于醒悟，演员这条路不适合他。于是，他踏上了创业之路。

对一个孩子来说，每一个小小的选择都在发挥他对生活的支配力，也在强化他的责任感和自信心。如果父母希望孩子将来能够对自己的决定负责，就要早早给孩子选择的自由和方法，教会孩子自主选择、理性决策，让孩子从小顺应天性、自主成长，也让孩子慢慢学会对自己的选择负责，勇于承担相应后果。培养孩子关于选择的智慧，促使孩子成长为一个有主见、有担当的人，不仅能够对自己当下的决定负责，更能对自己的一生负责。

第二节
棍棒底下难出孝子，更出不了人才

一、"棍棒教育"，从来都不是有效的教育

《傅雷家书》中提到傅雷对儿子的教育非常严苛，儿子傅聪练钢琴时，傅雷会拿着棍子守在旁边。有一次，儿子在饭桌上跟傅雷顶嘴，傅雷把一碗饭扣到儿子脸上，把他的鼻梁骨打坏了。在傅雷的严厉管教下，儿子傅聪成为举世闻名的钢琴演奏大师。

我国自古有"棍棒底下出孝子""不打不成才""打是亲，骂是爱"的传统。诚然，我们身边不乏一些通过打骂等严厉手段促使孩子成才的成功案例，但是，孩子因为长期经受严苛对待而伤己、伤人的残酷现实和血淋淋的教训更多！"棍棒教育"自身的暴力性、压迫性、强制性、侮辱性等特点，决定了它带来的负面影响远大于正面作用。

采用"棍棒教育"，父母的教育目的未必能达到，但其对孩子的伤害却实打实地传递到年幼孩子的身体和心灵上。一方面，打骂孩子往往只能让孩子暂时屈从于暴力，解决眼前的问题，却可能留下贻害孩子一生的隐患，孩子不会对自己犯的错误形成独立反思，更不会去思考怎样改正错误。打骂孩子达不到让孩子认清和改正错误、锤炼优秀品质等目的，反而容易破坏孩子的独立意识、自我认知能力，导致孩子自尊心严重受伤，自感"低人一等"，极易形成"顺从型人格"或"讨好型人格"。有的孩子习惯了挨打，觉得"我做错了，你也打过了"，在犯错和被打中取得了心理平衡，从而变得心安理得、麻木不仁，产生"破罐子破摔"的顽固反抗心理，出现抑郁、自闭、暴力倾向等心理疾病。

另一方面，惯用"棍棒教育"的父母在孩子面前通常说一不二、霸道专权，不懂得尊重孩子，长期受到压制的孩子往往自觉性较差、责任感淡薄，他们内心感受不到父母的爱，失去对父母的信任，亲子关系日渐疏远。而且，孩子的这种不安全感和不信任感还会蔓延到其社会交往中，使孩子在未来生活中难以与他人

建立亲密信赖的关系。

另外，父母对待孩子多以棍棒、拳脚威吓的方式，容易使孩子上行下效，模仿暴力、崇拜暴力，性情变得冲动、暴戾，把暴力当作自己表达和发泄情绪的方式，也倾向于用暴力解决问题，导致以暴制暴的恶性循环，甚至迫使孩子长大后滑向犯罪边缘，成为变本加厉的施暴者和犯罪者。调查发现，大多数罪犯在童年时期有过被暴力攻击的经历。

二、语言暴力和冷暴力对孩子的侵害不容忽视

现代社会，随着父母的文化水平和教育意识提升，实行"棍棒教育"的父母少了。但一些父母却热衷于对孩子采用语言暴力和冷暴力，前者是言语的虐待，后者是沉默的施压。

1. 语言暴力是对孩子言语上的虐待

语言暴力，是使用谩骂、诋毁、蔑视、嘲笑等侮辱歧视性的语言，致使他人的精神和心理遭到侵犯和损害的暴力行为。家庭语言暴力被很多父母奉为提高孩子抗挫力和意志力的有效手段。但事实证明，语言暴力带给孩子的更多是"打击"，几乎没有"教育"。

父母在和孩子沟通时，常常有意或无意地对孩子使用语言暴力。例如，嘲讽、侮辱式语言："你怎么那么笨！""你是猪啊，这点事都做不好。"

贬低、否定式语言："我看你根本不是读书的料。""你太让我失望了。"

威胁、恐吓式语言："再不听话，不要你了。""考不到90分以上，我打断你的腿。"

这些言语像机关枪一样"突突突"地扫射出来，伤得孩子体无完肤。常言道："良言一句三冬暖，恶语伤人六月寒。"长期遭受语言暴力的孩子，或多或少存在记忆力障碍、注意力缺失等症状。而且，长期处在语言暴力的压抑环境下，孩子极易产生怯懦、敏感、焦虑、多疑、自卑等心理问题，内心充满不安全感，不仅严重影响孩子正常的亲子关系和人际关系，还会阻碍孩子构建完善人格和正确价值观。

"爱之深，责之切"，父母用激烈的措辞来和孩子交流，也许是怒其不争，也许是希望刺激孩子奋发向上，其本意皆是出于对孩子的爱。但父母没有意识到，有些话像锋利的刀子，不但起不到激励的作用，反而会深深刺伤孩子。语言暴力就像一个隐形杀手，不知不觉中狠狠挫伤孩子的自尊与自信，让孩子对自己的认

知产生偏差，看轻和否定自己，严重的甚至终生都陷在自我否定和厌弃的泥沼里。所以，请父母嘴下留情吧，不要再说出伤害孩子的话。

2. 冷暴力是对孩子沉默的施压

和咄咄逼人的语言暴力相反，冷暴力表现为冷淡、疏远和漠不关心，拒绝沟通与对话，导致他人精神和心理上受到侵犯和损害的一种精神暴力。家庭冷暴力主要有以下几种情况。

敷衍式陪伴。一些父母陪伴孩子时心不在焉，只顾着自己看电视、玩手机，孩子跟父母说话时，父母也是应付式地回应"嗯""哦"。孩子会模仿大人这种漫不经心的做事方式，学习时专注力下降，与人相处也是"不走心"的状态，不利于孩子养成良好行为习惯。

忽视孩子的呼唤。当父母忙着做事时，会无意地忽视孩子的呼唤，有的父母被喊得不耐烦，干脆装作没听见。孩子经常被父母这样无视，会觉得父母不关心自己，逐渐和父母疏远。

对孩子犯错进行"冷处理"。孩子犯错后，为了给他点颜色看看，父母故意把孩子晾在一边不予理睬，让他自己反省。或者，孩子为自己的错误道歉了，父母还出于继续惩罚让他长点记性的目的，拒绝孩子的道歉或者对孩子的道歉冷漠待之。

实际上，父母拒绝和孩子沟通，孩子可能根本意识不到父母的冷漠跟自己的错误行为有关，不但不会自己反省，还可能因为父母的冷漠行为而产生不安全感。另外，孩子认错却得不到父母的积极回应，这会让孩子对自己承认错误的做法产生怀疑，或者导致孩子继续沉浸在自责和内疚中，得不到宽容和谅解，这些都不利于孩子良好品德的培养。

对孩子的努力视而不见。当孩子拿着自己的成绩迫不及待地给父母看时，父母随便看一眼没有任何表示，或是怕孩子取得一点成绩就"飘"了故意反应冷淡。这会让孩子觉得自己不够好，自己再怎么努力也得不到父母的肯定，严重打击了孩子的自信心和进取心。

父母的冷漠、白眼、不理不睬，对孩子来说就是一场旷日持久的精神虐待，会让孩子感受不到爱和温暖。缺爱的孩子内心极度孤独和无助，容易出现消极自卑、自暴自弃等不良心理问题，影响其健全人格的塑造，还可能摧毁孩子的良好性格，导致孩子出现"退缩型人格"，逃避问题，不敢与人交流，或者形成"爆发型人格"，攻击性强，习惯用暴力来提高存在感或解决问题，容易对他人和社会采取过激行为。

三、适度的奖惩都有利于孩子的成长与发展

幸福的人一生都在被童年治愈，不幸的人一生都在治愈童年。父母教育孩子，必须清楚教育的底线在哪里，过激、过度的教育方式会给孩子造成不同程度、难以痊愈的身心伤害。这是不是意味着，教育孩子只能表扬不能批评，只能奖励不能惩罚？

我国古代经典著作《学记》提到："教也者，长善而救其失者也。""长善救失"是我国古代在对待孩子优点与缺点、正确与错误等问题时的教育原则，它包括了表扬与奖励、批评与惩罚等手段。父母只有坚持适度原则，既有和悦赞扬又有严厉训诫，做到宽严并济、松紧得宜，才能真正达到教育孩子、成就孩子的目的。

奖励与惩罚是一对相辅相成、行之有效的教育方法。奖励用肯定的评价来巩固和发展孩子的优良行为，有助于强化人的正确行为。惩罚用否定的评价来纠正和克服不良行为，能有效地遏制人的错误行为。适度的惩罚如同苦口良药，能够让孩子学会为自己的过错负责，提高孩子的抗挫力，增强孩子的责任感。

另外，奖励和惩罚作为教育手段，都有其局限性。奖励对强化孩子的良好行为有积极作用，但不能有效遏制已经形成的不良行为。惩罚对遏制孩子的不良行为有利，但对强化孩子的良好行为不起作用。

可见，适度的奖惩都有利于孩子的成长与发展。反之，没有奖励的教育，或者没有惩罚的教育，都是不完整的教育。

为了探讨奖励与惩罚在家庭教育中的存在价值，朱永新教授在全国政协委员读书漫谈群中组织了一次专题讨论，所有委员达成了共识：家庭教育需要奖励与惩罚，奖励为主，惩罚为辅。在惩罚中，父母需要把握尺度，不能任凭自己的情绪随意打骂、羞辱孩子。同时，委员们特别强调，教育无定法，无论是严管还是宽教，关键要看哪种方法更适合孩子的成长。

四、表扬与奖励的实施策略

表扬和奖励都是正向强化手段，父母采取适时、适度的表扬和奖励，有利于促使孩子保持甚至加强某种良好行为。

（一）表扬的策略

1.表扬努力的过程比表扬聪明更有效

被表扬"聪明""有天赋"的孩子,容易将自己的成功归因于智商和天赋,产生"我应该比别人强"的自负心理,还会回避挑战,避免出现与自己的聪明不符的结果,害怕被人质疑。而被表扬"努力""有毅力"的孩子,容易将自己的成功归因于个人努力,更容易培养孩子的"成长型思维",让孩子相信未来掌握在自己手中,再努力一点就会有不一样的收获。

父母在表扬孩子时,尽量表扬孩子努力的过程,用"你很努力"替代"你很聪明",让孩子清楚感受到自己的努力父母都看在眼里,自己的付出是有回报的。

例如,父母可以学会这样的表扬方式:"虽然学轮滑很难,你还受伤流血了,但你一直努力、不放弃,终于学会了轮滑。我为你骄傲!"

2.具体表扬比笼统表扬更有力

表扬孩子时,有的父母喜欢翻来覆去说一些套话、空话,比如,"你真棒!""不错,继续努力!"这些词句使用多了,孩子会慢慢对这些词"免疫""无感"。而且,随着孩子渐渐长大,对父母的评价更加敏感,孩子心里会犯嘀咕:"我哪里棒?哪里不错?"过于笼统、套路的表扬让孩子越来越感受不到诚意,其激励孩子的效果不免大打折扣。

父母要积极寻找孩子的成长点和闪光点,包括孩子进步的方面、出彩的方面、独特的方面等,让表扬变得具体,言之有物、言之有理,孩子会更受鼓舞。

例如,表扬孩子的进步:"妈妈发现你今天写作业能坚持15分钟不分心,比昨天多坚持了5分钟,这种状态很好,要保持住哦!"

表扬孩子的态度:"你能虚心听取别人的意见,这点做得非常好。"

表扬孩子的创意:"你的作文充满了想象力,这个结尾太出乎我的意料了。"

3.少用"但是",以免削弱表扬的效果

一些家长想要表扬孩子又怕孩子骄傲,或者想顺便指出孩子有待改进的地方以期下次做得更好,所以在表扬孩子之后还会补充一段"但是"开头的话。比如,"你这次英语口语说得不错,表达非常流畅。但是,声音不够洪亮,发音也不够标准,你应该……"父母是用心良苦,可孩子的心情却如过山车一般,从高兴雀跃的情绪高峰瞬间滑入沮丧不安的情绪低谷。

正确做法应该是,把表扬和"但是"的内容分隔得更远一些。既然要表扬,

父母就单纯地表扬孩子做得好的方面，让孩子的努力得到充分肯定。"但是"的内容可以过几个小时或隔天再找机会和孩子交流，不要让"但是"削弱甚至否定了表扬的效果，否则，前面的表扬对孩子来说就毫无意义了。

另外，父母可以多用"为什么"来替代"但是"，这样能把表扬和建议结合得更好一些。例如，父母可以这样问孩子："你的英语为什么说得那么流畅、自然？"孩子自然会回忆起自己努力练习英语的过程，然后父母再鼓励孩子："难怪你的英语口语那么好，费了不少心思啊。我觉得下次你说英语时声音可以再大一点，再练一练英语发音，到时候说一口纯正的美式英语，效果一定会更好。"

（二）奖励的策略

1. 精神奖励为主，物质奖励为辅

物质奖励是最直接的奖励方式，激励效果也立竿见影。但是，长期使用物质奖励的副作用也比较大，容易养成孩子为奖励而学习、为奖励和父母讨价还价等错误认知和不良行为，也不利于建立孩子学习的内驱力。因此，父母奖励孩子应以精神奖励为主，物质奖励为辅。

以孩子写作业为例，当孩子在规定时间内完成了作业，父母可以给予孩子一定的奖励，以资鼓励。如果父母经常用金钱、玩具等物质奖励来激励孩子写作业，孩子会不自觉地将物质与作业挂钩，变成为了奖励而写作业，而不是把作业当作自己分内的事情。父母反复使用物质奖励还会催化孩子的物质欲望，让孩子对物质奖励的要求越来越高，甚至会拿写作业的事来和父母谈条件，父母给的奖励多才肯好好写作业，父母给的奖励少，孩子写作业就敷衍，甚至不肯写。可见，从长远来看，物质奖励贻害甚多，父母要慎用。

父母平时应更多采用精神奖励，留心关注孩子任何微小的进步，经常鼓励孩子，不吝表扬孩子。父母一个赞许的眼神、一个温暖的拥抱、一句诚恳的表扬，就是对孩子最大的肯定和鼓舞，能让孩子获得更多学习的动力。

2. 定期奖励与不定期奖励相结合

过于频繁的奖励容易让孩子对奖励产生依赖，一旦撤销奖励，孩子就可能失去保持良好行为的动力。而且奖励的频率太高，会削弱奖励带来的兴奋感和成就感，其刺激作用会逐步减弱。因此，父母可以采用定期奖励与不定期奖励相结合的策略，控制奖励的频次，用不定期奖励来保持孩子对奖励的期待，坚持良好行为。

心理学家研究表明：采用不定期奖励方式，在奖励完全停止后，正确行为的持续时间比定期奖励下正确行为的持续时间更长。不定期奖励无规律、不确定，

孩子不知道什么时候因为什么事情会被奖励，他对奖励的依赖比较小，即使没有奖励也能长时间保持良好行为。不定期奖励还能让孩子体验意外之喜，其刺激作用更明显，可以让孩子的良好行为持续时间更长。

3. 奖励要注重仪式感

对于很多孩子来说，最自豪的时刻就是站在讲台上领取奖状的时候。老师郑重其事地举行颁奖仪式，绝对比直接给孩子发奖状效果好得多，因为满满的仪式感承载着老师对孩子充分的肯定和褒奖，会给孩子留下美好的回忆，带给孩子莫大的鼓舞，让孩子产生强烈的自豪感和归属感，促使孩子更加积极地生活，更有干劲地学习。

同样的道理，父母在给予孩子奖励时也应注重仪式感。比如，当孩子取得好成绩时，父母为孩子策划一个小型庆祝活动，给孩子一个惊喜；当孩子取得进步时，父母给孩子一个大大的拥抱，并和孩子一起在自制的红花榜上认真地贴上小红花，告诉孩子："你通过自己的努力，又获得了一枚荣誉勋章！"

五、批评与惩罚的实施策略

批评与惩罚是对孩子不良行为的否定、纠偏、匡正，可能带给孩子一些不愉快的体验，父母在使用批评与惩罚手段时，必须讲究一定的语言艺术和惩戒尺度。

（一）批评的策略

1. 尽量避免无用的批评

父母批评孩子时，尽量避免无用的批评。例如，情绪化的批评：一些父母在孩子的错误面前情绪激动，忍不住对孩子大发脾气，这种带着个人情绪宣泄的批评，只会让孩子内心恐惧，对解决问题毫无帮助。

翻旧账的批评：一些父母批评孩子时总喜欢"翻旧账"，以为通过"引经据典"的方式更能让孩子认识到错误。比如，孩子打碎了一个碗，父母从这件事延伸到孩子以前丢钥匙、丢钱等，举足了例子来强调孩子做事粗枝大叶的毛病。这种做法往往只会引起孩子的反感，试问，谁会喜欢总被别人翻旧账呢？而且，父母对其他事情絮叨太多，容易冲淡当前的对话主题，让人抓不住问题重心，不利于问题解决。

2. 批评要对事不对人

父母批评孩子时要就事论事，不要上纲上线，对问题过度渲染，更不要给孩子贴标签，对孩子的人格、个性等进行攻击和伤害。例如，"讲过多少次了，怎么一错再错，笨死你算了。"这种标签式的批评会严重伤害孩子的自尊心，给孩子留下"我就是个差劲的孩子，改不了了"的心理暗示，导致孩子容易把自己一时的错误和一生发展混淆，产生自卑心理。

正确的做法是，父母对问题进行针对性批评，告诉孩子哪些行为是错误的、为什么错、会导致什么样的后果、该怎样改正等，让孩子清楚自己到底做错了什么，把注意力集中到当前的问题上来，以积极态度应对问题。同时，父母应向孩子强调："我批评你，是因为这件事你做错了。"明确告诉孩子父母否定的是这件错事，而不是否定你这个人。

需要强调的是，父母在批评孩子前应先做自我批评，看看是不是自己给孩子做了错误示范，还是自己的教育方法有问题。如果孩子的错误行为是从父母身上学来的，父母首先要自我改正，再去引导孩子改正错误。在批评孩子时，父母首先应诚恳地向孩子做自我批评："这件事妈妈也有责任，妈妈没有给你做好榜样。"这样可以拉近父母和孩子的距离，让孩子更乐于接受父母的批评，也能从父母身上学会勇于承认错误、勇于承担责任的良好品质。

3. 批评也要讲究语言艺术

（1）鼓励孩子大胆为自己辩解

孩子做错一件事，肯定有其原因。父母在批评孩子前，要鼓励孩子说出自己的真实想法，听一听孩子的解释，以免冤枉了孩子，也让父母的批评更有针对性。例如，"今天老师说你打了同桌，妈妈觉得你不是喜欢使用暴力的人，你能告诉我发生什么事了吗？"

（2）告诉孩子父母的感受和经验

父母批评孩子主要是担心孩子行差踏错，伤害自己、伤害他人，希望用自己的人生经验来帮助孩子少犯错、少受伤。这时候，父母不妨和孩子分享一下自己小时候犯错的经历，说一说自己当时又怕又囧的心情，让孩子知道原来父母也和自己一样，有过调皮捣蛋、爱闯祸的童年，让孩子放下心里的忐忑和对父母的防备，更好地接受父母的批评。

另外，父母的威严是立在孩子面前的一堵墙，常常会无形中拉开孩子和父母的距离。因此，父母不妨向孩子坦言自己对他的忧虑、担心，让孩子体会到父母的感受，知道自己的表现让父母多么失望和担心，继而产生愧疚、改过之心。

（3）批评时语言简短有力，并适时沉默

父母批评孩子时可以采用讲故事、举例子等方式，委婉地指出孩子的错误，让孩子更乐于接受批评、改正错误。当然，无论是委婉的引导还是直接指出问题，父母的语气都应严肃又不失温和，眼神坚定而不带敌意，尽量用简短、清晰的话语来说明问题，分析错误原因，提出改正错误行为的建议，避免反复唠叨和"翻旧账"。

另外，父母不要一直喋喋不休地说教，要适时按下"暂停键"，给孩子留出反省的时间。当看到父母不说话了，孩子反而会感到紧张，心里想："看来我的表现真的伤了妈妈的心，是我做错了。"进而促使孩子反省自己的过错。

批评过后，孩子难免情绪低落，父母要及时安抚孩子，给予孩子一个温暖的拥抱，摸摸他的头，亲亲他的额头，告诉孩子："做错了没关系，改了就好，我们并没有对你失望，我们永远爱你。"这样孩子内心会更有安全感和自信心。

4. 批评要注意时机和场合

批评孩子前，父母要先关注孩子的身心状态，选择合适的时机、场合，不宜随意"发飙"。建议父母在早上起床时、晚上睡觉前、吃饭时，不要批评孩子。例如，很多父母有"饭桌前训子"的习惯。实际上，吃饭时间并不适合用来批评教育孩子。研究发现，人的情绪会影响人的肠胃功能。父母在吃饭时批评孩子会破坏孩子的良好情绪，不利于体内食物的消化与吸收，从而损害孩子的身体健康，而且孩子一边吃饭一边听训，一心多用，往往达不到反省改错的目的。

另外，父母批评教育孩子最好选择私下无人的场合，切忌在公共场合，或者当着孩子亲戚和朋友的面批评他，要注意给孩子留面子，不当众打击孩子的自尊心。

（二）惩罚的策略

1. 协助孩子建立惩罚规则

教育专家建议，最好的惩罚是建立一种规则，让孩子自己惩罚自己。父母应和孩子协商、制订惩罚规则，让孩子自己寻找和确定惩罚自己的方法，让惩罚过程由父母强制转变为孩子自治。一旦孩子违背自己参与制订的规则，他必然会预见到自己将要接受的惩罚，他的对抗情绪就不会那么明显，反而能够自觉地接受惩罚，并且为了避免下一次受罚，有意识地改正错误，不再犯同样的错误，这样就能够产生比较好的惩戒纠错的效果。

2.遵循惩罚的适度性原则

为了保证惩罚的适度、合理，避免罚得狠了，孩子出现逆反心理或受到伤害，建议父母在保证惩罚强度能达到教育目的的基础上，使用强度最轻的惩罚。这就像是一个人生病了，能自然痊愈就不吃药，能吃药就不要打针，能打针就不要做手术。

在制订惩罚规则时，父母可以和孩子商量，选择具体的、可控的、孩子能理解的惩罚方式。例如罚坐，让孩子搬着小板凳坐到角落里15~20分钟，自己反省错误。时间到了，父母要主动和孩子沟通，询问他是否意识到自己的问题，并安抚孩子不要让孩子自己消化负面情绪。也可以让孩子做一些力所能及的家务，如扫地、拖地、整理房间等，让孩子一边做家务，一边冷静想想自己的过错，并培养孩子的生活自理能力。

3.倡导自然惩罚

卢梭认为：儿童所受到的惩罚，只应是他的过失所招来的自然后果。这就是"自然惩罚法则"。当孩子在行为上犯了错误时，不要给孩子过多的指责，而是让孩子自己承受行为过失或者错误直接造成的后果，使孩子在承受后果的同时感受到不愉快甚至是痛苦，从而引起孩子的自我悔恨，自觉弥补过失、纠正错误。

运用自然惩罚，父母首先要减少对孩子行为的干预，让孩子为自己的行为做出选择，并在实践中体验选择的后果，让孩子学会为自己的选择及其后果负责。如果父母在此期间干涉过多，会让孩子觉得这个后果是父母造成的。

其次，父母可以提醒孩子某种行为可能导致的后果，让孩子知道如何避免受到惩罚，但如果孩子不接受父母的提醒，坚持己见，父母也不要去斥责孩子，因为错误决定带来的后果自然会给孩子应有的教训。

最后，父母要保证孩子的安全。父母允许孩子体验犯错的后果，其前提是这个后果是孩子能够承受的。如果孩子犯的错不大，风险系数不高，父母应该给予孩子犯错和承担后果的机会。但是，如果父母根据个人经验，判断出某种行为的后果会威胁到孩子的人身安全，或者可能对孩子身心造成伤害，父母必须及时阻止"自然惩罚"的发生。

4.严守惩罚的底线

一是慎用经济制裁。"经济制裁"指的是罚款。有的家长规定孩子打架、骂人、撒谎、作业不完成等分别罚多少钱，从孩子的压岁钱和零用钱里扣除。这个方法将孩子的行为与金钱挂钩，容易使孩子产生"金钱万能""金钱至上"等狭隘金钱观，父母应慎用。

二是严禁体罚，以及威胁、侮辱、贬低等语言暴力。有时候父母被孩子气急了，忍不住动手打孩子几下是在所难免的。在此要提醒父母，孩子的后脑勺、太阳穴、屁股是绝对不能打的，也不能拧孩子的耳朵、揪孩子的头发，这容易对孩子的身体造成严重损伤。

5. 保持惩罚的一致性

在家庭教育中，经常会出现惩罚不一致的现象。很多家长习惯于一个"唱红脸"，一个"唱白脸"，例如，爸爸因为孩子的过错惩罚了他，随后妈妈觉得孩子受委屈了，又用零食或玩具来安抚他。这会使孩子左右摇摆：我到底该听谁的？也会让孩子对父母感到失望，降低对父母的信任和顺从。甚至有的孩子会出于自我保护心理变成"两面派"，自发地依靠对自己有利的一方，造成孩子在爸爸面前是一个样，在妈妈面前又是另一个样。

可见，父母对孩子的惩罚必须保持一致，即使彼此有不同意见，也应该私下协商，达成共识后再采用统一标准来教育孩子。切不可在孩子面前争执，彼此唱反调。孩子需要从父母那里获得一致性的信息，明确知道什么事情可以做，什么事情不可以做。

父母惩罚的不一致，还体现在父母对待孩子的同一个问题，前后态度和做法不一致。有的父母心情不好时对孩子要求很严，惩罚比较重，心情好时就对孩子的问题轻轻放过。这样的做法会让孩子更加困惑和愤怒，因为他们不知道这一次犯错会有什么后果，也就萌生了侥幸心理，他们不会真正吸取教训，反而会一而再再而三地犯错，不断试探父母的底线。因此，父母的惩罚必须注意保持形式、内容、强度等方面的一致性，如果乱用惩罚，不如不用。

第三节
开发领导力，就是培养孩子做"领导"？

一、领导力≠当领导的能力

很多家长一说到"领导力"就认为是"当领导的能力"，属于成人、职场的概念，没必要那么早和孩子谈领导力。还有的家长觉得自己的孩子不是班干部，也不想当班干部，是否具备领导力并不重要。

实际上，领导力不是单纯地指成年人身处领导岗位所拥有的一种特殊权力。哈佛商学院的弗朗西斯·福雷教授认为："领导力表现在，因为你的存在能使他人变得更好，而且当你不在的时候你的影响力还能一直持续。"也就是说，领导力是能让自己和世界变得更好的一种影响力。具备领导力的人，首先是一个善于处理自己和自己的关系的人，具备良好的自我管理、自主学习能力，能够不断实现自我纠正和自主发展；具备领导力的人，即使不担任领导职务，也可以对他人产生影响力和号召力，他能够跳出个人得失，注重合作带来的快乐，具备全局意识和服务精神，能够凝聚众人力量去完成个人无法完成的事情。

父母留心观察会发现，有的孩子不是班干部，但他热情开朗、豁达大方、敢想敢做，班上的同学总喜欢和他聚在一起，对他的倡议总是一呼百应；有的孩子平时看起来不起眼，安安静静，不争不抢，但遇到问题时能冷静观察与思考，迅速找到解决问题的思路，并有条不紊地对每个人进行合理分工，团结和配合其他人一起解决问题，这些都是领导力的体现。可见，领导力不是"当领导"才需要的能力，而是每个人都应具备的核心素质。

在中国，很多家长把孩子的"领导力开发"理解为把孩子培养成为未来的企业管理者、行政官员等职位高、有权力的领导者。而在西方主要的发达国家，领导力被视为孩子应该具备的一种重要素质，通过培养孩子的全局思维、决策能力、人际交往能力、责任感、服务精神等领导力素质，让孩子更加自律、自主，拥有强大的人格魅力，成为未来最受欢迎的人。

国际一流大学在招生时，几乎都强调申请者的领导力素质，并对品学兼优、具有卓越领导才能的学生提供经费资助。

2008 年，中国教育学会正式启动《中学生领导力培养》课题，该课题被列入"十一五"和"十二五"重点规划项目，至今已经带动全国数百所学校的学生投入到公共政策改进、社区服务等社会性活动中，有效开发和发展青少年领导力。

二、每个人都有机会成为领导者

部分家长把领导力视为少数人才拥有的特殊天赋，觉得自己的孩子性格内向，做事温吞，表现平平，天生不擅长领导别人，也就不需要培养领导力了。

而社会学家告诉我们，即便是最内向的人，一生也平均能影响一万个人。必须承认，天才型领导者只占少数，大多数人不具备突出的领袖天赋，但每个人都可以拥有影响他人的能力，在特定情景下，也可以发挥自己对他人的号召力和影响力。每个人都有机会成为领导者，只是其施展影响力的领域、范围和深度不一样。

在一个团队中，有领导者，也有跟随者。每个孩子的才能不同，在这个团队里，孩子也许是跟随者，在另一个他擅长的项目里，孩子就有可能从跟随者角色转变为领导者角色。哪怕是一个内向、寡言的孩子，都有在某个方面成为领导者的潜力，也有机会在自己擅长或喜欢的领域带给自己和他人正向、积极的影响。

随着时代发展以及人们对领导力研究的深入推进，越来越多的学者相信，领导力不是少数精英人才的专利，而是每个人都可以培养，也应该具备的重要素质。特别在崇尚自由竞争、团队协作的现代社会，领导者与被领导者之间没有不可逾越的鸿沟，人们在学习、工作、生活中随时可能处于领导者的位置。例如，有的人在公司是个普通职员，下班后就摇身一变成为社区篮球俱乐部的发起人和管理者。有的人今天可能是平凡的家庭主妇，明天可能就成为"宝妈圈"里的亲子活动策划者和组织者。

三、领导力概述

1. 领导力的内涵

中学生领导力培养课题组专家陈玉琨教授在其主编的《领导力开发》一书中

对"领导力"作了定义："领导力"有狭义和广义之分。狭义的领导力指个体引领群体（或他人）的能力，包括人们在各类型、各层面团队活动中所表现出来的引导、组织、协调的意识和能力，即团队领导力。广义的领导力还应包括自我领导力：自己是自己的主人，自己对自己负责，自己对群体（或他人）负责。一个人的领导力既体现在自我规划、自我管理、自我完善的意识和水平上，也体现在一个人在团队中的服从、合作与执行等方面的意识和水平上。

陈玉琨教授通过分类整合，提出领导力包括能力要素和动力要素。

领导力的能力要素包括：形成愿景、确定目标的能力；判断、策划、决策的能力；表达、说服力、影响力；坚持、让步、沟通、协调的能力。

领导力的动力要素包括：对团队、公众、社会、人类事务的责任感、使命感；对正义、公平、以人为本等人类基本行为准则的认同和捍卫；在团队、组织活动中的自律、忠诚、合作、服从；教养、诚信、执着等人格魅力。

2. 领导力是优秀人才的必备素养

具备卓越领导力的人通常拥有远大清晰的人生目标、高瞻远瞩的全局意识、敏锐果断的决策能力、统筹协调的组织能力、善于共情的沟通能力、甘于奉献的服务精神等，这些都是优秀人才的必备素质。

此外，每个人的兴趣和优势不一，在社会的分工也不同，不是每个人都会成为领导，但每个人在职场和社会生活中，不可避免要参与到某个团体中，承担一定的任务，同时要融入团体和其他成员沟通配合、合作无间，成为受团体认可、欢迎的人，这就要求每个人都具备一定的领导力素质。管理思想家彼得·德鲁克认为：现代人必须同时是"知识人"和"管理人"，缺少其中任何一种素养都将成为现代意义上的文盲。

可见，无论孩子今后是否有志成为某个领域的领袖人物，他都需要用优秀的领导力来武装自己，以应对未来生涯发展的各种挑战。而且，当作为民族事业接班人的青少年群体普遍具备优秀领导力时，社会各个领域更容易诞生杰出的领袖型人才和精英型人才。

四、重视领导力的早期开发

发展心理学研究表明：个体的行为、人格，以及能力、技能，在生命发展的早期阶段更具可塑性。这一观点同样适用于领导力开发。因此，父母要重视孩子领导力的早期开发。

　　另外，领导力发展是一个不断强化的过程。如果孩子从小形成独立意识，拥有丰富的团队管理和服务他人的经验，在未来发展中他人会更期待其成为领导者。而在他人的期待和激励下，孩子也会更努力去承担领导者角色，发挥领导效能。经过内、外部强化的滚雪球效应，孩子的领导潜质将得到有效激发，未来将更好地发挥领导力作用。

1. 学龄前的领导力启蒙（2~5岁）

　　学龄前阶段的孩子主要通过获得他人喜爱、读懂他人情绪、学会延迟满足等方式，来展现或发展自己的领导潜质。父母可以在保证孩子安全的前提下，引导孩子参与角色扮演、运动竞赛等游戏活动，鼓励孩子勇于在游戏中做"孩子王"，鼓励孩子尝试解决团队中的意见分歧。让孩子在游戏中初步形成分享、互助等意识，学会面对不同意见，初步构建孩子独立、灵活的思维模式。

　　褚女士的儿子从2岁半开始就表现出强烈的"领导欲"，喜欢管人，喜欢给小朋友制订游戏规则。褚女士抓住儿子"领导欲"旺盛的这个敏感阶段，对儿子进行针对性引导。

　　首先，她告诉儿子：如果你希望别人听你的，你必须为别人服务。她鼓励儿子多关心小朋友，为小朋友提供力所能及的帮助，她经常问儿子的一句话是："他不听你的，是不是因为你没有服务好他？你还能为他做点什么呢？"

　　其次，褚女士引导儿子解决团队中的意见分歧，教会儿子去听大家的想法，找到让大多数人都满意的解决方法。有一次，儿子被任命为8人小组的组长，负责组织小组成员给老师送手工礼物。儿子沮丧地发现大家意见不统一，8个组员有8种意见，这可怎么办？褚女士耐心地教儿子把每个组员的想法都画在纸上，并对他们的想法进行归类、组合，比如梅梅想做不倒翁，丁丁想做娃娃，可以合并在一起做一个不倒翁娃娃。儿子按照这个思路，把所有组员的想法合并为两个方案：不倒翁娃娃、带贺卡的花篮。

　　最后，褚女士又教儿子合理地把手工任务分配给每一个组员，大家齐心协力完成了两个手工作品，经过比较后，大家一致认为花篮比不倒翁更漂亮，全票通过了给老师送花篮的提议。

2. 小学阶段的领导力开发（6~11岁）

　　小学阶段，孩子的心理和智力发展迅速，是潜能与技能开发的重要阶段。父母应为孩子创造各种人际交往的机会，引导孩子学会交友和与人相处；鼓励孩子担任班级、学校干部，比如少先队干部，或在社团活动、社会实践活动中承担更多责任，使孩子的领导力素质得到有效开发与锻炼。

一位少先队干部表示："我组织过寻找好人好事的活动，让各个大队委、中队委去记身边发生的好人好事，我们一周汇总一次在校园广播站进行表扬，这项工作得到了老师、同学们的认可。在组织的过程中包括怎么记录、如何收集统计，这些对我是一种锻炼，通过开展这个活动我认识到自己跟其他优秀的小伙伴相比有很多地方还应该得到提升，不过也对自己的工作能力更自信了。"

3. 中学阶段的领导力发展（12~18岁）

这一阶段，父母应支持孩子参与家庭重要事务的讨论与决策，放手让孩子参与以领导力为主题的学习、体验活动，以及户外拓展训练、社区服务、志愿者服务等，促使孩子建立正确的人生观、价值观，强化思维训练和能力开发，让孩子的领导力得以充分展现。

第六届全国中学生领导力大赛中，浙江金华第一中学"SAF守护——反性侵，我们在行动"项目荣获特等奖。该项目组五名中学生组成"SAF守护小组"，开展了一系列以反性侵为主题的调查、访谈、宣传与实践活动。例如，开展未成年人性侵犯问题的调查工作，并拍摄了与律师的访谈纪录片，上传至某网；在金华一中开办自我防卫主题讲座暨金华一中防身术课程，特别邀请金华市特警大队的特警进行防狼术教育；为了让偏远农村地区的孩子也能接受与性相关的自我保护教育，项目组还与公益组织"一角公益会"合作，前往金华市第二民工子弟学校后徐分校开办讲座等。该项目组通过策划、组织一系列活动，让"反性侵"这个敏感话题浮出水面，呼吁更多人关注未成年性侵现象，更好地保护未成年人身心健康。

五、领导力开发的策略

1. 领导力开发从培养孩子的自我管理能力开始

根据广义领导力的概念，"领导力 = 管理自己 + 管理他人"。自我管理能力被视为个人领导力的重要组成部分，连自己都管理不好的人，遑论管理他人。

孩子成长中最重要的环节之一就是处理自己与自己的关系，学会自我领导与控制，包括管理自己的时间、管理自己的学习、控制自己的情绪、学会自己选择并为此负责等。孩子要从管理自己做起，从小习得领导力思维，并意识到管理好自己才能影响和感召他人。

父母应引导孩子从小学会正确认识自己，了解自己的优点和不足，为自己制订合理的目标，努力修正自己的言行，提高学习与做事的效率。同时，父母要避免过多干预孩子，坚持让孩子自己的事情自己做，学会用自己的方式去思考和处理问题，自己管理好自己。在此过程中，父母只需要给予孩子最大的鼓励和肯定，以及中肯的建议和指导即可。

央视新闻播音员康辉从小学到大学都是班干部，是同学们学习的榜样。他的大学同学这样评价他："我们班很多人都羡慕康辉有非常好的学习习惯和生活习惯，他好像有某种方法，不费什么劲就把自己的事情未雨绸缪地安排妥当了。他办公室里的书桌、衣橱和家里的布置就像他当年的笔记一样整整齐齐、有条不紊，无论是突击考试还是突击检查宿舍卫生，他都从不慌慌张张。他说其实这都是一种习惯，他从好习惯中得益不少。"

康辉正是从学习与生活的自我管理中一步步培养起了优秀的领导力。孩子学会自我管理、自我约束，养成良好的学习和生活习惯，就能成长为一个自律、自主、自信的人，吸引其他人尊重、喜爱、信服、效仿自己，让自己成为值得他人信赖和依靠的人。

2. 培养孩子的合作精神与合作能力

一个好的领导者一定是个好的合作者。父母切忌一味地教孩子争输赢、抢第一，这样孩子容易形成以自我为中心，甚至为了自己的胜利不择手段的极端利己主义价值观，以至于在团队中和同伴成为不必要的"敌对"关系。而且，孩子也会因为怕输而固步自封、畏首畏尾，缺少创新突破的魄力。父母要在日常生活中抓住一切机会，引导孩子形成分享、互助与合作意识，教会孩子思考：如何与大家一起解决难题、一起完成目标任务、一起赢得最后的胜利？

当孩子的目标从"我的胜利"转向"我们的胜利"，他会主动集结大家的力量，配合他人的行动，在此过程中，孩子会体验到群策群力带来的智慧裂变、并肩作战下的宝贵情谊，以及守望相助、全力以赴完成目标的畅快心情。当孩子感受到团队协作的力量和价值时，就不会那么在意个人得失。

3. 为孩子创造"当官"的机会

研究发现，家庭在孩子领导力的早期开发中发挥着重要作用，多数优秀领导者都深受其父母的影响。因此，父母要更新对青少年领导力开发的认识，尽早摈弃"当干部是浪费学习时间""我的孩子不是当领导的料"等落后、偏狭的观念，要相信自己的孩子是有领导潜质的，把领导力当作孩子的必备能力来培养，引导孩子形成"领头羊"意识，避免孩子因为表现不突出而放弃在各种活动中担任领导者、锻炼领导力的机会。如果孩子是个"官迷"，父母更要鼓励孩子参加领导力实践，让孩子充分展现和发展自己的领导才能。

一则父母可以让孩子在家里"当官"，参与管理家庭日常事务，从生活细微处训练孩子的领导意识与协作能力。例如，让孩子担任"家庭财务总监"，负责拟订家庭消费计划；让孩子担任"家庭行政总厨"，负责安排买菜、洗菜、做菜、饭前分餐、饭后收拾碗筷等分工与协调工作。

二则父母应支持孩子竞选班干部或学生会干部，鼓励孩子积极参加社团、综合实践、课外拓展、探究性学习等各类活动，在实践中锤炼孩子的领导力素质。特别是鼓励孩子争取在自己喜欢的领域或组织中担任一定的职务，如有写作兴趣的孩子可以争取担任校刊主编，喜欢打篮球的孩子可以争取担任篮球队队长等。

一位居住在美国的家长分享儿子 Tim 创办暑期数学夏令营的故事：中学期间，Tim 在一系列地区和全国数学竞赛中获奖，很多家长都前来道贺并取经。于是，出于分享奥数比赛经验的目的，Tim 在父母的鼓励下创办了暑期数学夏令营。夏令营的创办和管理工作繁杂，Tim 既要做好课程设计、作业布置与批改等教学工作，还要经常和家长沟通，协调学生的课程时间和教学问题。父母非常支持 Tim 的工作，协助他招生宣传，还把家里的半地下室装修成教室，置办了齐全的教学用品。经过 Tim 和父母的共同努力，数学夏令营进展顺利。北美发行量最大的中文报纸《世界日报》还对 Tim 和他的数学夏令营做了专题报道。

这次特别的社会实践经历，让 Tim 从一个不爱与人打交道的理工男，成长为一名有高度社会责任感和较强领导力的优秀人才。这次经历甚至改变了 Tim 的职业方向和人生轨迹，成为 Tim 从麻省理工学院毕业后敢于放弃高薪工作，毅然选择自主创业的信心源泉。

需要强调的是，孩子不宜参加太多社团或组织，以免陷入忙乱，往往浅尝辄止、顾此失彼，反而达不到锻炼能力的目的。父母应引导孩子遵循"适量且精选"的原则，根据个人兴趣，精选 2~3 个社团组织，深度参与、长期坚持，才能更好地融入团队，在团队中发挥自己最大的价值。

如果在某项活动或某个团体中，孩子原本想担任领导者却没有成功，父母要及时安慰孩子受挫的心，并着重引导孩子放平心态，积极配合团队的安排做好自己负责的工作，和团队其他成员同心合力完成团队目标，这也是领导力的重要体现。

4. 引导孩子成为优秀的交流者和演说家

美国著名的 TED 演讲中，演讲者讲述了这样一个故事：在一片草坡上，一个男子突然跳起了奇怪而欢快的舞蹈。很快，有一个人加入了他。随后，在不到三分钟时间里，有几十个路人都加入了这场搞笑的"舞会"。通常人们会认为第一个站出来跳舞的男子是这场舞会的领导者。事实上，第一个勇敢站出来支持他的人展现出更强大的领导力，他用行动告诉其他人该如何来效仿，让其他人认可并参与这个奇怪而突然的舞蹈活动。

这个故事告诉人们，在这个交流越来越频繁的社会，需要我们用开放的心态，主动去交流、引领他人的行动，吸引、影响他人共同行动，这是最核心的领导力。

在日常生活中，父母除了鼓励孩子主动与人交往，教会孩子待人真诚、耐心倾听、换位思考等基本的人际沟通技巧外，还应培养孩子必要的语言表达能力和演讲能力。父母可以从小教孩子讲故事，抓住一切机会让孩子大胆说话、尽情表达，训练孩子的语言表达和逻辑思维能力。例如，放学回家后，孩子给父母绘声绘色地讲学校里发生的事；晚上学习时，孩子向父母讲解自己的解题思路，就感兴趣的话题发表个人意见；睡前阅读时，孩子跟父母谈谈读后感或者声情并茂地高声朗诵、角色扮演等。

必要时，父母可以带孩子到专业培训机构去参加演讲与口才训练，并给孩子创造在公共场合发言或演讲的机会，鼓励孩子大胆表达自己的观点，逻辑清晰地阐述自己的诉求，并结合肢体、表情、语音、语调等，唤起大家的情感共鸣，对他人形成感召力和影响力。

很多孩子在公众演讲时会出现怯场、手脚冰凉、大脑一片空白等情况，这是正常的。父母不需要太过焦虑或感到失望，要多鼓励、支持孩子，让他知道：每一次演讲都是一次让大家倾听你的想法的机会，也是锻炼自己胆量和口才的机会，就算这次没做好也没关系，勇敢开口就是战胜了自己，就是成功。

每次演讲前，父母一定要坚持陪孩子练习，从演讲稿的背诵到每一句话的语调、停顿、手势等细节都应反复打磨，帮助孩子做好演讲准备，预测可能的突发情况，让孩子心里有底，更有把握和信心。孩子上台次数多了，演讲经验丰富了，就更容易达到语言与逻辑的内外兼修，与人交流时也能做到自信大方、口若悬河、掷地有声，更好地掌握交流的节奏，达到推销自己、影响他人的目的，大大提高自己的人际影响力。

5. 培养孩子的责任感和服务精神

责任感是人一生中最重要的品质之一，一个人如果做事缺乏责任感，马虎应付、虎头蛇尾，那么纵使他才华横溢，也很难发挥所长取得成就。一个有责任感的人会对自己的承诺、行动高度负责，会因顺利完成任务、兑现诺言而感到喜悦和满足，也会因未能尽到责任、失信于人而深感不安、愧疚、自责。而身处领导位置的人，通常要比一般人承担更多的责任，承受更大的压力。正所谓"权力越大，责任越大"。有高度社会责任感的人以诚信立身，对自己、对他人、对社会都有强烈的使命感和奉献精神，这也是一个人走向成熟的标志：他能勇敢站起来说，我对这件事情负责。

而服务精神则是领导力的本质，是领导者的天职。很多人对领导者有误解，以为领导者就高人一等，能够随意"管"人，驱使他人做事。实际上，真正的领导者要运用自己手中的权力，发挥自身的优势，更好地服务于人、服务于社会。从某种意义上说，领导就是服务。越是有天赋、有成就的人，越应更多地承担起服务公众、推进社会进步的责任。

因此，高层次的领导力是一种发自内心的热忱，驱动自身做更好的自己，并视共同愿景为己任，愿意为大家服务与奉献，引领众人奔赴共同追求的目标，前往更加美好的境界。

父母可以从写作业、做家务、喂养小动物、安排自己的周末时间等小事开始，循序渐进地培养孩子的责任意识，让孩子学会把自己"应该做"的事情记挂在心，当作自己的责任，自己想办法去完成它，让孩子反复体验完成"应该做"的事之后的喜悦感和成就感，从形成责任意识逐渐沉淀为做事负责的习惯与品质。

父母也可以发挥榜样力量，经常给孩子讲一些真实的名人故事，让孩子深入了解各行业的领袖人物在逆境和压力下坚持不懈地完成自己的使命、坚定不移地为社会做贡献的高尚人格和领袖魅力。例如，抗击新冠肺炎疫情期间，钟南山院士带领团队坚守抗疫第一线，做了大量切实有效的疫情预防和治疗工作，不愧为"大国功勋"。

此外，父母可以和孩子讨论一些反面案例，让孩子认识到不负责任的领导者会带给自身与他人怎样的后果。通过正反对比，强化孩子的责任意识和服务意识，促使孩子认识到：关心他人、关注社会、努力为社会做些贡献，才是人生的最高追求。

　　周末或闲暇时间里，父母可以带孩子参与社会实践、爱心公益、志愿者服务等活动，让孩子广泛参与到公共事务服务中，持续修炼孩子的人格与品性。条件允许的情况下，父母应鼓励孩子自己策划、组织社会服务活动，比如，在社区组织一次募捐活动；设计一个社会服务网站；参与政府政策的调查与改进等。必要时，父母可以寻求老师、专业机构的帮助，让孩子在专业人士的指导下，有条不紊地组织协调活动全过程，有效发挥自己的优势，更好地服务团队成员，让自己和团队成员都能得到更好的成长。

请扫描书上二维码
亲子共读
▼
《有一种精神，叫钟南山（节选）》

主要参考文献

[1]斗南.哈佛家训[M].北京：中国华侨出版社，2018.

[2]宿文渊.犹太人教子枕边书[M].北京：中国华侨出版社，2015.

[3]单婷婷.好妈妈的家庭作业辅导课[M].南昌：江西人民出版社，2019.

[4]何小英.不急不催：轻松让孩子学会时间管理[M].北京：人民邮电出版社，2019.

[5]曹廷珲.硬核父母的五项修炼：家庭教育的常识与真相[M].北京：电子工业出版社，2020.

[6]中国科学院心理研究所沟通研究中心.家庭教育手册——动力沟通之家庭教育篇[M].2版.北京：科学出版社，2015.

[7]范毅然.巴菲特给儿女的一生忠告[M].长春：吉林文史出版社，2019.

[8]李天燕.家庭教育学[M].上海：复旦大学出版社，2014.

[9]杨雄.爱的艺术：家庭教育十人谈[M].上海：上海人民出版社，2020.

[10]郑渊洁.郑渊洁家庭教育课[M].天津：天津人民出版社，2018.

[11]皇甫军伟.家庭教育的捷径：以心养心[M].桂林：广西师范大学出版社，2012.

[12]樊登.陪孩子终身成长[M].北京：中国友谊出版公司，2020.

[13]黄静洁.学习的格局：孩子自主学习的秘密[M].北京：中信出版集团，2020.

[14]黄静洁.父母的格局：成就孩子的第三种力量[M].北京：中信出版集团，2020.

[15]关颖.家庭教育社会学[M].北京：教育科学出版社，2014.

[16]蔡真妮.用爱成就孩子的一生[M].北京：北京师范大学出版社，2015.

[17]蔡真妮.用接纳成就孩子的一生：美式教育的秘密[M].北京：北京师范大学出版社，2014.

[18]尹建莉.最美的教育最简单[M].北京：作家出版社，2014.

[19]金改平.家庭教育好故事[M].昆明：云南科技出版社，2013.

[20]王邈.成长，我懂你：家庭教育的51堂心理微课[M].哈尔滨：北方文艺出版社，2020.

[21]王作冰.培养未来创造家：面向人工智能时代的家庭教育方法[M].北京：人民日报出版社，2020.

[22]胡朝兵，张兴瑜.儿童心理发展与家庭教育智慧[M].重庆：西南师范大学出版社，2017.

[23]心雅，元子.聪明的家长Hold住——家庭教育心理应用手册[M].上海：华东师范大学出版社，2019.

[24]赵忠心.中国家庭教育观察——赵忠心访谈录[M].北京：学苑出版社，2013.

[25]高闰青.家庭教育：为孩子的成长打好底色[M].北京：清华大学出版社，2018.

[26]唐晓玲.父母的书架决定孩子的未来[M].北京：作家出版社，2019.

[27]张家勇.教育现代化畅想：未来社会将全面形塑教育新图景［J］.中小学管理，2018（6）：22-24.

[28]张怡筠.家庭教育，从情商教育开始[J].平安校园，2021（3）：70-71.

[29]曾茗.文化反哺现象对当代教育的影响[J].重庆电力高等专科学校学报，2016（5）：8-10.

[30]魏晨曦.新媒体视阈下文化反哺对家庭代际和谐的解构与重构——以微信的使用与信息互动为例[J].新媒体研究，2021（3）：32-34+44.

[31]王世华.看见沉迷网络游戏背后的心理需求［J］.中小学心理健康教育，2020（3）：74-75.

[32]王智勇.家庭教育新论[J].辽宁师专学报（社会科学版），2018（2）：97-101.

[33]王汝敏.亲子沟通的有效"砝码"[J].中小学心理健康教育，2015（15）：48-49.

[34]崔凤芹.怎么听，孩子才肯说——"共情式倾听"在亲子沟通中的应用[J].中小学心理健康教育，2019（8）：68-69.

[35]陈静.高中生家庭教育中价值观的重要性[J].科学咨询（教育科研），2020（5）：156.

后 记

　　本书结合当下形势，基于青少年健康成长的角度精心构思，力图让作品具有时代感、前瞻性，以便新时代的青少年从中真正获益。在写作过程中，我们大量阅读前人的相关研究和资料，有参考他人的观点，也合理使用了部分文章，一些"文章"苦于各种原因不能及时联系到原创者，如作者看到后请与我们联系，我们将支付稿酬、略表谢意。

编 者